스펜서의 『요정 여왕』연구
:프로테스탄티즘과 16세기 영국 문화

김호영 지음

숭실대학교 출판부

머리말

내가 에드먼드 스펜서라고 하는 생소하기 짝이 없는 16세기 영국 시인에 관심을 가지게 된 때는 셰익스피어를 전공하기 위해서 석사 과정을 밟기 시작할 무렵이었다. 물론 학부에서 영문학 개관 시간에 스펜서의 널리 알려진 소네트 몇 편을 읽은 것이 그 당시 내가 스펜서에 대해서 아는 전부였다. 나는 셰익스피어를 좀 더 깊이 있게 공부하기 위해서 16세기 종교, 철학, 역사, 문화 등에 대해서 닥치는 대로 읽기 시작하였고 이 시기 영국 사회가 얼마나 복잡하고 역동적인 성격을 지니고 있는지 차츰 깨닫게 되었다. 그 시대의 시, 희곡, 산문들이 당대의 두 커다란 문화 혁명이라고 할 수 있는 르네상스와 종교 개혁은 말할 것도 없고, 신대륙의 발견과 과학 혁명, 새로운 정치, 경제적 질서의 태동이라는 거대한 역사적 소용돌이를 깊이 반영하고 있다는 인식은 나에게 문학을 보는 새로운 눈을 뜨게 해주었다.

나는 한편 낭만주의 시에 깊이 공감하고 있었으므로 르네상스 시인들 중에서 낭만주의 시인들이 특히 애호하였던 스펜서의 『요정 여왕』을 읽기 시작했다. 이 엄청나게 긴 시를 읽으면서 나는 낭만주의 시인들을 열광케 하였던 환상적인 이야기와 몽환적인 분위기에 곧 압도 되었다. 얼핏 보기에 현실하고는 완전히 유리된 중세적이고 신화적인 세계에서 벌어지는 기사들의 끝없는 모험과 사랑은 1980년대의 암울한 국내 정치 상황과 맞물려 나에게 현실 도피의 이상적인 출구를 마련해 주는 것 같았다.

하지만 나는 스펜서의 이 길고 긴 시를 좀 더 깊이 읽어 나가면서

이 시가 당대 영국의 복잡하기 짝이 없던 종교적, 정치적, 문화적 상황에 깊이 연루되어 있다는 사실을 서서히 인식하기 시작하였다. 그 당시 영국의 지배계층에 깊은 영향을 주었던 매우 전투적인 프로테스탄티즘이 현실하고는 아무 관련이 없는 듯이 보이는 『요정 여왕』이라는 작품에 속속들이 침투해있다는 것을 발견하게 된 것은 그렇게 썩 유쾌한 일은 아니었다. 나는 특히 스펜서가 아일랜드에서 영국의 잔혹하기 짝이 없었던 식민 정책을 수행하는 식민지 관리로서 그의 인생의 후반부 대부분을 보냈다는 사실을 발견하고 놀라지 않을 수 없었다. 그의 작품에 등장하는 격렬한 싸움 장면들과 사악한 괴물들은 그저 시인의 나른한 공상의 산물이 아니라 영국의 프로테스탄트적인 정체성과 지배권을 전혀 다른 가톨릭적인 정체성과 독자적인 문화적 전통을 지니고 있었던 아일랜드와 여전히 그러한 성격이 곳곳에 끈질기게 남아있었던 잉글랜드 전역에 부여하려는 거대한 종교적, 정치적 프로젝트의 산물이었다는 것이 분명해졌다. 스펜서의 작품 곳곳에 스며있는 묵시록적인 세계관과 전투적인 프로테스탄티즘은 16세기에서 끝나지 않고 지금까지 대영제국의 뒤를 이어 팍스 아메리카나(Pax Americana)를 내세우는 세계 유일의 초강국 미국을 뒷받침 하는 기본적인 이념의 핵을 구성하고 있음을 아무도 부정하지 못할 것이다.

결국 스펜서의 『요정 여왕』에 대한 나의 관심은 나의 유학 시절까지 이어졌고 나는 이 작품으로 박사학위 논문을 썼다. 나는 그 이후 한국에 돌아와서도 계속 이 작품을 연구하였고 될 수 있는 데로 스펜서의 프로테스탄티즘에 대해서 편견 없이 그 종교적, 사상적, 정치적 의미를 규명하기 위해서 애썼다. 분명히 스펜서의 입장에서 보면 그가 한 작업은 루터와 칼빈에 의해서 새롭게 재해석된 기독교 정신을 영국과 아일랜드에 수립하려는 고귀한 시도였다. 그러한 관점에서 『요정 여왕』을 읽으면 이 작품은 타락한 세상을 개혁하려는 영국 프로테스탄티즘의 숭고한 사명을 일깨우는 애국적인 서사시가 된다. 하지만 이러한 영국 프로테스탄티즘에 의해서 개혁당하는 입장에서 보면 스펜서의 『요정 여왕』은 프로테스탄티즘이라는 종교적 이념을 앞세운 영국 제국주의의 시작을 알리는 매우 정치적인 작품이 되고 만다. 『요정 여왕』의 해석에 있어서 이 두 극단적인 관점들 사이에 중용을 유지하는 것은 결코 쉬운 일이 아니다.

그럼에도 불구하고 스펜서의 『요정 여왕』을 이해하려고 노력하면서 서양 문명이 지닌 독특한 복잡함과 역동성에 눈뜨게 된 것은 특히 내가 스펜서에 감사하는 부분이다. 그의 시가 지닌 복잡함과 역동성은 시인 자신이 유럽인으로서 물려받은 다양한 종교적, 사상적, 문화적 전통을 나름대로 소화하고 창조적으로 융합함으로써 삶에 대한 새로운 비전을 끊임없이 제시하려는 의지에 기인한다. 바로 이러한 시인 자신의 풍요로운 상상력이 그의 시가 단순한 정치적 선동 이상의 예술성을 지니게 하는 중요한 원동력이 된다.

이 책은 필자가 지난 15년 동안 틈틈이 써왔던 글들에 토대를 두고 있다. 이 글들을 정리하고 보완하면서 필자는 이 글들이 스펜서의 『요정 여왕』 전체에 대한 해설서 구실을 할 수 있을 것이라는 희망을 갖게 되었다. 한 가지 아쉬운 것은 필자의 게으름 탓에 제3권과 제4권에 대한 충분한 해설이 주어지지 못한 것이다. 기회가 있으면 제3권과 제4권에 대한 독립된 해설서를 쓰고 싶은 것이 필자의 바램이다. 대신에 제5권은 두 개의 장에 나누어 보다 상세하게 다루었다. 독자들의 양해를 구한다.

끝으로 이 책을 출간하여 주신 숭실대학교의 이병덕 출판부장님과 여러가지로 미비한 원고를 꼼꼼하게 교정하여 주신 임경란 출판계장님 그리고 관계자 여러분에게 감사의 마음을 전한다.

목 차

서 문

『요정 여왕』의 역사적 맥락:
프로테스탄티즘과 16세기 영국 문화의 역동적 관계 …… 11

제1권

성스러움 …… 31

제2권

절제 …… 59

제3권과 제4권

순결함과 우정 …… 95

제5권

정의(1) …… 115
정의(2) …… 137

제6권

커티시 …… 157

제7권

無常에 대한 시편 …… 185

참고문헌 …… 209

서 문

『요정 여왕』의 역사적 맥락: 프로테스탄티즘과 16세기 영국 문화의 역동적 관계

『요정 여왕』의 역사적 맥락: 프로테스탄티즘과 16세기 영국 문화의 역동적 관계

에드먼드 스펜서(Edmund Spenser, 1552?~99)의 『요정 여왕』(The Faerie Queene)의 역사적 맥락을 살펴보는 작업은 프로테스탄티즘과 16세기 영국 문화 사이의 복잡한 관계에 대해 질문을 던지는 것으로 출발한다. 스펜서는 전문적인 신학자는 아니었다. 하지만 매우 창조적인 프로테스탄트 사상가이자 시인이었던 스펜서는 그의 시가 지닌 풍요로운 기독교적 상상력을 동원하여 그가 살던 시대가 안고 있던 급박한 종교적, 윤리적, 정치적, 사회적, 철학적 문제들과 씨름하고 있다. 그가 지녔던 인간 본성에 대한 프로테스탄트적 이해와 인간이 지닌 다양한 문화적 가능성에 대한 이해는 작품 속에서 용해되어 그로 하여금 죄와 은총이라는 기독교적 맥락 속에서 실현 가능한 도덕적, 사회적 비전을 끊임없이 추구하게 하고 있다.

이 서문이 특별히 초점을 맞추려는 문제는 스펜서의 작품을 이해하는 데 흔히 거론되는 기독교 인문주의라고 불리는 일종의 종교적 혼합주의(religious syncretism)이다. 『요정 여왕』의 서문격인 "롤리에게 보내는 서한"(Letter to Raleigh)을 처음 읽는 독자는 스펜서가 기독교와 이교적 고전 문화 그리고 중세 시기의 작품들을 다양하게 아무런 거리낌 없이 인용하는 것을 보고 놀라게 된다. 사도 바울의 서한이 고전 종교, 철학, 역사, 문학, 신화, 심지어는 중세 로망스에 대한 언급과 함께 뒤섞여 나오기 때문에 독자는 자칫 스펜서가 기독교의 복음과 이교적인 고전 문화와 가톨릭적인 중세 문화 사이에 어떤 긴장이나 갈등도 인정하지 않고 있다는 인상을 받게 된다.

기독교 인문주의라는 용어는 종종 르네상스 시기에 기독교와 고전 문화 사이의 다양하면서도 조화로운 혼합을 지칭하는 용어로 사용되어 왔다. 하지만 이 용어는 스펜서의 작품이 드러내주고 있는 기독교와 이교적 혹은 세속적 문화 사이에 존재하는 매우 복잡한 관계를 명확하게 이해하는 데 지나치게 애매모호하다는 단점을 지니고 있다. 이 관계가 지니는 복잡한 측면을 보다 분명하게 규명하기 위해서 먼저 중세 가톨릭 신학이 이룩한 기독교와 문화의 조화로운 통합의 형성과 붕괴 과정에 대한 프로테스탄트 신학자인 라인홀드 니버(Reinhold Niebuhr, 1892~1971)의 매우 통찰력 있는 분석에 대해서 논의함으로써 기독교와 문화의 통합에 대한 중세와는 전혀 다른 스펜서의 새로운 통합 방식에 대한 이해의 단초를 구하고자 한다. 다음으로 영국 종교 개혁과 엘리자베스조 시대의 문화 사이의 관계에 대한 탐구를 통해서 니버의 생각이 과연 스펜서의 경우에 적절하게 적용될 수 있는 지에 대해서 보다 구체적인 검증을 하고자 한다. 마지막으로 스펜서의 작품을 이해하는 데 사상적 틀로 적용되어온 세 가지 종류의 기독교와 문화의 통합을 비판적으로 고찰함으로써 스펜서의 프로테스탄트 인문주의가 지니는 독특하고 역동적인 성격을 파악하려 한다.

I 르네상스와 종교 개혁의 기원

스펜서의 『요정 여왕』을 이해하는데 '변증법 신학' (Dialectical Theology)이라고 흔히 지칭되는 현대 신학의 한 흐름이 의외로 많은 빛을 던져줄 수 있다. 제1차 세계대전의 엄청난 참화가 유럽 전역을 휩쓴 후 19세기의 자유주의적 신학에 대한 신랄한 비판으로 일어난

이 신학적 운동은 서구 문명의 요구에 기독교 복음을 조화롭게 적용시키려는 자유주의적 신학의 노력에 강력히 반발했다. 변증법 신학의 가장 뛰어난 대변자인 칼 바르트(Karl Barth, 1888~1968)는 복음의 요구와 인간의 문화적 삶이 얼마나 다른가를 날카롭게 지적한다. "종교란 인간의 문화가 안전하게 의지할 수 있는 확고한 토대가 아니라 오히려 문명과 그 동반자인 야만이 근본적으로 그 정당성을 의심받는 장소이다"라고 바르트는 주장한다(258). 복음과 문화 사이의 팽팽한 긴장을 해소하려는 모든 시도에 대한 바르트의 혹독한 비판은 인간의 본성에 대한 종교 개혁의 결정적인 통찰로부터 그의 신학이 많은 영향을 받았음을 보여준다. 그 결정적인 통찰이란 인간은 설사 구원받았더라도 죄인으로 남으며(*simul justus et peccator*), 인간의 역사 또한 죄로부터 결코 자유롭지 못하므로 항상 신의 심판 아래 놓여 있게 된다는 것이다(Gilkey 257).

니버는 바르트가 시작한 변증법 신학에 우호적인 미국의 프로테스탄트 신학자로서 종교 개혁의 의미를 잘 이해하고 있다. 그러나 니버는 바르트와는 달리 르네상스가 지닌 단점뿐만 아니라 그것이 지닌 긍정적인 성격 또한 충분히 이해하려고 한다. 더군다나 그는 루터주의가 지닌 문화적 패배주의나 칼빈주의가 종종 보여주는 반문화주의적인 태도에 대해서 비판하는 것을 주저하지 않는다(2: 157-212). 르네상스와 종교 개혁의 의미에 대한 니버의 비평적으로 균형 잡힌 견해는 그의 대표적인 신학서라고 할 수 있는 『인간의 본성과 운명』(*The Nature and Destiny of Man*)의 중요한 논점들 중의 하나를 구성하고 있기 때문에 스펜서의 작품 전체를 관통하는 프로테스탄티즘과 인문주의의 역동적 관계를 조명하는데 큰 도움을 줄 수 있다.

니버의 기독교 사상사 이해의 핵심은 죄와 은총에 대한 성서적, 프로테스탄트적 해석이라고 할 수 있다. 니버는 초기 기독교 역사에서 중요한 역할을 했던 헬레니즘적 신학이 죄를 인간의 유한성으로 규정하는 경향에 반대해서 죄란 인간이 피조물로서의 본성을 거부하면서 그가 부여받은 신의 이미지(Imago Dei)로 표상되는 근본적인 자유를 오용하는 것으로 해석한다. 이러한 인간의 죄에 대한 유일한 해답인 신의 권능으로서의 은총이라는 개념에 대해서는 니버는 인간에 대한 신의 힘으로서의 은총 즉 의인(義認)(justification)이 인간에 내재하는 신의 힘으로서의 은총 즉 성화(聖化)(sanctification)와 동시적이면서도 역동적인 관계를 지니는 것으로 파악해야 한다고 주장한다. 義認으로서의 은총은 인간의 죄를 용서하고 인간과 신 사이의 올바른 관계를 수립하지만 聖化로서의 은총은 인간이 그의 참된 성품을 되찾는 것을 가능하게 한다(2: 98-99). 따라서 인간은 죄인으로 남아 있지만 성스러운 존재가 되어야 하는 의무를 역설적으로 동시에 지니게 된다. 니버에게 있어 義認과 聖化는 분리되는 순간 그 역동성을 잃어버리고 마는 신학적 개념들이다.

니버는 사도 시대(the Apostolic Age)로부터 아우구스틴(St. Augustine of Hippo, 345-430)에 이르기까지 죄와 은총의 대립이라는 성서적 틀이 시간성과 영원성의 대립이라는 헬레니즘적 신학의 틀로 이해되는 경향이 강해지고 있음을 지적한다. 하지만 원죄라는 성서적 개념에 대한 아우구스틴의 심오한 이해는 신학이 헬레니즘화되어가는 경향에 있어 중요한 예외적 현상이다(2: 134). 이 시대의 또 하나의 중요한 신학적 경향은 義認을 聖化에 종속시킴으로써 세례 후의 죄의 존재를 최소화하게 되어 도덕적 완전론(moral perfectionism)이 본격적으로 고개를 드는 점이다.

이러한 경향들은 죄를 인간이 본래 지녔던 완전함의 상실로 또 은총을 불완전한 인간 본성을 완성시키는 신의 힘으로 보는 죄와 은총에 대한 토미즘(Thomism)적[1] 해석으로 완결된다. 죄는 더 이상 인간이 부여받은 신의 이미지의 타락으로 여겨지지 않음으로써 인간의 타락으로 인한 은총과 인간 본성 사이의 긴장 관계가 간과되었다

1) 토마스 아퀴나스(St. Thomas Aquinas, c. 1225-74)의 신학 체계

(2:139-40). 니버는 한걸음 더 나아가 義認을 聖化에 종속시키는 가톨릭적 경향이 어떻게 고전적 인간의 이상인 자기 존중과 성서적 인간의 이상인 겸손이 갈등 없이 공존할 수 있는 여지를 만드는가를 설명하고 있다. 기독교 복음과 고전 문화의 갈등에 대한 해답으로서의 '중세적 통합'(the medieval synthesis)은 인간의 구원에 있어서 은총이 절대적으로 필요함을 주장함으로써 먼저 인간은 스스로의 힘으로 존재할 수 있다는 고전적 개념(human self-sufficiency)을 비판하지만 궁극적으로는 이 고전적 개념을 끌어안게 된다. 왜냐하면 義認은 과거에 저지른 죄에 대해서만 필요하게 됨으로써 구원된 인간이 聖化만으로 사실상으로나 원칙적으로 죄 없는 상태로 남아있을 수 있기 때문이다. 이러한 경향은 결국 공덕(merit)에 의한 구원이라는 교리와 구원된 교회가 죄로부터 자유로울 수 있는 가능성을 지나치게 강조하는 교회학(ecclesiology)으로 귀착됨으로써 후에 가톨릭교의 부패와 그로 인한 종교 개혁의 등장을 예고하게 되는 것이다(2: 140-5).

니버는 르네상스와 종교 개혁은 "부분적으로 상호 모순적인 역사적 과정"으로서 앞에서 논의한 '중세적 통합'의 붕괴를 초래하고 강화시켰다고 주장한다(2: 150). 르네상스는 인간 본성과 자연을 점차 완전함의 근원으로 여기게 되는 반면에 종교 개혁은 인간 본성과 자연을 근본적으로 타락한 존재로 여기게 된다(2: 150). 르네상스는 은총을 주로 인간 속에서 작용하는 聖化로 보는 중세적 경향을 극대화시킨 나머지 결국은 은총이라는 개념까지 버리면서 인간 완성의 힘을 인간 스스로에게서만 발견하게 된다. 반면에 종교 개혁은 신의 은총을 주로 인간의 죄에 대한 신의 용서인 義認으로 이해함으로써 인간이 자신의 문화적 혹은 역사적 업적을 자랑할 수 있는 가능성을 원천적으로 봉쇄하고 말았다(2: 150, 153).

막다른 골목에 이른 르네상스와 종교 개혁의 이념적 대립에 대한 니버의 대답은 창조적 사고의 한 본보기로서 『요정 여왕』뿐만이 아니라 거의 모든 르네상스 기의 문학 작품들이 담고 있는 많은 난해한 도덕적 문제들에 대해서 적지 않은 빛을 던져준다. 니버는 중세적 통합과는 차원이 다른, 르네상스와 종교 개혁의 새로운 통합 가능성을 제시한다.

> 그것은 성경에서 제시된 은총의 두 가지 측면을 모두 아우르는 통합이 되어야 한다. 간단히 말해서 그 통합은 한 편으로 인간의 역사적 삶은 미정의 가능성들로 차있다는 것을 인정하는 것이다. 즉 모든 개인적 혹은 내면적 영적 상태, 모든 문화적 혹은 과학적 과제, 모든 사회적 정치적 문제들에서 인간은 새로운 선의 가능성을 발견하고 그것들을 실현할 의무를 지고 있는 것이다. 하지만 또 한 편으로는 개인적 혹은 집단적 의미 어느 쪽이든 삶을 완성하려는 모든 노력과 인간 역사 속에 내재하는 모순들을 넘어서려는 혹은 그것이 지닌 모든 타락을 최종적으로 제거하려는 모든 욕망은 버려져야 한다는 것이다(2:207).

역사가 지니는 무한한 가능성과 그 한계에 대한 니버의 균형 잡힌 시각은 『요정 여왕』의 전체적인 목적을 파악하는 데 큰 도움을 준다. 스펜서의 시는 도덕적 완성을 향한 영웅적 기사들의 투쟁을 통해서 프로테스탄트 영국민에게 포괄적인 도덕적, 사회적 비전을 제시하려고 시도하고 있다. 하지만 스펜서는 결코 그 기사들의 업적에 대해서 만족하는 법이 없다. 제1권의 기사인 레드크로스(Red-cross)는 죄와 악마에 대한 싸움에서 최후의 승리를 만끽할 수 없다. 사실상 마지막 권이라고 할 수 있는 제6권의 기사인 칼리도어(Calidore) 또한 인간 내면의 악의적인 성향을 의미하는 블레이턴트 비스트(the Blatant Beast)라는 괴물을 완전히 굴복시키는데 실패하고 만다. 따라서 스펜서는 그의 작품에서 인간의 힘이 지닌 가능성과 한계에 대해서 매우 조심스럽게 접근함으로써 르네상스와 종교 개혁의 상충하는 요구에 대한 섬세한 이해를 보여준다. 니버가 제시하는 기독교와 문화의 새로운 통합 모델은 『요정 여왕』에 내재하는 프로테스탄티즘과 인문주의 사이의 관계를 새롭게 조명하는 매우 설득력 있는 가설이 될 수 있다.

II 스펜서와 영국의 종교 개혁

영국 종교 개혁에 대한 최근의 연구들은 스펜서가 활발한 신학적, 교회학적 토론들이 만개했을 뿐만 아니라 문화에 대한 서로 상충하는 다양한 태도들이 공존했던 시대에 살고 있었다는 것을 잘 보여준다. 이러한 시대 상황이 스펜서에게 기독교와 문화의 새로운 통합 모델에 대한 풍요로운 역사적 맥락을 제공했으리라는 것은 자명하다. 학자들은 영국 종교 개혁과 대륙의 프로테스탄트 운동 사이에 존재했던 극히 중요한 관계가 지녔던 의미에 대해서 점점 더 많은 관심을 가지게 되었다. 따라서 이 분야의 전문가들은 영국 종교 개혁이 사실상 정부의 주도하에 이루어진 정치적 사건이라고 보는 전통적인 견해를 버리게 되었다(Seaver 272). 윌리엄 틴데일(William Tyndale, ?~1536), 로버트 반즈(Robert Barnes, 1495~1540), 토마스 크래머(Thomas Cranmer, 1489~1556)와 같은 1520년대와 1530년대에 주로 활동했던 초기 영국의 프로테스탄트들은 확고한 루터주의자들이었다. 틴데일의 『로마서 서언』(Prologue to Romans)은 '信仰에 의한 義認'(justification by faith)이라는 루터의 교리를 영국에 소개하는 아주 중요한 수단이었다(Dickens 83). 칼빈주의 또한 메리 여왕의 박해를 피해 유럽에 건너간 프로테스탄트들과 엘리자베스 여왕 치하에서 활동했던 가장 뛰어난 신학자들에게 깊이 영향을 미침으로써 '엘리자베스 여왕 치하의 종교 타협'(the Elizabethan Settlement)의 신학적 선언이라고 할 수 있는 '39개조'(the Thirty-Nine Articles)에 깊은 그림자를 드리우고 있다. 스펜서는 대륙의 여러 다양한 프로테스탄티즘이 계속 유입됨으로써 촉발된 활발한 신학적 논쟁을 목격하면서 프로테스탄티즘이 표방하는 핵심적인 사상들에 대한 맹목적 추종보다는 세심한 숙고를 통해서 그것들을 작품 속에 반영하고 있다. 『요정 여왕』 제1권에 등장하는 에러(Error)라는 괴물의 끔찍한 모습은 열광적인 신학적 논쟁이 자아내는 소동에 대한 스펜서의 혐오를 보여줌과 동시에 스펜서가 살던 시기의 활발한 신학적 토론의 분위기를 잘 드러내 준다.

엘리자베스 여왕 치하의 영국 교회의 상황은 도대체 어떤 이유로 『요정 여왕』이 교회를 계속해서 개혁하려는 프로테스탄트들의 지속적인 노력의 일부로 간주되어야 하는지를 강력하게 암시해준다. 시버(Paul Seaver)가 지적하듯이 엘리자베스 여왕 치하의 종교 타협의 놀라운 점은 이것이 거의 어떤 확고한 타협도 끌어내지 못했다는 것이다(283). 성체 성사의 본질이나 초기 기독교의 이상적인 형태와 같은 극히 중요한 신학적 문제들은 그저 모호하게 진술되었다. 종교 타협이 선포된 1559년은 성직자들의 무지와 극도로 궁핍한 교회재정이라는 힘든 상황 속에서 이제 겨우 몇몇 혁신적인 주교들이 개혁을 시작한 해일뿐이다. 영국 종교 개혁은 스펜서가 생존해 있는 동안 힘들게 진행되었던 과정이었으므로(Collinson ix) 『요정 여왕』이 종교 타협을 이상화하고 찬양하고 있다고 주장할 근거는 전혀 없다고 보아야 한다.

스펜서가 과연 정확히 어떤 종교적 신앙을 지녔는가에 대한 논쟁은 지속적인 개혁이라는 문제에 대한 국교회의 비교적 융통성이 많은 태도와 밀접하게 연관되어 있다. 물론 그 당시 국교회의 신학적 입장은 대체적으로 칼빈주의적인 성격이 강했으므로(Ashton 151) 신학적 관점만으로 스펜서의 종교적 입장을 파악하는 것은 부질없는 짓이다. 엘리자베스 여왕 치하에서 '영국 국교회주의' (Anglicanism)와 '청교주의' (Puritanism) 사이의 신학적 갈등이 치열했음을 주장하는 일반적 경향에 대해서 디킨즈(A. G. Dickens)는 다음과 같이 주장하고 있다.

> 종교에 대해서 깊은 관심을 지녔던 엘리자베스 여왕 치하 영국인들의 대다수는 로마 가톨릭교도나 국교회의 청교도들이었다. 1600년경 혹은 그 후에도 비청교주의라고 일컬어 질 수 있는 국교회 안의 영적 요소는 극히 미미했다. 사제들이 입는 中白衣(surplice)에 대해 혐오를 표방한 청교도들을 엄하게 다스렸던 휫기프트(Whitgift) 대주교조차 신학적인 관점에서는 그들과 다른 점이 없었다. (368)

디킨즈의 주장은 대다수의 청교도들이 영국 국교회를 떠나려 하지 않고 교회를 내부로부터 개혁하려고 했다는 사실에 의해서 뒷받침된다.[2)]

스펜서의 종교적 입장을 그의 신학이 아니라 교회 개혁에 대한 그의 태도에 비추어 규명하려는 학자들의 노력은 『요정 여왕』에서 스펜서가 추구하는 종교적 목적이 무엇인지를 분명하게 밝히는 데 많은 도움을 준다. 셰이힌(Naseef Shaheen)과 흄(Anthea Hume)은 같은 증거를 사용하면서 약간씩 다른 결론에 도달한다. 그들이 내세우는 공통된 증거는 스펜서의 그린달(Grindal) 대주교에 대한 흠모와 궁정의 레스터 백작(Earl of Leicester)파와의 긴밀한 관계 그리고 아일랜드 총독이었던 그레이 경(Lord Gray)의 비서로 활동한 경력 등이다. 셰이힌은 이 세 사람이 청교주의에 대해서 품었다고 추정되는 호감에 대해서 계속 의문을 제기하면서 스펜서의 종교적 입장이 영국 국교회 내에서도 보수적 진영뿐만 아니라 보다 급진적인 청교주의와 구별되는 저교회파 국교도(low-church Anglican)라고 주장한다(50). 한편 흄은 스펜서와 이 세 사람이 여왕의 동의를 전제로 계속적인 개혁을 추구하려 했던 "주교제를 선호하는 온건한 청교도"(moderate episcopalian puritans)들이라고 주장한다(5).

반면에 킹(John N. King)은 이런 용어상의 차이에 너무 집착하

2) 킹(John N. King)이 지적하듯이(Spenser's, 9) 국교회주의(Anglicanism)라는 용어는 19세기에 로마 가톨릭과 프로테스탄티즘 사이의 중도주의(via media)를 주창했던 존 헨리 뉴먼(John Henry Newman 1801~1890)이 주창한 것이다.

는 것을 피하면서 스펜서가 대체로 지속적인 교회 개혁을 선호했던 진보적 프로테스탄트 운동에 속했다고 규정하는 것으로 만족한다 (Spenser's, 9). 지속적인 개혁에 대한 스펜서의 태도에 따라서 그의 종교적 입장을 규명하려는 이러한 노력들이 지니는 한 가지 장점은 독자들의 관심을 『요정 여왕』 전체를 관통하는 극히 중요한 주제인 프로테스탄티즘과 문화 사이의 역동적 관계로 향하게 만드는 것이다.

좀 더 구체적으로 말하면 프로테스탄티즘은 중세 가톨릭교가 저지른 오류들을 아주 강력하게 단죄했다. 루터와 칼빈이 과감하게도 기독교 복음의 핵심적인 메시지를 '信仰에 의한 義認'이라는 교리 즉 오직 신앙에 의해서만 신에게 의롭다고 인정받는다는 사상으로 이해하자 그들의 주장은 수도원이나 수녀원과 같은 종교 기관이나 성인 숭배, 순례 여행, 고백 성사, 면죄부 등과 같은 가톨릭교회의 대중적인 종교 행위에 치명적인 타격을 가할 수밖에 없었다. 이러한 종교 형태들은 단지 기독교 정신의 남용이나 미신으로 여겨지는 것으로 그치지 않고 "인간의 공덕"(Dickens 85)을 증대시키려는 죄로 물든 노력으로 그리고 궁극적으로는 자기 정당화이자 우상 숭배적인 것으로 규정되었다(Althaus 17). 우상 숭배의 의미는 거짓 신의 이미지를 숭상한다는 사전적 의미 안에만 한정될 수 없다. 우상 숭배는 "인간이 그의 존재가 지니는 조건 지워져있고 불확실하며 의존적인 성격을 숨기면서 오히려 그것에 절대적인 실재라는 허상을 부여할 때"(Niebuhr 1: 140) 반드시 발생하게 된다. 비슷한 맥락에서 우상 파괴주의(iconoclasm)는 단지 우상적 이미지들을 파괴하는데 그치지 않고 최종적이고 절대적인 권위를 주장하는 모든 종교적, 문화적 기관과 신념들에 도전장을 내미는 것으로 해석할 수 있다. 따라서 중세 가톨릭교회의 우상 숭배적인 관습들과 기관들에 대한 프로테스탄트들의 공격은 총체적으로 우상 파괴주의적이라고 묘사될 수 있다.

콜린슨(Patrick Collinson)의 우상 파괴주의적인 프로테스탄티즘과 엘리자베스 여왕 치하의 영국 문화 사이의 변증법적인 상호작용에 대한 연구는 르네상스 기독교 인문주의나 중세적 통합과는 완전히 다른 영국적이고 프로테스탄트적인 기독교와 문화의 통합을 제시한다. 콜린슨은 주로 예술이 지닌 정당성에 대한 프로테스탄트들의 다양한 견해에 대해서 언급함으로써 그의 논점을 펼쳐나간다. 그는 영국 종교 개혁의 첫 번째 세기인 16세기는 크게 두개의 문화적 단계로 나누어 질 수 있다고 주장한다. 그 첫 번째 단계는 대략 1580년까지의 시기로 우상 파괴주의적이라고 묘사될 수 있는 시기이다. 이 시기 동안 프로테스탄트들은 우상적인 종교적 이미지들을 공격하면서도 프로테스탄티즘의 원칙들을 장려하기 위해서 기존의 예술 형식들을 적극적으로 개혁하고 이용하였다. 이 시기의 우상 파괴주의는 거짓 예술에 대해서는 적대적이었지만 예술 자체에 대해서는 그렇지 않았다(102). 두 번째 단계는 1580년경에 본격적으로 대두하기 시작한 청교주의의 성장과 밀접한 관련성이 있다. 과격한 청교도들은 예술 자체를 근본적으로 타락된 것으로 치부하고 격렬하게 그 정당성을 공격했다. 이 두 번째 단계를 콜린슨은 "우상 혐오적"(iconophobic)(171)이라고 부르는 데 16세기 후반의 영국 문화에 있어서 성스러운 영역과 세속적 영역의 명백한 분리를 알리는 신호탄이 된다.

콜린슨의 연구는 스펜서가 『요정 여왕』에서 구현하려는 프로테스탄티즘과 문화의 새로운 통합의 성격을 규명하는 데 큰 도움을 준다. 우상 파괴주의적인 프로테스탄티즘은 기독교 복음과 문화 사이에 내재하는 근본적인 갈등을 충분히 의식하고 있으므로 종교적 혼합주의로서의 기독교 인문주의나 중세적 통합이 범할 수 있는 과오를 피할 수 있을 뿐만 아니라 다양한 문화 형태를 복음의 전파를 위해서 건설적으로 사용하기 때문에 기독교 인문주의와 중세적 통합이 보여주는 문화에 대한 긍정적인 태도를 수용할 수 있는 장점을 지니고 있다. 하지만 스펜서가 가장 활발하게 활동하던 시기(1578~99)는 거의 정확하게 청교주의와 세속적 인문주의가 첨예하게 대립하던 우상 혐오적 시기와 일치하고 있다. 따라서 온건한 프로테스탄트로서 스펜서는 문화를 근본적으로 죄로 물든 존재로 규정하는 청교주의의 주장과 문화 속에서 인간이 지닌 무한한 가능성의 개화를 보는 세속적 인문주의의 주장 사이의 첨예한 대립을 목격하게 된다. 따라서 프로테스탄트 시인이자 사상가로서 스펜서의 과제는 극단적인 청교주의나 세속적 인문주의의 유혹에 빠지지 않으면서 그가 물려받은 우상 파괴주의적인 프로테스탄티즘을 더욱 발전 변형시켜 새로운 형태의 프로테스탄티즘과 인문주의의 통합을 이룩하는 것이다.

III 기독교와 문화의 세 가지 통합 유형

『요정 여왕』이 구현하는 프로테스탄티즘과 인문주의의 역동적 관계는 이제까지 언급된 세 가지 유형의 기독교와 문화의 통합, 즉 기독교 인문주의, 중세적 통합, 우상 파괴주의적 프로테스탄티즘에 대해서 비판적으로 고찰하는 과정을 통해서 좀 더 분명히 드러날 수 있다. 사실상 이 세 유형은 스펜서의 작품을 읽는 사상적 틀로 가장 자주 사용되어 왔다.[3)]

기독교 인문주의는 매우 애매하고 포괄적인 용어로서 기독교와 문화의 통합에 대한 다양한 방식들을 총체적으로 지칭하고 있다. 긍정적 의미에서 일종의 종교적 혼합주의로 해석되던지 혹은 회의적 관점에서 기독교와 인문주의의 서로 상충하는 요구들의 불안정한 조화로 받아들여지던지 기독교 인문주의는 기본적으로 인간과 신 사이에 메울 수 없는 간격이 존재한다는 주장을 거부한다. 특히 종교적

3) 기독교 복음과 문화 사이에 존재하는 다양한 통합 방식에 대한 고전적 연구에 대해서는 리차드 니버(Richard Niebuhr)의 *Christ and Culture* 참조.

혼합주의로서의 기독교 인문주의는 『요정 여왕』을 가득 채우고 있는 풍요롭지만 동시에 매우 혼란스럽게 보이는, 성서와 고전 문화로부터 끌어들인 다양한 이미지들의 혼합으로부터 일관성 있는 알레고리적 의미 체계를 추출하려고 노력하는 많은 스펜서 학자들에 의해서 선호되어왔다. 필립스(James Phillips)는 스펜서가 일반적으로 신플라톤주의자들 특히 정통적인 기독교 신플라톤주의자인 필립 뒤 플레시(Philip du Plessis)를 추종하고 있다고 주장한다. 이들의 주장의 핵심은 기독교가 다른 이교적 철학과 종교들과 신념이나 교리 면에서 매우 유사하다는 것이다(Phillips 96-7).

한 가지 좋은 보기는 제1권에서 레드크로스 기사가 새로운 예루살렘(the New Jerusalem)을 신비스럽게 목격하게 되는 장소인 "가장 높은 산"(the highest Mount)(1.10.53-4)이 화자에 의해서 이교적 시 정신의 상징인 파르나서스(Parnassus)와 비교되는 것이다. 필립스는 이 장면이 명백하게 스펜서가 성서의 묵시록적인 비전과 르네상스 신플라톤주의자들에 의해서 재발견된 이교적이면서 비의적인(esoteric) 의식의 입문자가 경험하는 신비적 비전을 동일시했다는 것을 증명한다고 주장한다(106). 하지만 두 가지 반론이 재기될 수 있다. 먼저 화자가 이 두 장소를 비교하고 있다는 것이 꼭 이 두 장소를 동일시하고 있다는 것을 의미하지는 않는다. 다음으로 스펜서가 성경과 이교의 이미지들을 병치시키는 것은 문화와 그의 예술이 지니는 가능성과 한계에 대한 심오한 이해에 기초한다고 해석할 수 있다. 레드크로스 기사가 '명상의 산' (the Mount of Contemplation)에서 목격하는 비전은 결코 그가 획득하는 것이 아니라 은총으로 주어지는 것이다. 궁극적인 진리를 획득하기 위한 신비주의자의 열렬한 시도는 사실상 바로 제1권이 위선과 오만의 또 다른 형태로 규탄하는 심각한 죄이다. 더군다나 시인이 이 장면에서 그의 시적 비전에 대해서 특별히 깊은 관심을 보이는 것은 기독교 복음에 봉사해야 하는 성스러운 의무를 지닌 시라는 매개체에 대한 시인 자신의 깊은 신뢰와 아울러 문화의 한 형태로서 그의 예술이 지니는 넘을 수 없는 한계에 대한 겸허한 인정을 모두 보여준다고 해석할 수 있다. 종교적 혼합주의로서의 기독교 인문주의는 너무나 안이하게 복음과 문화의 상충하는 요구 사이의 긴장을 간과하는 오류를 범할 수 있다.

한편 어떤 스펜서 학자도 스펜서가 겉으로는 전투적인 프로테스탄트로 행세하면서 실제로는 가톨릭교를 숭상했었다고 감히 주장할 수는 없을 것이다. 하지만 '중세적 통합'이라는 모델은 복음과 문화의 목표를 일치시키지 않고 문화를 복음에 종속시킴으로써 종교적 혼합주의로서의 기독교 인문주의에 불만을 가진 학자들에게 매력적인 대안으로 제시되었다. 우드하우스(A. S. P. Woodhouse)는 그의 영향력 있는 논문인 "『요정 여왕』에 있어서의 자연과 은총"에서 중세적 통합의 핵심적인 사상인 "신의 권능 아래 존재하는 모든 피조물 사이의 조화와 모든 피조물들이 자연을 통해서 은총으로 지속적이고 점진적으로 상승하는 경향"(81)이 『요정 여왕』의 주제와 구조를 설명하는 데 가장 적절하다고 주장한다. 그의 주장에 따르면 스펜서의 시는 은총의 영역(제1권)으로부터 시작 한다. 은총은 자연의 근원적인 토대이기 때문이다. 그러나 제1권 이후의 모든 권들은 주로 자연의 영역에 속하게 된다. 이 권들이 표방하는 자연적 덕들은 그 자체로서 추구할 가치가 있지만 그럼에도 불구하고 궁극적으로 신의 은총에 의해서 바로잡아져야 할 불완전함을 지니고 있다. 따라서 각 권의 기본적인 패턴은 다음과 같다. 예를 들어 제2권의 기사인 가이언(Sir Guyon)은 자연의 힘에 의존하는 인간으로서 그가 지닌 선한 가능성을 완전히 개발하게 되지만 여전히 그의 자연적 덕은 불완전함으로 그가 지닌 덕의 완성을 위해서 신의 은총을 필요로 하게 된다.

이러한 중세적 통합의 패턴은 고전적 지혜와 기독교적 계시, 이성과 신앙을 매우 만족스럽게 조화시키는 방식이 될 수 있다. 그러나 프로테스탄티즘의 관점에서 보았을 때 인간이 지닌 자연적 가능성은 그의 유한한 본성을 초월하려는 열망의 근원으로서 필연적으로 오만이라는 죄로 변질 된다. 더군다나 은총은 그저 인간의 불완전함을 완성하는 데 그치지 않고(聖化) 인간 스스로의 힘으로 완성하려는 모든 문화적 추구가 지니는 오만함을 준엄하게 심판하고 용서하는 신의 권능(義認)이다. 가이언을 위시하여 모든 기사들이 자신의 임무를 완성하지 못한 채 그들의 모험을 끝내고 있다는 사실은 자연을 은총에 종속시킴으로써 복음과 문화의 갈등을 해소하려는 중세적 통합의 방식이 『요정 여왕』의 의미를 심각하게 왜곡시킬 수 있다는 가능성을 보여준다.

최근에 와서야 스펜서 연구가들은 스펜서가 종교적으로나 정치적으로 매우 열렬한 프로테스탄트였다는 역사적 사실과 그 사실이 시의 의미와 어떤 연관성이 있는지에 대한 물음에 본격적인 관심을 가지기 시작했다.[4] 흄이 스펜서의 시에서 발견하는 사상은 종교적 혼합주의도 중세적 통합도 아니다. 이 비평가는 자연과 은총 사이의 긴장을 충분히 의식하면서도 고전 철학과 문학의 성과를 이용하는 데 주저하지 않는 독특한 태도를 발견하다. 흄은 칼빈과 주요한 엘리자베스조 시대의 신학자들을 광범위하게 인용하면서 프로테스탄티즘과 문화를 통합하는 새로운 방식을 제시한다. 프로테스탄티즘의 관점에서 보았을 때 도덕의 함양과 죄에 물든 인간의 본성을 구원하는 것은 전혀 별개의 문제이다. 하지만 어떤 기독교인이 신으로부터 의롭다고 인정을 받게 되면(義認) 그는 자신을 성스럽게 만드는 신의 힘(聖化)에 부응하여 도덕적 인간이 되도록 끊임없이 노력할 의무를 지니게 된다(Hume 61-6). 바로 이때 프로테스탄티즘은 고전 문학, 역사, 윤리학을 자유롭게 이용하는 것을 허용하게 된다. 물론 그 이유는 그것들이 스스로 어떤 가치를 지니고 있어서가 아니라 그

4) 특히 말렛(Richard Mallette)은 종교 개혁의 담론이 여러 도덕적 정치적 사회적 담론과 어떤 방식으로 상호 영향을 주고 있는 지를 분석하고 있다(Spenser, 1-16).

것들로부터 도덕적 가르침을 위해서 덕이나 악덕의 이미지나 예들을 추출하고 재창조 할 수 있기 때문이다(Hume 69). 사실상 흄의 연구는 영국 종교 개혁이 겪었던 우상 파괴주의적인 단계에 대한 콜린슨의 연구와 많은 점에서 부합된다. 따라서 흄과 콜린슨의 연구는 스펜서의 시를 읽는데 적용할 수 있는 프로테스탄티즘과 문화의 새로운 통합 모델을 제시한다.

그러나 이러한 통합이 지니는 약점은 앞에서 누누이 지적했듯이 시인 자신이 기사들의 덕이 완성될 수 있는 가능성에 대해서 매우 비관적인 인식을 보여주고 있다는 사실을 적절하게 설명해주지 못한다는 것이다. 스펜서는 각 권의 끝에서 그의 기사들이 도덕적 완성을 획득하는 모습을 보여주는 것을 한사코 거부한다. 하지만 이 점에 주목하여 신필드(Alan Sinfield)가 강조하듯이(47) 스펜서의 시는 프로테스탄티즘과 인문주의의 어떠한 결합도 불가능하다는 것을 증명하는 좋은 보기라는 극단적인 주장이 나올 수 있다. 하지만 신필드의 주장은 니버가 강조하듯이 義認과 聖化라는 신의 은총의 분리할 수 없는 두 측면을 동시적으로 또 역동적으로 적용하지 못해서 생기는 오류라고 할 수 있다. 인간은 그가 지닌 도덕적 가능성을 실현시키기 위해서 신의 은총 속에서 최선을 다해야 하지만 바로 그 최선을 다하는 노력 속에 오만의 가능성이 함께 자라고 있으므로 그의 죄에 대한 신의 용서로서의 은총 또한 언제나 필요한 것이다. 스펜서가 추구하는 프로테스탄티즘과 인문주의의 통합 방식은 인간이 지닌 무한한 힘에 대한 가능성과 동시에 그 타락 가능성에 대한 날카로운 인식을 통해서만 적절하게 이해될 수 있다.

IV 스펜서의 프로테스탄트 인문주의

스펜서가 『요정 여왕』에서 구현하는 프로테스탄티즘과 문화의 역동적 관계는 인간과 역사 속에서의 기독교적 삶 그리고 복음에 대한 프로테스탄트적 이해와 인간이 성취하는 문화가 지닌 가능성과 열망 사이의 변증법적 상호 작용에 의해서 수립된다. 이 상호 작용은 크게 세 단계로 나누어 질 수 있는 데 각 단계는 그 안에 상호 갈등과 함께 변화에 대한 희망을 동시에 지니게 된다.

처음 단계에서 프로테스탄트적 인간 이해는 인간의 근원적인 문제를 피조물로서의 본성에 대한 거부와 스스로의 삶에 권능과 안전을 부여하려는 헛된 노력으로 파악한다. 따라서 프로테스탄티즘은 이러한 문화의 오만함을 우상 숭배로 단죄한다. 두 번째 단계에서 프로테스탄티즘은 이러한 인간의 죄에 대한 해결책을 그리스도의 십자가에서의 속죄에서 찾게 되는 데 바로 이 십자가 사건을 통해서 완전한 정의와 완전한 사랑으로서의 신의 역설적 성격이 드러나게 된다. 문화가 단죄되지만 동시에 근본적으로 새로운 방향 설정을 통해서 구원의 가능성이 열리게 되는 이유가 바로 거기에 있다. 세 번째 단계에서 義認과 聖化로서 기독교인의 삶 속에서 힘차게 약동하는 신의 은총은 인간으로 하여금 그가 이룩하는 모든 문화적 업적에 내재하는 지속적인 타락의 가능성을 인식시킴과 동시에 그로 하여금 선에 대한 모든 새로운 가능성을 발견하고 그것을 실현하게끔 이끈다. 이 마지막 단계에서 기독교 종말론은 역사를 십자가 사건으로부터 최후의 심판으로 나아가는 것으로 본다. 따라서 인간의 역사는 역설적으로 이미 실현되었으면서도 완전히 실현되지 않은 상태 속에서 끊임없이 좌절을 겪으면서 불완전한 인간의 역사를 최종적으로 완결할 신의 심판에 대한 희망 속에서 진행되게 된다. 제1권은 레드크로스가 겪게 되는 일련의 중요한 사건들을 통해서 이 패턴을 가장 분명하게 따르고 있다. 그 중요한 사건들은 레드크로스 자신의 오만에 의한 타락, '성스러움의 저택'(the House of Holiness)에서 그가 겪게 되는 근본적인 갱생, 위태로운 패배의 가능성에 항상 노출되면서도 신의 도움으로 승리하게 되는 용과의 싸움, 제1권의 끝에서 유나와의 완전한 결합이 이루어지지 못하고 미래로 연기되는 것이다. 이 일련의 사건들은 스펜서의 프로테스탄트 인문주의가 프로테스탄티즘과 문화 사이의 역동적인 상호 관계를 성공적으로 형상화하고 있다는 것을 잘 보여준다.

프로테스탄트 시인으로서 스펜서의 작업은 프로테스탄티즘이 제공하는 통찰을 인간의 다양한 문화적 노력에 적용하려는 그의 의식적인 시도라고 요약할 수 있다. 죄와 은총에 대한 그의 프로테스탄트적 이해는 프로테스탄트 영국의 종교적, 윤리적, 정치적, 사회적 과업이 내포하는 가능성과 한계에 대해서 끊임없이 빛을 던져준다.

기독교 복음은 근본적으로 문화의 오만함을 부정함으로 이 양자를 무리 없이 화해시키려는 기독교 인문주의나 중세적 통합은 불충분하다. 하지만 그가 접할 수 있었던 우상 파괴주의적인 프로테스탄티즘조차 비록 복음과 문화 사이의 근본적인 긴장을 인식하면서도 세속 문화를 개혁하는 데 있어서 지나친 자신감을 보이는 경향이 있다. 스펜서의 걸작 『요정 여왕』은 세속 문화를 기독교 정신에 입각해서 개혁할 필요성을 강하게 내세우지만 동시에 그 과정이 결코 죄로부터 자유로울 수 없는 것임을 독자들에게 일깨워 주고 있다.

제1권

성스러움

성스러움

I 프로테스탄티즘과 절망

스펜서는 흔히 밀턴과 함께 영국 르네상스 期를 대표하는 가장 뛰어난 敍事 詩人으로 알려져 왔다. 이 두 시인의 걸작인『요정 여왕』과『실낙원』(Paradise Lost)은 서구 문명의 두 근원인 고전 문화(classical culture)와 기독교의 조화를 주장하는 기독교 인문주의의 가장 탁월한 예술적 표현으로 여겨지고 있다. 하지만 기독교 인문주의라는 용어는 그것이 내포하는 여러 다양한 사상적 경향 때문에 특히 전투적인 프로테스탄티즘의 신봉자인 스펜서의 사상을 규명하기에는 지나치게 애매하다는 결점이 있다. 밀턴과 마찬가지로 스펜서의 일생은 영국에서의 프로테스탄티즘의 행로와 극히 밀접한 관계를 가지고 있었으므로,『요정 여왕』을 당시의 구체적인 역사적 맥락과 분리하여 기독교 인문주의의 문학적 형상화로 보는 접근은 자칫 작품에 함축된 당대 영국 문화의 내적 갈등과 균열을 간과하는 오류를 범할 위험이 있다.

스펜서를 특히 당대의 프로테스탄티즘의 영향과 밀접하게 연관시켜 연구하는 데에는 여러 태도가 있을 수 있다.[5] 하지만 그의 정치적 행보가 그 당시 엘리자베스 1세 치하의 궁정에서 전투적 프로테

5) 일찍이 루이스(C. S. Lewis)가 이 점을 강조하고 있는데 반해서(321), 그로스(Kenneth Gross)와 같은 현대 비평가는 오히려 지나치게 스펜서를 특정한 종교적, 정치적 이데올로기와 연관 지으려는 비평적 경향에 반대한다(20).

스탄티즘을 내세우며 영국의 보다 확고한 프로테스탄트화와 프로테스탄트 국가로 독립하려는 네덜란드에 대한 군사적 개입을 적극적으로 주장했던 레스터 백작파(the Earl of Leicester circle)와 매우 밀접한 관계를 가지고 있었던 것은 주지의 사실이다(Hume 2). 더군다나 그 당시 영국의 종교적 논쟁은 신학에 관련된 문제보다는 교회의 체제와 예식에 관련된 문제에 집중되어 있었기 때문에 스펜서의 신학적 입장이 칼빈주의인가 혹은 좀 더 가톨릭적인 입장에 가까운 중도적인 것인가 하는 문제는 이제 더 이상 중요하지 않다.[6] 그보다 더 중요한 문제는 스펜서의 프로테스탄티즘이 그의 서사시에 대한 태도에 어떤 영향을 끼쳤는가라는 문제일 것이다.

『요정 여왕』의 제1권, "성스러움에 관한 전설"(The Legend of Holinesse)이 영국의 전통적인 수호성인이었던 성 죠지(Saint George)를 주인공으로 내세워, 가톨릭 교회와 정치 세력에 대한 저항을 주된 정치적 목표로 삼는 매우 전투적이고 민족주의적인 프로테스탄티즘을 전개하고 있다는 것은 이미 널리 알려진 사실이다(Waller 182). 하지만 그 당시 서사시라는 장르는 로마 제국의 운명과 영광을 깊이 염두에 두고 『아이네이드』(The Aeneid)를 창작했던 버질(Virgil)의 문학적 업적과 매우 밀접한 관계를 가졌었음으로, 스펜서로서는 밀턴과 마찬가지로 프로테스탄트적 구원의 드라마를 고전적 서사 형식 속에 구현하는 문제에 대해서 많은 고민을 하였을 것이다. 설사 스펜서가 에드워드 6세 치하의 활발한 프로테스탄트 문학 전통으로부터 적지 않은 영향을 받았다고 하더라도(King, English, 445), 많은 영국의 종교 개혁가들은 눈에 보이는 形象의 우상화 가능성뿐만 아니라, 문학 작품 속에 등장하는 세속적 이미지의 위험성에 대해서도 매우 민감했으므로(Gregerson 3), 그의 작품은 프로테스탄티즘과 문학적 상상력의 매우 복잡한 상관관계를 잘

6) 적어도 신학적인 측면에서는 엘리자베스 1세 치하의 영국 교회는 칼빈주의적이었다는 것이 정설이다(Dickens 368). 하지만 그 점이 스펜서가 정통적인 칼빈주의가 지니는 경직성에 대해서 아무런 불만이 없었다는 것을 의미하지는 않는다.

보여준다.

프로테스탄트 서사시(Protestant epic)라고 불릴 수 있는 『요정 여왕』에 대한 1980년대 이후의 특기할만한 비평 경향들 중의 하나가 작품이 내세우는 프로테스탄티즘의 역사적 맥락에 대한 강조이다. 특히 문제가 되는 것은 과연 스펜서가 시도하고 있는 프로테스탄티즘과 인문주의의 결합이 작품 속에서 성공적으로 구현되었나하는 질문이다. 스펜서의 이러한 시도에 대해서 서로 상반되는 평가가 제시되었다. 흄(Anthea Hume)과 문화적 유물론(Cultural Materialism)의 중요한 주창자 중의 하나인 신필드(Alan Sinfield)는 『요정 여왕』의 비평적 접근에 프로테스탄트 인문주의의 역할을 강조한다는 점에서는 같은 입장이지만, 작품 속에서의 프로테스탄티즘과 인문주의의 성공적 결합에 대해서는 서로 상반되는 견해를 보여준다. 흄은 그의 저서에서 인간의 도덕적 노력과 그의 구원은 무관하다는 기본적인 프로테스탄트 교리에도 불구하고 일단 기독교인이 의롭다고 인정된(justification) 후에는 신의 은총에 의해 도덕적 淨化(sanctification)의 길로 매진할 수 있으므로, 프로테스탄트 시인은 자유스럽게 고전 문학이나 세속 문학으로부터 덕과 악덕의 예와 이미지를 추출해서 독자의 도덕적 淨化에 기여할 수 있음을 당시의 여러 종교개혁가와 시인들의 예를 들어 설명하고 있다(68-60).

따라서 『요정 여왕』 제1권에서, 처음으로 기독교 기사로서 모험을 시작하는 레드크로스(성 조지)가 그의 인간적 힘이 갖는 타락의 가능성과 무력함을 뼈저리게 깨닫는 과정이 선행되고 나서야 비로소 그에게 진정한 성스러움이 부여되는 것은 지극히 당연한 전개로 이해될 수 있다(Hume 73). 반면에 신필드는 이성과 상상력의 창조적인 활동 속에서 신에게 버금가는 인간적 탁월성을 발견하려는 르네상스 인문주의와 인간 본성의 근본적 타락을 강조하며 異敎的 고전 문화와 문학의 가치에 대해서 부정적인 청교도적 프로테스탄티즘 사이에 놓여있는 근본적 괴리와 모순을 지적하면서, 작품 속에서 이러한 상호 대립하는 사상이 결합하는 과정에서 필연적으로 많은 내적인 갈등과 균열이 파생되고 은폐될 수 있음을 지적한다(21). 레드크로스가 겪는 타락과 깊은 좌절, 절망의 과정은 기독교 기사이면서도 악에 대한 적극적인 투쟁이라는 고전적 영웅의 역할을 떠맡은 한 인간이 겪게 되는 심리적으로 지극히 혼란스럽고 고통스러운 과정일 수 있다.

이런 관점에서 볼 때 절망은 프로테스탄티즘과 인문주의의 첨예한 대립의 한 양상을 보여주는 좋은 보기가 된다. 스펜서는 기독교인이 이룩할 이상적인 상태인 성스러움 자체를 다루기보다는 성스러움에 도달하는 것을 방해하는 여러 영적 상태들을 상세히 살펴봄으로써 우회적으로 이 성스러움이라는 덕을 드러낸다. 이러한 영적 상태들 가운데 특히 절망은 제1권에서 특별히 중요한 위치를 점하고 있다. 기독교인에게 절망은 구원의 과정의 하나인 悔改와 긴밀히 관련된 필수적인 관문일 수 있고, 스펜서가 제1권에서 디스페어(Despaire)라는 알레고리화된 인물을 등장시키는 것은 특별히 주목할 만한 사건이 아닐지도 모른다. 하지만 이 절망이라는 주제는 단지 디스페어가 등장하는 제9칸토에만 국한되지 않고 줄곧 레드크로스를 쫓아다니는 질병이며, 제9칸토는 그 때까지의 레드크로스의 맹목적인 기독교 영웅주의의 비참한 결론일 뿐이다. 스펜서가 그의 가장 프로테스탄트적인 제1권에서 절망이라는 주제에 대해서 그렇게 세밀한 심리적인 분석을 기울인 것은 어느 정도 당시의 영국 내에서의 이 정신적 질병에 대한 지대한 관심과 궤를 같이한다(Nelson 152). 그 당시 신교도들에게 프로테스탄티즘의 두 중요한 기둥이라고 할 수 있는 '信仰에 의한 義認'(justification by faith)과 豫定說(predestination)은 영국 교회의 공식적인 신학적 입장인 '39개 조령'(the Thirty Nine Articles)에 뚜렷이 명시되어 있어 구원을 얻기 위한 인간의 노력의 완전한 무의미함과 자기 운명의 주관자로 자처하는 인간의 오만함에 대한 철저한 부정을 강조했다(Sinfield

12).[7] 이러한 교리들이 인간의 德의 개발과 완성을 주장하는 고전 문화와 인간을 비롯한 피조물을 절대화하는 이교적 우상 숭배에 효과적인 신학적 무기라는 것을 인정하더라도, 때때로 이러한 교리들로 인해서 많은 기독교인들이 지나친 죄의식으로 괴로워하고 구원에 대한 확신 대신에 절망만을 맛본 것도 사실이다. 루터 자신이 "信仰에 의한 義認"이라는 가르침에 따라 사는 것이 얼마나 어려운지를 고백하고 있다.

> 나 자신이 이 교리를 근 이십년 동안이나 독서와 집필을 통해서 설교하고 체득해왔지만 신과의 관계에서 나 자신이 義認에 기여하고 싶다는, 즉 나의 성스러운 생활의 대가로 신이 나에게 은총을 베풀도록 하고 싶다는 생각이 여전히 나에게 끈덕지게 남아있다(51:284).[8]

칼빈 또한 豫定說이라는 교리가 많은 사람들을 혼란으로 몰아가는 아주 조심스럽게 다루어야 하는 가르침이라는 것을 강조한다.

> (豫定說을 논의함에 있어) 언어의 경계를 넘어서자마자 우리는 즉시 길에서 벗어나 어둠 속에 처하게 되며 때때로 넘어지고, 길을 잘못 들고, 쓰러지게 된다(204).

이러한 교리들이 그 당시 신교도들에게 주었던 중압감을 확인하면서 독자들은 왜 "성스러움에 관한 전설"이 그렇게 절망이라는 문제에 민감한가를 이해할 수 있다.

프로테스탄트 인문주의자로서 스펜서가 처한 어려움은 앞에서 언급한 흄의 프로테스탄티즘과 인문주의의 결합에 관한 지나치게 낙관적인 설명만으로는 잘 파악되지 않는다. 스펜서는 분명히 프로테

7) 특히 "39개 조령"
8) 종교개혁사의 권위자인 오즈망(Steven Ozment)은 "믿음에 의한 구원이라는 생각이 그것이 대체하려고 했었던 종교적 성찰이나 선행보다 궁극적으로 더 양심에 부담스러운 것이 아니었을까?"라고 반문하고 있다(375).

스탄티즘과 고전 문화의 결합이 많은 문제점을 안고 있음을 그의 작품을 통해서 잘 보여준다. 레드크로스는 그의 기독교 정신과 고전적 영웅주의의 무비판적인 결합이 종국적으로 절망으로 이끌 수밖에 없음을 체험하게 되며, 설사 그 점을 알았다 하더라도 그를 기다리는 것은 위에서 언급한 교리들을 교묘하게 왜곡하여 더욱 더 그를 절망으로 떨어뜨리려는 디스페어가 거하는 음침한 동굴이다. 스펜서의 어려움은 또한 신필드의 문화 유물론적 해석으로도 충분히 설명되지 않는다. 프로테스탄트 교리와 인문주의 사이의 근본적인 모순으로 인해 스펜서의 텍스트는 오로지 프로테스탄트 이데올로기의 균열만을 드러낸다는 신필드의 지나치게 비관적인 주장은(11) 제1권 전반부에 나타나는 절망의 원인에 대한 조직적이면서도 치밀한 분석과 궁극적으로 신의 인간에 대한 사랑을 천명하고 인간 자신의 영웅적 용기와 삶을 고무하는 제9칸토의 끝 부분을 고려할 때 설득력을 잃고 만다. 물론 전투적 프로테스탄티즘은 다른 모든 종교적 신념과 마찬가지로 위험스럽고 타락할 가능성을 지니고 있다. 하지만 스펜서는 밀턴과 마찬가지로 인간은 악에 적극적으로 대항함으로써만 자신의 덕의 가능성과 한계를 분명히 인식할 수 있다는 것을 작품을 통해서 잘 보여준다. 영웅적 용기와 삶은 여전히 악에 대한 무저항과 회피보다 유효하다.

제1권의 전반부를 통해서 스펜서는 레드크로스의 점진적인 타락을 묘사하고 있다. 스펜서는 이 부분을 통해서 왜 고전 문화와 우상숭배가 오만을 가장한 절망의 가장 대표적 표현들인지를 그의 성서적 인간관에 따라 세밀하게 해부하고 있다. 프로테스탄트 인문주의는 따라서 프로테스탄티즘과 인문주의의 무비판적 결합이 아니라 인간의 자기 초월적 경향과 자기 우상화적 경향의 위험성에 대한 분명한 인식을 전제로 한 것이다. '디스페어의 동굴' (The Cave of Despaire)은 자신의 덕 혹은 힘(virtue)의 추구와 절대화에 완전히 실망한 인간에게 그러한 인식 자체가--기독교의 복음에 근거하지 않을 때--얼마나 무서운 결과를 초래하는 가를 잘 보여준다. 또 이 에피소드는 역설적으로 절망이 기독교적 복음과 인간적 용기의 진정한 수용의 첫 걸음이 될 수 있음을 보여 준다. 하지만 스펜서는 계속해서 제1권이 끝날 때까지 절망의 그림자로부터 완전히 벗어난 이상적인 기독교 기사로서의 레드크로스의 모습을 보여주지 않음으로써 그의 프로테스탄트 인문주의를 내적인 갈등과 긴장으로부터 완전히 자유스럽게 하려는 유혹을 거부한다.

II 절망에 이르는 길: 異教的 고전 문화와 우상 숭배

레드크로스가 '디스페어의 동굴'에 이르기까지 겪게 되는 다채로운 사건들을 처음 접하는 독자들은 사건들의 삽화적 연결에 당황하게 되며, 각각의 에피소드들을 긴밀하게 연결시켜주는 중심적인 주제적 관심이 도대체 무엇일까에 대해 많은 의문을 갖게 된다. 여러 비평가들이 그 물음에 대답하려고 노력했지만[9] 절망의 근본적인 원인으로서 오만(pride)이 매우 산만하게 보이는 에피소드들을 하나로 묶어주는 중심적 주제라고 여긴 비평가는 찾아보기 힘들다. 프라이(Northrop Frye)는 스펜서를 "매우 제한된 개념적 사고력만을 보여주는 시인"(155)이라고 여기지만, 이들 에피소드들은 절망의 근본적인 원인으로서의 오만에 대한 매우 치밀한 분석을 보여준다. 스펜서가 제시하는 사상적 근거는 성서적이며 프로테스탄트적인 인간의 본성과 죄에 대한 인식으로서 왜 레드크로스가 '디스페어의 동

9) 워터스(D. Douglas Waters)는 가톨릭 미사의 성체성사에 대한 스펜서의 비판을 작품 해석의 중심 테마로 삼고 있다915-16). 반면에 컬린(Patrick Cullen)은 인간을 타락시키는 요소로서의 육체 (the Flesh), 세상 (the World), 악마 (the Devil)라는 중세적 도식의 중요성을 강조한다(4). 또한 케인(Sean Kane)은 인간 영혼의 세 가지 기능인 상상력, 의지력, 지성을 주된 주제로 삼고 분석하고 있다(33). 논버그(James Nohrnberg)는 구약에 나타난 이스라엘 민족의 승리와 패배의 교차라는 원형과 제1권의 다양한 에피소드들의 구성 원리가 유사함을 주장한다(202). 셰니(Donald Cheney)는 레드크로스를 전원시(pastoral poetry)적 주인공과 서사시(epic poetry)적 주인공의 정체성을 교대로 보여주는 인물로 해석한다(18-22).

굴'에 이르기까지 점차적으로 기독교의 이상으로부터 멀어져 타락의 구렁텅이로 빠지게 되는지를 잘 설명해 준다.

특히 미국의 프로테스탄트 신학자인 니버의 성서적 인간론에 대한 해석은 제1권의 이해에 많은 도움을 준다. 성서는 인간이 신의 이미지(Imago Dei)를 쫓아 만들어졌음과 동시에 또 흙(dust)으로 빚어진 존재로 규정하고 있는데, 니버는 이 점을 인간이 자연과 세계 그리고 자신마저도 초월할 수 있는 자기 초월성의 가능성과 그러면서도 신이 창조한 피조물로서의 근본적인 유한성을 동시에 지니는 역설적인 존재라는 의미로 해석한다(1: 150). 레드크로스는 궁극적으로 성 죠지(Saint George)로 불려지는 데, 그 이름은 어원적으로 성스러움(Saint〈Latin sanctus, holy)과 농부(George〈Greek ge+ergon, literally earthworker)의 결합으로서 신의 창조물인 인간의 양면적 본성을 지칭한다. 하지만 인류의 타락(the Fall)은 그와 같은 고귀함과 비천함의 역설적 결합을 더 이상 유지하지 못하게 하면서 인간의 모든 세속적 행위와 종교적 행위를 오만이라는 죄로 물들게 한다. 니버는 다음과 같이 인간의 죄를 설명한다.

> 죄란 인간이 그가 피조물이라는 사실과 신에 대한 의존을 받아들이는 것을 거부하고 자신의 삶을 독립적이고 안전한 것으로 만들려는 노력이다. 이러한 헛된 망상에 의해 인간은 그의 존재의 조건 지워져 있고, 우연적이며, 의존적인 성격을 감추고 도리어 그것에 어떤 조건에도 구애받지 않는 實在라는 거짓된 모습을 부여한다(1: 137-138).

레드크로스는 자신의 불완전함을 애써 외면하고 오로지 인간적 탁월함만을 영웅적으로 추구함으로써 고전적 영웅주의와 고전 문화에 경도되며, 또 한편으로는 인간의 불완전함 자체를 거짓된 실재와 힘의 근원으로 바꿔 숭배하려 함으로써 종교적 우상 숭배로 이끌리고 만다.

니버의 오만에 대한 분석의 장점은 이와 같이 오만이라는 죄의 두 가지 양상을 극명하게 보여주는 데 있다. 이 점을 염두에 두고 레드크로스와 관련된 에피소드를 살펴보면 다음과 같은 뚜렷한 하나의 구성 원리에 의해서 배열되어 있음을 알 수 있다.

가)	Redcross on the Plain	Errour	Sans Foy	Lucifera
	|	|	|	|
나)	Redcross in the Wood	Archimago	Fradubio	Orgoglio

(각 에피소드의 명칭은 관련된 중요한 인물에 의해 대표됨)

가)군에 속하는 에피소드들은 모두 기독교의 적과의 투쟁에 나선 영웅적 기사로서의 레드크로스를 보여주지만 그의 영웅주의는 자신의 근본적인 불완전함에 대한 맹목적 무시와 이교적 영광의 추구로 오도된다. 그것은 결국 그를 슬픔과 절망으로 인도할 뿐이다. 반면에 나)군에 속하는 에피소드들은 가)군의 에피소드들과 짝을 이루어 연이어 일어나는데, 영웅적 투쟁 뒤에 피곤함에 지쳐 쾌락에 탐닉하는 레드크로스를 보여 준다. 하지만 레드크로스가 도달하는 것은 결국 자신의 불완전한 존재를 절대적 권력과 종교적 숭배의 대상으로 바꾸어 스스로를 신의 위치에 올려놓는 우상 숭배뿐이다. 레드크로스는 스스로의 노예로서 자기 상실과 절망의 나락에 빠지고 만다.

먼저 가)군에 속하는 에피소드들을 하나씩 검토해 보자. 제1권은 우나(Una)와 함께 그녀의 부모를 사탄의 화신인 龍의 손아귀로부터 구하려고 들판에서 말을 타고 달려가는 레드크로스에 대한 상세한 묘사로부터 시작된다. 그가 입고 있는 갑옷에 난 무수한 상처 자국과 가슴에 품고 있는 붉은 십자가는 레드크로스가 의심할 여지없이 그리스도에 헌신하는 용맹스러운 기독교 기사라는 것을 보여준다. 그러나 그에 관한 묘사는 다음과 같이 전체적인 인상에 어울리지 않는 레드크로스의 감추어진 측면을 드러낸다.

그의 성난 말은 마치 기사의 고삐에 순종하는 것이
수치스럽다는 듯이 거품으로 뒤덮인 재갈을 물어뜯었다.

His angry steede did chide his foming bitt,
As much disdayning to the curbe to yield: (1.1.1)[10)]

그의 말이나 행동은 바르고 성실하고 진실했다,
하지만 얼굴 표정은 지나치게 침통한 것처럼 보였다.

Right faithfull true he was in deede and word,
But of his cheere did seeme too solemne sad; (1.1.2)

레드크로스는 겉으로 보기에는 용맹스러운 기독교 기사인 것처럼 보이지만 실제로 그는 자신의 성난 말을 통제할 수도 없는 미숙한 기사이며, 그의 성난 말은 圖象學的인(iconographical) 관점에서 볼 때 레드크로스 자신이 지나친 영웅적 패기에 사로 잡혀있음을 암시한다고 볼 수 있다. 반면에 그의 "지나치게 침통한" 표정은 이 기사의 심리 상태가 결코 평온하지 않고 항상 절망의 가능성을 내포하고 있음을 드러낸다. 자신의 힘에 대한 지나친 영웅적 과신과 슬픔은 따라서 레드크로스를 처음부터 규정 지워 주는 중요한 특성이며, 이러한 특성은 그가 에러(Errour)라는 무서운 괴물과 일전을 벌일 때 분명히 노출되게 된다.

흔히 신학적 오류의 알레고리라고 해석되는 괴물 에러와의 투쟁에서 가장 아이러니를 자아내는 부분은 궁극적으로 레드크로스가 이 괴물을 처치한다 하더라도 그가 얻는 것은 기독교의 적에 대한 외면적 승리일 뿐, 레드크로스 자신은 더욱더 기독교의 참된 정신으로부터 멀어진다는 사실이다. 우나의 현명한 경고에도 불구하고 레드크로스는 자신의 힘으로 능히 에러를 해치울 수 있다고 믿고 전투에 임함으로써 신의 의지에 자신을 맡기는 기독교 기사라기보다는 자신

10) 이하 『요정 여왕』의 인용은 A. C. Hamilton ed., Spenser: The Faerie Queene (London: Longman, 1977)에 의거하되 철자중 y, u, v를 현대 철자법에 따라서 i, v, u로 바꾸었다. 인용되는 부분의 권, 칸토, 연은 모두 아라비아 숫자로 인용문 옆에 밝혔다.

의 힘에 전적으로 의지해서 운명에 대항하는 고전적 영웅의 모습을 보여 준다(1. 1. 12). 에러와 벌이는 무시무시한 싸움은 레드크로스가 이 괴물을 전적으로 자신의 지적, 육체적 힘에 의지하여 굴복시켜야하는 외면적 대상으로 여기고 있음을 보여 준다. 그것은 자신 속에 내재한 고전적 영웅주의라는 오류에 대해서 그가 무지하다는 것만을 확인시켜 줄뿐이다. 그러나 그의 힘은 곧 소진되어 버리고 레드크로스는 수치심과 분노 속에서 "지금 당장 승리를 쟁취하든지 혹은 곧 패배를 감수하든지(일단 최후의 공격을 감행하기로) 마음을 먹었다." (Resolv'd in minde all suddenly to win,/Or soone to lose,) (1.1.24). 그가 처한 위험한 상황을 성급하게 해결하려는 그의 필사적인(desperate) 시도는 기독교가 가장 위험시하는 절망(despair)의 죄에 위험스럽게도 매우 가까이 있다. 레드크로스가 그가 처한 절박한 상황 속에서 의지하는 것은 신의 권능이 아니라 자신에 대한 필사적인 믿음이다.

레드크로스가 당면한 진정한 문제는 괴물 에러와의 싸움 중에 드러난 흙으로 빚어진 불완전한 존재로서 감수해야할 지적, 육체적 허약함이 아니라, 자신의 힘에 의해서 어떤 곤란도 극복할 수 있다는 잘못된 믿음이다. 레드크로스의 에러에 대한 승리는 그의 이러한 오류만을 강화시켜 줄뿐이다. 레드크로스의 다음 상대인 샌스포이(Sansfoy)는 글자 그대로 신앙이 없는 자라는 뜻으로 이슬람교 기사이다. 이슬람교 자체를 이단으로 규정했던 기독교의 입장에서 보면 샌스포이는 명백히 기독교의 적인 셈이다. 그렇지만 레드크로스와 샌스포이와의 싸움은 완전히 종교적인 의미를 상실한 채 서로 양떼를 차지하려는 "야심과 오만에 의해 흥분된 두 숫양들"(two rams stird with ambitious pride) (1.2.16)의 이전투구로 전락하고 만다. 에러와의 싸움에서처럼 그가 의존하는 것은 "타고난 자신의 힘"(native vertue)(1.2.19)뿐으로, 레드크로스의 고전적 영웅으로서의 모습은 더욱 강화된다. 그가 진실한 신앙을 대표하는 우나와 결별하고 거짓 신앙을 대표하는 마녀 듀에사 (Duessa)와 모험을 떠나는 장면은 외면적으로는 無信仰을 극복하고서도 내면적으로는 오히려 無信仰의 포로가 된 레드크로스가 자아내는 아이러니로 가득 차게 된다.

레드크로스를 오도된 이교적 혹은 고전적 영웅주의로 내모는 것은 물론 그의 더 높은 곳을 향한 야심과 오만이다. 따라서 레드크로스가 결국 루시페라(Lucifera)에 의해서 지배되는 '오만의 저택' (The House of Pride)을 방문하게 되는 것은 결코 우연이 아니라 이제까지의 그의 빗나간 여정의 당연한 귀결이다. 이 '오만의 저택' 을 다스리는 루시페라에 대한 묘사와 레드크로스와 샌스조이(Sansjoy)의 결투 그리고 듀에사와 밤의 여신의 지하 세계로의 하강을 통해서 자기 초월적 오만과 거기서 파생되는 고전적 영웅주의와 문화 그리고 그 밑에 잠재된 고전적 세계관의 실상이 소상하게 드러난다. '오만의 저택' 은 절망의 근본적인 원인으로서 자기 초월적 오만과 그 결과에 대한 상세한 해부이다.

스펜서는 다음과 같이 루시페라를 묘사하면서 그녀의 본질을 드러낸다.

> 너무나 오만하게 그녀는 군주의 지위를 뽐내며
> 하늘을 바라보면서 빛났다. 높이 권좌에 앉은 채로
> 땅을 경멸했고 비천함을 미워했기 때문이다.
>
> So proud she shyned in her Princely state,
> Looking to heaven; for earth she did disdayne,
> And sitting high; for lowly she did hate: (1. 4. 10)

지옥의 신인 플루토(Pluto)와 프로세르피나(Proserpina)의 자식으로서(1.4.11) 루시페라가 자신의 미천한 근원을 무시하고 더 높은 존재가 되기를 갈망하는 것은 인간적 탁월함의 추구라는 고전적 이상의 관점에서 보면 극히 칭찬할 만한 일일지도 모른다. 하지만 그러한 과정을 통해서 루시페라는 자신의 미천한 토대를 은폐하고 왜곡시킨다. 그녀의 궁전은 너무나 멋진 외관을 가져 보는 사람들로 하여금 감탄을 자아내지만, 실상 그 밑의 토대는 거의 허물어질 지경이며 교묘하게 그 허술함을 감추고 있을 뿐이다(1.4.5). 루시페라의 더욱 심각한 문제는 그녀의 이름이 가리키듯이 그녀가 추구하는 것은 고전적 인간론에서 보이는 자기 초월적 갈망을 넘어 스스로 가장 지고한 신의 위치를 차지하려는 사탄적인 야심이다(1.4.11). 신의 이미지와 흙의 결합으로서의 인간의 숙명을 거부하고 오직 자신 속의 신의 이미지만을 자아와 일치시키려는 그녀의 태도는 실은 자신의 본성을 파괴하는 자멸적 시도로서, 왜 이곳에서 레드크로스가 기쁨을 상실한 기사라는 뜻의 우울한 샌스조이와 대면하게 되는가 하는 이유에 대한 해답을 시사한다.

스펜서의 알레고리의 특징 중의 하나는 종종 주인공의 심리적 상태가 외적 대상으로 나타나는 것이다. 샌스조이는, 비록 세속적 영광을 추구하지만 무의식적으로 그것의 허망함과 무의미함을 느끼고 있는 레드크로스의 심리상태의 알레고리이다(Cullen 43). 하지만 레드크로스는 그의 내면의 소리의 경고에 대해서 귀를 기울이기보다는 그것을 억압하려고만 하는데, 그의 이와 같은 잘못은 이 에피소드에서 샌스조이와의 결투라는 모습으로 나타난다. 특히 이 부분에서 주목할 것은 사실상 결투 자체보다는 그러한 결투로 레드크로스를 내모는 고전적 영웅주의와 그것을 고양시키는 데 동원되는 이교적 고전 문학과 문화 전체에 대한 스펜서의 비판이다. 인간으로 하여금 모든 역량을 동원하여 "탁월한 영광"(glorie excellent)(1.5.1)의 획득이라는 목표를 향해 치닫게 만드는 고전적 영웅주의는 영웅시(heroic poetry)에 의해서 고무된다(1.5.3). 이교적 고전 문학과 문화의 위험성은 인간의 영웅적 삶에 반드시 수반되는 자기 초월적 오만에 대해서 의문을 제기하지 않는 것이다.[11] 이 점은 고전

11) 고전 문학의 여러 장르 가운데 특히 인간의 오만에 의한 자기 파멸이라는 주제에 민감한 비극은 이러한 일반론에서 제외될 수 있다.

문학의 정수인 영웅시 혹은 서사시라는 장르를 빌어 기독교적 진리를 드러내려는 스펜서에게 심각한 문제를 제기하지만, 오히려 레드크로스의 점진적인 타락은 고전적 영웅주의의 파산을 드러낼 뿐이다. 레드크로스에 의해서 치명적 상처를 입은 샌스조이를 고대 그리스의 가장 뛰어난 의사인 아이스쿨라피우스(Aesculapius)가 거하고 있는 이교적 지옥으로 데려가는 듀에사는 사실상 영적 죽음에 처한 샌스조이의 육체만을 살려내려는 이교적 고전 문화의 부질없는 노력만을 목격할 뿐이다.

듀에사는 지옥으로 내려가기 위해서 밤의 여신이 거하는 동굴로 가는 데, 이곳에서 독자는 고전적 세계관과 윤리관의 분명한 표명을 여신으로부터 듣게 된다(Berger, Revisionary, 69). 그녀는 겉으로는 고전적 세계의 최고 주관자인 제우스신의 "강력한 필연성의 사슬"(the chayne of strong necessitee)(1.5.25)에 복종하는 것처럼 보이지만 실은 끊임없이 그의 질서에 반항하고 도전하려 한다.

그녀가 품고 있는 세계관은 실은 질서와 혼돈, 필연성과 우연의 끝없는 갈등에 의해 지배되는 二元論的 세계로서 이런 상반되는 원리를 모두 초월하여 존재하는 창조자로서의 기독교적 신의 개념은 완전히 배제되어 있다. 이 세계는 또한 윤리적 차원에서 볼 때 죄와 거기에 대한 복수, 다시 거기에 대한 징벌이 끝없이 반복되는 세계로서 영속적인 정의에 대한 어떠한 희망도 또 정의보다 더 높은 기독교적 용서와 사랑의 원리 또한 완전히 배제되어 있다. 나중에 디스페어는 바로 이러한 세계관을 교묘히 이용하여 레드크로스를 절망으로 몰아넣게 된다.

레드크로스는 '오만의 저택'으로부터 용케 빠져나오지만, 그가 오만으로부터 결코 자유스럽지 못하다는 데 아이러니가 있다. 즉 비록 그가 세속적 영광의 추구가 무의미함으로 가득 차 있다는 것을 알아 차렸다 하더라도, 그러한 인식이 자신의 불완전함에 대한 겸손한 인정이 아닌 또 하나의 스토아주의적인 고매한 정신적 오만에 불과하다는 데 문제가 있다(Cheney 54). 레드크로스의 오만은 더욱더 깊어진다.

이제까지의 기독교 기사로서의 레드크로스의 모험은 외면적으로는 승리의 연속이었지만 실은 역설적이게도 더욱더 가장 비기독교적인 자기 초월적 오만이라는 죄의 노예가 되어 가는 과정이었다.

이러한 과정과 짝을 이루면서 동시에 진행되는 과정이 레드크로스의 자기 우상화적 오만의 과정이다. 자기 초월적 오만이 인간의 근본적인 불완전함을 무시하고 신적인 탁월함으로만 매진하는 죄라면, 자기 우상화적 오만은 바로 그 불완전함 자체를 절대적인 권위와 권력의 허상으로 둔갑시켜 우상화하는 죄이다. 이 두 오만은 실은 동전의 양면과 같은 것으로 타락(the Fall)이후 인간이 취하는 두 가지 근본적으로 오도된 태도이다. 나)군에 속하는 여러 에피소드들을 통해서 레드크로스는 영웅적 투쟁을 치른 후 지쳐 휴식을 갈구하면서 급기야는 쾌락을 탐닉하고 피조물에 불과한 자신을 절대화하고 우상화하게 되는 모습을 보여준다. 결국 그를 기다리는 것은 기독교적 자아--신의 이미지와 흙의 결합--의 완전한 상실로써 그는 영적 죽음의 상태로 빠져들게 된다.

레드크로스와 우나가 여행 중에 폭풍을 피해서 피신처로 삼는 곳은 단순한 숲이 아니라 미로(labyrinth)와 같이 인간을 혼란시켜 얽어매는 세속적 삶의 알레고리로서의 숲이다(Rose 6). 이 알레고리화된 숲은 신에게 대항하여 오만하게 스스로를 안전의 근원으로 내세우는, 아담과 함께 타락한 被造界를 상징한다. 레드크로스는 이곳에서 긴장을 푼 채로 "잔인한 하늘을 경멸하는 듯이 노래하는"(Seemed in their song to scorne the cruell sky)(1.1.8) 새들의 즐거운 지저귐을 들으면서, 하늘의 빛을 차단할 정도로 온통 숲을 덮은 오만한 나무들 사이를 지나가게 된다. 숲이 주는 즐거움과 그것을 쫓다가 결국 길을 잃고 마는 레드크로스의 모습은 앞으로 전개될 유사한 에피소드의 전형을 제시한다.

괴물 에러와 치열한 전투를 벌인 후 지친 레드크로스에게 아키마고(Archimago)라는 이름의 은둔자가 종교 생활을 영위하는 한적하고 평화롭게 보이는 암자는 그에게 더 없는 휴식과 심리적 평안을 약속한다. 하지만 아키마고는 그의 이름이 가리키듯이 대 마법사(Archi+mago)이며 한편으로는 이미지(image)를 왜곡하여 상상력(imagination)을 오도함으로써 인간을 우상 숭배로 이끄는 사탄적인 인물이기도 하다. 종교의 타락을 우상 숭배와 밀접하게 연결시킴으로써 우상 파괴주의(iconoclasm)가 크나큰 종교적, 문화적 이슈가 되었던 영국의 당시 상황을 감안할 때(Thomas 75) 아키마고 에피소드는 우상화 과정에 대한 상세한 해부로서도 읽혀 질 수 있다.

아키마고의 전략은 레드크로스의 영웅심을 부추기는 것이 아니라, 그를 흙으로 빚어진 존재로서 필연적으로 영향을 받을 수밖에 없는 자연적 토대에 전적으로 의존하게 함으로써 그의 영적인 근원 자체를 몰각하게 하는 것이다. 자연의 한 부분으로서 레드크로스가 휴식과 종족 보존을 위한 성적 욕구를 느끼는 것은 지극히 자연스러운 일이다. 하지만 아키마고는 잠의 신의 궁전에 사악한 요정을 보내 성적인 암시로 가득한 꿈을 가져오게 함으로써 레드크로스의 자연적 욕구와 상상력을 왜곡하여 그로 하여금 거짓된 이미지를 숭배하게 만든다. 이것은 물론 우상 숭배의 첫걸음이다. 아키마고는 음탕한 거짓 우나의 이미지를 이용해서 레드크로스로 하여금 참된 믿음과 교회를 대표하는 진짜 우나를 의심하게 만들고 결국 갈라서게 만든다. 아키마고는 기사로 하여금 자신의 영적 정체성에 대해 회의하게 만들고 혼란 속에 빠뜨려서 우상화의 길로 들어서게 하는 데 성공한 셈이다.

레드크로스는 샌스포이와 격렬하게 싸운 후에, 듀에사와 함께 잠시 휴식을 취하기 위해 두 나무 밑에서 쉬게 된다. 하지만 실은 이 두 나무는 프라 두비오(Fra Dubio)와 그의 애인이었던 프라일리사(Fraelissa)의 끔찍한 변형이다. 나무에 갇힌 이 두 인간은 그대로 자신의 영적 정체성을 완전히 망각한 채 완전히 자연과 하나가 되어 버린 타락한 인간의 이미지로서 레드크로스에 대한 일종의 경고이다. 이 에피소드에서 특히 중요한 장면은 우나를 버린 자신의 이야기와 너무나 흡사한 프라 두비오의 이야기를 듣고서도 레드크로스가 스스로 죄가 없음을 주장하는 대목이다(1.2.44). 아담의 타락이후 被造界와 함께 죄의 숙명을 짊어졌음에도 불구하고, 스스로를 죄로부터 자유롭다고 천명하는 레드크로스가 결국 스스로를 신의 위치에 올려놓고 절대적 권위와 권력의 우상이 되는 것은 당연한 귀결이다.

나)군의 마지막 에피소드는 이제까지의 레드크로스의 타락의 최종적 결실인데 우상화의 과정, 자기 우상화적 오만의 본성, 지상 권력과 결탁하여 신으로 군림하는 종교의 타락의 극치에 대한 해부이다. '오만의 저택'을 간신히 빠져나온 레드크로스는 다시 그를 파멸시키기 위해서 뒤쫓아온 듀에사와 그늘진 나무 밑에 있는 샘 옆에서 휴식을 취하다가 성교를 가진다. 간음(fornication)과 우상 숭배(idolatry)를 밀접하게 연관시키는 성서적 관점에서 보았을 때, 이 성교의 알레고리적 의미는 물론 레드크로스가 마침내 창조자인 신이 아니라 피조물을 숭배하고 그것을 모든 安樂의 근원으로 삼는 우상 숭배에 굴복했음을 뜻한다.

듀에사와의 성적 결합이 주는 쾌락에 빠져 있는 레드크로스에게 갑자기 나타나 무자비하게 그를 패배시키는 거인 오르고글리오(Orgoglio)는 이태리어로 오만을 뜻하는데 영적 측면을 상실해버린 레드크로스의 왜곡된 자아의 알레고리이다(Craig 329). 이 끔찍하게 거대한 거인에 대한 묘사는 자기 우상화적 오만의 실체를 잘 드러낸다.

> 그의 천한 어미는 위대한 대지의 여신이었고,
> 그의 떠벌려진 아비는 거칠게 휘몰아치는 바람의 신이었는데,
> 세상을 거침없이 떠도는 숨결을 여신의 텅 빈 자궁에
> 몰래 불어넣어 그녀의 숨겨진 동굴을

성난 분노의 폭풍으로 채워 임신시키고 말았다.
마침내 여신은 여자들의 자궁이 열리는
정해진 시간보다 세 배나 걸려서 텅 빈 바람으로
부풀려 지고 죄에 절은 악행으로 가득 채워져 있는
이 괴물 같은 진흙 덩어리를 쏟아 놓았다.

The greatest Earth his uncouth mother was,
And blustring Aeolus his boasted sire,
Who with his breath, which through the world doth pas,
Her hollow womb did secretly inspire,
And fild her hidden caves with stormie yre,
That she conceiv'd; and trebling the dew time,
In which the wombes of women to expire,
Brought forth this monstrous masse of earthly slime,
Puft up with emptie wind, and fild with sinfull crime.
(1.7.9)

오르고글리오의 "괴물 같은 진흙 덩어리"로서의 모습은 신의 이미지로서의 영적 측면이 완전히 망각된 채 오직 흙으로서의 측면만이 부각된 오만한 인간의 끔찍한 모습이다. 이러한 왜곡과 타락의 과정은 곧 인간의 불완전한 상태의 절대화로서 "텅빈 바람으로 부풀려 지고 죄에 절은 악행으로 가득 채워져 있는"이라는 묘사가 지시하듯이 필연적으로 허위적이고 위선적이며 도덕적 타락과 범죄로 점철되게 된다.

오르고글리오는 지하 감옥에 레드크로스를 가둔 뒤 듀에사를 일곱개의 머리를 가진 막강한 힘을 가진 짐승 위에 올려놓고 숭배한다. 이 대목은 물론, 특히 역사적 알레고리의 맥락에서, 無誤謬를 주장하는 가톨릭 교회의 우상 숭배적 경향과 세속 정치 권력과의 결탁을 통한 부정과 타락에 대한 프로테스탄티즘의 신봉자였던 스펜서의 신랄한 비판이다. 오르고글리오는 '오만의 저택' 의 지배자인 루시페라보다 훨씬 더 위험한 존재이다. 왜냐하면 그는 이미 신의 위치를 선망하는 단계를 넘어 신으로 군림하기 때문이다. 이 점은 왜 지하

감옥에 갇힌 레드크로스가 완전한 절망 속에서 차라리 죽음을 희구하며 희망 없는 삶을 연명하는지(1.8.36)를 설명해 준다. 자기 우상화 뒤에 감추어진 허위와 허무를 감지했지만, 이미 우상 숭배의 포로가 되어 복음의 빛으로부터 단절된 삶을 이어가는 레드크로스에게 절망과 죽음은 유일한 가능성인 것처럼 보인다.

III 절망의 유혹과 극복

우나와 아서 왕자(Prince Arthur)의 도움으로 간신히 오르고글리오의 지하 감옥으로부터 탈출한 레드크로스를 기다리는 것은 '디스페어의 동굴'이다. 레드크로스와 절망의 화신인 디스페어의 조우는 이제까지의 레드크로스의 점진적인 타락 과정의 최종적인 단계일 뿐 아니라 그의 영적 갱생의 출발점이기도 하다. 하지만 이 에피소드는 단순히 서사상의 중요한 전환점이라는 의미를 넘어서 이제까지의 레드크로스의 타락의 원인이 되었던 그의 뿌리 깊은 이교적 세계관과 기독교적 복음의 참된 의미에 대한 몰이해를 심도 있게 분석하고 있다. 디스페어의 전략은 이교적 세계관과 성서적 사상의 교묘한 왜곡과 융합을 통해서 레드크로스로의 죄의식만을 심화시켜 그를 자살의 충동으로 몰아가는 것이다. 따라서 이 에피소드는 넓게는 기독교 인문주의, 좁게는 칼빈주의적 프로테스탄티즘과 고전적 세계관의 어설픈 결합이 초래하는 위험성에 대한 스펜서의 경고이자 비판이다.

트레비산(Trevisan)으로부터 터윈(Terwin)을 자살로 몰고 간 디스페어의 가공할 죄에 대한 자초지종을 듣고 격분하는 레드크로스의 모습은(1.9.37) 그가 여전히 왜곡된 기독교 영웅주의에 빠져 있음을 보여준다. 디스페어는 사실상 레드크로스 자신의 심리적 상태의 외적 投影으로써(Madsen 95), 레드크로스는 절망에 빠진 자신의 심리 상태를 정직하게 인정하지 않고 도리어 그것을 외면화하여 투쟁을 통해서 극복하려고 한다. 하지만 스펜서는 이 둘에 대한 묘사를 통해서 이들이 얼마나 유사한 존재인가를 잘 보여 준다. 어두움과 죽음의 냄새로 가득한 오르고글리오의 지하 감옥의 모습은(1.8.40) 그대로 디스페어가 기거하는 동굴의 어두움과 시체로 가득한 모습(1.9.33, 34)으로 연결되며, 레드크로스와 디스페어는 똑같이 두 눈이 움푹 들어가고 뼈가 드러날 정도로 말라빠진 뺨을 지닌 몰골을 하고 있다(1.8. 41, 1.9.35). 레드크로스가 디스페어에게 보여주는 철저한 무력감은 이교적 세계관과 왜곡된 기독교 교리로부터 빠져나오지 못하는 그 자신의 극명한 한계의 표현일 뿐이다.

디스페어를 만나자마자 내뱉는 레드크로스의 다음과 같은 말은 그가 이교적 혹은 왜곡된 舊約 聖書的 사고방식에 얼마나 깊이 빠져 있는 가를 잘 드러낸다.

> "이런 자살을 조장한, 그대 저주받은 자여, 보라
> 여기 이렇게 처절하게 흘려진 기사의 피의
> 대가를 그대의 피로 보상함으로써만 정의가 그대를
> 올바로 심판할 수 있음을."
>
> "Thou damned wight,
> The author of this fact, we here behold,
> What justice can but judge against thee right,
> With thine owne bloud to price his bloud, here shed in sight?" (1.9.37)

레드크로스의 사고방식은 죄와 복수의 끝없는 순환만이 존재하는 밤의 여신의 암울한 이교적 윤리관과 왜곡된 구약 성서의 정의관의 결합이다. 그렇지만 레드크로스는 곧 이어 터윈이 자살한 것은 그 자신의 죄 때문임을 주장하는 디스페어의 반론에 봉착한다. 죄의 대가는 사망이라는 성서의 교리가 디스페어에 의해서 악용됨으로써 레드크로스는 궁지에 몰리게 된다.

레드크로스는 또한 자살을 권유하는 디스페어에게 맞서 인간의 수명은 스스로가 단축시키거나 늘릴 수 없으며 신이 결정할 사항이라는 매우 단순한 운명론을 주장한다. 하지만 디스페어는 악의적으로 예정설을 왜곡하여 레드크로스의 죽음이 이미 결정된 것임을 주장한다.

> 신은 그의 모든 피조물을 다시 죽게 하도록
> 창조하지 않았는가? 시작이 있는 것은 끝도 있는 법.
> 그들의 삶은 신에게 있는 영원한 운명의 책에 기록되어 있고
> 그 기간 또한 이미 정해져 있다.
>
> did not he all create
> To die againe? all ends that was begonne.
> Their times in his eternall booke of fate
> Are written sure, and have their certaine date. (1.9.42)

원래 예정설의 요체는 인간이 아니라 신이 구원의 절대적 주체라는 것이지만 디스페어는 그 요체를 왜곡하여 레드크로스로 하여금 숙명론에 빠져 구원에 대한 믿음을 버리고 절망하도록 유도한다. 하지만 디스페어가 동원하는 "fate", "necessitie"와 같은 용어들은 그의 세계관이 밤의 여신의 이교적이고 숙명론적인 세계관과 다름이 없음을 드러낸다. 기독교의 신은 운명이나 필연의 굴레로부터 벗어난 존재이기 때문이다.

예정설의 왜곡과 더불어 디스페어가 레드크로스를 자살로 유도하는 데 가장 효과적인 무기는 다름 아닌 레드크로스 자신의 죄의식이다. '信仰에 의한 義認'을 세속적 인문주의와 부패한 가톨릭교에 대한 가장 강력한 무기로 삼은 종교 개혁의 입장에서 볼 때 인간의 모든 행위는 그것이 종교적이건 아니건 모두 오만과 그것에서 파생되는 죄에 의해 물들어 지게 마련이다. 따라서 인간은 더 이상 선행의 많고 적음이나 죄의 유무에 의해서 구원받지 않고 신의 은총인 믿음에 의해서만 義認을 받는다. 이러한 교리는 일차적으로 기독교

인에게 모든 세속적, 종교적 활동에 대한 깊은 환멸과 죄의식을 고취시키는 것이 사실이다. 레드크로스는 이제까지의 과정을 통해서 자신이 얼마나 기독교의 이름으로 자신의 오만 만을 심화시켜왔는가를 뼈저리게 깨달았다. 하지만 디스페어는 의도적으로 레드크로스가 신의 은총과 신앙에게만 의존하게 되는 다음 단계로 나아가는 것을 차단함으로써 더욱더 그의 죄의식만을 심화시키고 자살을 재촉한다. 레드크로스의 고전적 영웅으로서의 오만한 삶에 대한 斷罪(1.9.43)와 우나를 버리고 듀에사를 취한 그의 우상 숭배에 대한 斷罪(1.9.46)는 진정한 프로테스탄트라면 누구나 수긍이 가는 대목일 것이다. 하지만 디스페어의 의도는 이러한 단죄에 근거하여 레드크로스를 죽음으로만 몰고 가는 것이다. "모든 죄인이 죽어야 하는 것은 신의 율법이 아닌가?"(Is not his law, Let every sinner die?)(1.9.47)라는 디스페어의 주장은 물론 사도 바울이 천명한 기독교 진리의 반쪽만을 말한 것이다.[12)]

디스페어의 최종적인 목표는 레드크로스에게 잘못된 종말론을 제시함으로써 스스로를 신의 위치에 올려놓는 것이다. 기독교의 관점에서 볼 때 절망이 가장 심각한 죄인 이유는 바로 자신이 감히 심판자인 신의 자리에 서서 스스로를 구원의 가능성으로부터 제외시키기 때문이다. 절망은 따라서 가장 미묘한 형태의 영적인 오만이라고 할 수 있다. 디스페어는 레드크로스에게 지옥의 끔찍한 그림을 보여줌으로써 죽음과 그의 죄에 대한 신의 무서운 진노 앞에서 절망하게 만든다(1.9.50). 이러한 왜곡된 종말론을 자기의 분신인 디스페어를 통해서 스스로 연출함으로써 레드크로스는 더욱더 깊은 타락의 구렁텅이로 빠지게 된다.

디스페어의 왜곡된 기독교 가르침의 핵심은 율법(the Law)과 복음(the Gospel)의 분리를 통해서 前者만을 강조하는 것이다. 그렇

12) "For the wages of sin is death; but the gift of God is eternal life through Jesus Christ our Lord" (Rom. 6: 23). The Authorized Version.

지만 죄에 대한 엄격한 단죄와 죄에 대한 용서를 통한 신의 사랑의 현시는 결코 분리될 수 없는 과정이다. 자살을 감행하려는 레드크로스의 손으로부터 단검을 빼앗아 던지면서 우나는 기사의 나약함을 꾸짖으며 디스페어의 악마적 유혹에 넘어가지 말도록 설득한다. 우나는 이어 레드크로스에게 복음의 핵심을 선포한다.

> 신의 거룩한 자비속에 그대의 자리가 없다는 말입니까?
> 신에게 선택된 그대가 왜 절망해야 한단 말입니까?
> 정의에 대한 그의 요구가 커질수록 그의 자비로운 사랑도
> 또한 더욱 커지는 법입니다.
>
> In heavenly mercies hast thou not a part?
> Why shouldst thou then despeire, that chosen art?
> Where justice growes, there grows eke greater grace,
> (1.9.53)

'디스페어의 동굴' 에서 레드크로스는 비로소 기독교의 가장 핵심적인 진리에 접근한다. 그는 비록 붉은 십자가를 가슴에 자랑스럽게 지닌 용맹스런 기독교의 수호자로 자처하며 이 모험을 시작했지만, 역설적이게도 가장 심각한 오만의 죄를 맛보고 난 후에야 비로소, 십자가에 못 박혀 죽은 예수 그리스도를 통해서 신의 인간에 대한 사랑이 결정적으로 드러났다는 복음의 핵심에 눈을 뜨게 된다.

레드크로스가 깨닫는 또 하나 중요한 점은 자신에 대한 철저한 절망을 경험한 후에야 비로소 인간은 자신의 용기와 힘을 자발적으로 신의 영광을 위해 사용할 수 있다는 것이다. 제11칸토에서 레드크로스는 그의 최후의 적이며 사탄의 화신인 龍과 혼신의 힘을 다하여 투쟁하면서, 용맹스럽지만 결코 자신의 힘에 의존하지 않고 신의 은총과 의지에 순종하는 진정한 기독교 기사로 다시 태어난다. 레드크로스의 전투적 프로테스탄티즘은 더 이상 고전적 영웅주의로 변질되지 않는다. 프로테스탄티즘과 인문주의 사이에 내재하는 근본적인

갈등에 대해서 잘 인식한다는 것을 전제로, 스펜서는 양자 사이의 긴밀한 협력이 필연적임을 강조한다. 『요정 여왕』 제1권에서 프로테스탄티즘과 인문주의의 관계는 양자 간의 근본적인 차이에 대한 명확한 인식과 아울러 통합의 필요성이 동시에 요구되는 역동적인 관계이다.

IV 결어

서구 문명의 두 근원인 고전 문화와 기독교가 중세의 토미즘(Thomism)처럼 하나로 융합된 사상 체계이기를 거부하고 각기 다른 목소리를 내면서 각자의 뿌리를 찾기 시작하던 시기가 르네상스와 종교개혁이다. 따라서 그 당시에 쓰여 졌던 많은 문학 작품들이 양자 사이에 내재해 있는 근본적인 불일치와 갈등을 노출시키고 있는 것은 어쩌면 당연한 현상일 지도 모른다. 특히 적어도 교리적인 측면에서는 강하게 칼빈의 영향이 지속되었던 엘리자베스 1세 치하에서 대부분의 작품 활동을 했던 스펜서에게 있어 문학 작품을 통해서 프로테스탄티즘과 인문주의를 적절히 조화하는 것은 매우 어려운 일이었을 것이다. 물론 신의 은총에 의지하는 것을 전제로 하여 적극적인 사회적, 문화적 개혁을 강조하는 칼빈의 신학은 고전 문화와 인문주의를 수용할 여지를 남겨두었지만, 여전히 인간의 타락 가능성에 민감한 프로테스탄티즘과 인간의 덕의 극대화를 통한 탁월함의 획득을 강조했던 고전적 영웅주의 사이에는 건널 수 없는 인식의 차이가 존재한다.

이러한 역사적, 사상적 맥락에서 볼 때 스펜서의 『요정여왕』 제1권 "성스러움에 대한 전설"은 인간의 타락 가능성과 삶에 대한 영웅적 태도를 동시에 견지하려는 스펜서에게 인간의 본성에 대해 철저히 검토할 기회를 주었다. 스펜서의 근본적으로 성서적인 인간관은 이미 타락한(fallen) 세상 속에 놓인 레드크로스의 모험을 통해서 그의 선부른 기독교 영웅주의가 어떤 식으로 왜곡되고 타락해 가는가를 분석하는 틀을 제공한다. 신의 이미지를 지닌 존재로서의 초월성과 흙으로 빚어진 존재로서의 유한성을 동시에 지닌 레드크로스가 양자의 결합을 유지시키지 못하고 자기 초월적 오만과 자기 우상화적 오만으로 치닫는 것은 타락한 세상에 처한 인간의 비극적 숙명일지도 모른다. 스펜서는 제1권의 여러 에피소드를 통해서 이러한 오만에 기인한 이교적 고전 문화와 종교적 우상 숭배가 결국 인간에게 절망만을 안겨준다는 것을 보여준다. 결국 스펜서의 오만에 대한 해부는 인간의 절망의 원인에 대한 해부가 되는 셈이다.

레드크로스와 디스페어의 조우는 절망 자체에 대한 해부일 뿐 아니라 죄의식에 사로잡힌 기독교인이 특히 프로테스탄트적인 교리에 대한 잘못된 이해로 인해 더욱더 절망의 구렁텅이로 빠져드는 과정에 대한 섬세한 분석이다. 이 중요한 에피소드는 문화 유물론의 입장에서 보면 프로테스탄티즘 자체의 모순이 극명하게 드러나는 좋은 보기가 될 지도 모른다. 하지만 절망의 원인과 본질에 대한 제1권 거의 전편에 걸친 집요한 탐구는 스펜서 자신이 이러한 프로테스탄트 교리의 가치와 위험성에 대해서 매우 잘 인식하고 있었음을 보여준다. '信仰에 의한 義認'이나 예정설이 매우 조심스럽게 다루어야할 교리라는 것은 분명하지만, 인간의 오만에 대한 매우 효과적인 신학적 무기인 이러한 교리에 대해서 프로테스탄트 시인으로서 스펜서가 의식적으로든지 혹은 무의식적으로든지 반감을 가졌다고 보아야할 증거는 없다.

절망의 원인과 본성에 대한 스펜서의 해부는 '디스페어의 동굴'만으로 끝나지 않는다. 레드크로스가 일단 절망의 유혹을 극복한다 하더라도 그가 완전히 절망의 유혹으로부터 자유스러운 것은 아니다. 다시 진정한 기독교 기사로 태어나서 사탄의 화신인 용과 대적하여 용맹스럽게 싸우는 레드크로스에게도 죽음의 유혹은 비켜가지 않는다(1.11.28). 이 에피소드는 인간은 어떤 상황 속에서건, 어떤 깨달음에 도달하였건, 절망이라는 삶의 필연적인 조건으로부터 도피할 수 없음을 잘 말해 준다. 그러나 과거와 달라진 점은 레드크로스에게 절망이 이제 더 이상 오만의 또 다른 표현이 아니라 자신의 한계에 대한 겸허한 인식의 표현이라는 것이다. 절망의 완전한 극복은 또 다른 오만의 표시가 될 것이기 때문에, 레드크로스는 절망과 더불어 모험을 계속하지만 결코 그것에 굴복하지 않는 용기를 터득한다. 자신의 힘의 타락 가능성에 대한 끊임없는 의식과 그럼에도 불구하고 인간적 용기를 잃지 않고 자신의 역량을 최대한으로 발휘하여 악과 투쟁하는 것이 동시에 가능한가 하는 질문이야말로 제1권의 핵심이라고 할 수 있다. 이 질문은 프로테스탄티즘과 인문주의가 공존할 수 있는가라는 질문과 동일하다. 스펜서에게 절망의 원인과 본성에 대한 해부가 그 질문에 대한 해답의 열쇠가 되었다는 것은 분명하다.

제2권

절제

절제

I 고전적 윤리관과 기독교적 윤리관

영국 르네상스의 시인과 극작가들을 연구할 때 흔히 염두에 두는 사상은 기독교 인문주의이다. 하지만 이 용어는 여러 가지로 해석할 수 있는 여지가 많은 아주 애매한 용어이다. 먼저 기독교 인문주의 그 자체는 고사하고 그것의 구성 요소인 인문주의와 기독교조차 결코 수미일관되게 정의 내릴 수 없는 매우 복잡한 현상이다. 이상주의적이고 신비주의적인 성격이 강한 네오플라토니즘을 신봉했던 피치노의 인문주의와 냉혹한 현실 정치를 세속적이면서도 실제적인 관점에서 접근한 마키아벨리의 인문주의가 같은 성격을 지녔다고 말할 수 없다. 또한 인간의 구원과 관련하여 자유 의지가 수행하는 역할에 대해서 격렬한 논쟁을 벌였던 에라스무스와 루터가 기독교의 본질에 대해서 일치된 견해를 지녔다고도 말할 수 없다. 따라서 르네상스의 지식인들은 대개가 인문주의적인 세계관과 기독교적인 세계관을 동시에 받아들였지만 실제로 어떤 방식으로 그들 속에서 이 두 사상이 만나고 있는가라는 질문은 매우 대답하기 곤란한 성격을 드러내게 된다.

서구 문명의 역사를 조망해보면 우리는 그 근저에 그리스 로마의 고전 문화와 기독교가 자리 잡고 있음을 알 수 있다. 물론 양자는 매우 상이하면서도 대립적인 성격을 지니고 있지만, 수백 년에 걸친 힘들고도 복잡한 역사적, 신학적 과정을 거쳐서 중세의 가톨릭적인 세계관 속에서 비교적 조화로운 결합을 이룩하게 된다. 하지만 이 결합은 이태리에서 발생한 르네상스와 독일에서 시작된 종교 개혁에 의해서 해체된다. 우리는 르네상스 인문주의자들이 중세의 스콜라 철학에 반기를 든 점과 루터나 칼빈과 같은 프로테스탄트 종교 개혁가들이 중세 카톨릭 교회의 부패와 교리에 격렬하게 반항한 사실에만 주목하여 막상 르네상스 인문주의와 프로테스탄티즘 사이의 근본적인 괴리에 대해서는 간과하는 경향이 있다(Tarnas 240). 하지만 르네상스와 종교 개혁은 각각 그리스 로마의 고전 문화와 초기 기독교적 이상으로의 복귀를 의미함으로 양자 사이에는 인간의 본성과 운명에 대한 매우 심각한 이해의 차이가 존재한다.

돌이켜보면 고전적 인간관은 인간의 이성적인 부분만이 영속적이고 완전하다고 강조함으로써 인간을 신의 이미지라는 초이성적(超理性的)인 측면과 흙이라는 불완전한 측면의 역설적인 결합으로 이해하는 기독교와 매우 상이한 성격을 지니고 있다. 고전적 세계관 또한 세계를 이성적 질서의 영역과 비이성적 무질서의 영역으로 양분하는 이원적 세계관을 취함으로써 윤리적으로는 인간을 자신의 비이성적인 요소와 끊임없이 싸워야하는 자기 분열적인 존재로, 정치적으로는 로마 제국을 비이성적인 야만족들을 끊임없이 정복하고 제어해야 하는 의무를 지닌 우월한 문명국가로 규정하게 된다. 이러한 세계관이 신을 결코 이성적 질서와 동일시하지 않을 뿐더러 인간을 역사의 주인으로서 내세우지도 않는 기독교적 세계관과 근본적으로 상충하는 것은 당연하다.

결국 르네상스는 'Virtus'(인간의 탁월한 능력 혹은 힘)라는 개념에서 인간의 모든 희망을 실현시킬 수 있는 단서를 발견했고, 종교 개혁은 인간의 오만이라는 죄를 철저히 단죄하고 궁극적으로는 용서를 통해서 인간을 바로 세우는 신의 'Grace'(은총)에서 인간이 지닌 모든 문제의 궁극적인 해결을 보았다. 종교 개혁의 입장에서 보면 인간은 결코 어떤 것도 자랑할 것이 없는 철저한 죄인이며 그가 이룩하는 모든 것은 신의 은총에 기인할 뿐이다. 하지만 이러한 생각은 인간이 지닌 모든 잠재력을 최대한 끌어내어 실현시킴으로써 인간적인 탁월함을 획득하는 것을 목표로 삼은 르네상스의 인본주의적이고 세속적인 정신과 충돌할 수밖에 없었다.

이제 우리의 논의를 좀 더 구체적으로 전개시켜보자. 영국은 헨리 8세가 종교 개혁을 시작한 이후 그의 딸인 엘리자베스 1세가 등극하고 나서부터는 확고한 프로테스탄트 국가로 자리 잡아 갔다. 엘리자베스 시대에 주로 활동했던 시드니나 스펜서 그리고 셰익스피어와 같은 작가들은 좋건 싫건 어린 시절부터 그리스 로마의 고전에 대한 철저한 교육을 받음과 동시에 교리상 칼빈주의의 영향이 강하게 침투된 영국 국교회의 영향 아래에 있었다(Dickens 368). 이러한 상황 아래에서 시드니나 스펜서는 특히 정치적으로 영국 정부 안에서도 유럽의 가톨릭 세력의 맹주였던 스페인에 대해서 매우 적대적인 노선을 취했던 프로테스탄트 세력과 깊은 관계를 맺고 있었다. 따라서 이들에게서 인문주의와 프로테스탄티즘의 결합이 갖는 매우 복잡한 양상이 잘 드러나는 것은 당연하다. 우리는 그들의 사상을 프로테스탄트 인문주의라는 용어로 규정 지울 수 있을 것이다. 하지만 기독교 인문주의가 갖는 애매성과 마찬가지로 프로테스탄트 인문주의도 그 성격이 분명한 것은 아니다.

마르크스와 푸코의 영향을 받아 종교적 사상마저 그것이 퍼져있는 사회의 구성원들 혹은 계급들 사이의 권력 관계를 반영하는 이데올로기적 성격을 지니는 것으로 해석하는 문화 유물론은 프로테스탄티즘을 억압적이고 가부장적인 엘리자베스조의 정치 사회 질서를 옹호하기 위한 지배 이데올로기로 간주한다. 특히 신필드(Alan Sinfield)와 같은 비평가는 프로테스탄티즘 속에서 매우 모순적인 측면을 발견한다.[13] 예를 들면 그는 당시의 프로테스탄티즘이 신의

13) 이 점에 있어서는 신역사주의자인 그린블래트(Stephen Greenblatt)도 비슷한 견해를 피력하고 있다. 그는 영국 르네상스기에 있어서 인간 정체성의 형성을 작위적인 과정으로 간주하는 인문주의적인 경향과 아울러 그러한 인간적 능력에 대한 기독교적인 불신간의 갈등을 지적하고 있다(9).

은총의 절대적인 필요성을 강조하면서도 인간은 신의 은총에 영향을 줄 어떤 행동도 할 수 없는 타락하고 무력한 존재라는 것을 역설했다는 점을 지적한다(11). 또한 프로테스탄티즘의 일각에서는 인간의 모든 예술적 활동이 항상 우상화의 위험성을 지니고 있다고 여기고 특히 시에 대해서 매우 적대적인 반응을 보였음은 주지의 사실이다.

반면에 인문주의는 인간성의 고양과 인간이 갖는 잠재력의 극대화를 강조하며 인간의 모든 문화적, 예술적 활동 특히 시를 창조적 상상력의 가장 고귀한 표현으로 여겼다. 따라서 문화 유물론의 입장에서 보면 스펜서와 같이 프로테스탄티즘과 인문주의의 영향을 동시에 받았던 시인은 항상 자신의 시적 역량과 가능성에 대한 상반되고 모순된 인식 속에서 창작을 했다고 볼 수 있다(Waller 23).

반면에 프로테스탄티즘이 그 당시 영국 문화 속에서 수행한 역할에 대해서 우호적인 시각을 갖고 있는 흄(Anthea Hume)과 같은 비평가는 엘리자베스조 시대의 프로테스탄티즘은 단순히 맹목적인 신앙만을 강조한 것이 아니라, 특히 칼빈주의의 영향으로 기독교인의 윤리적, 문화적 삶을 기독교적인 시각에서 개혁해야 하는 필요성을 아울러 강조하였음을 지적한다. 일단 기독교인이 죄 사함의 은총으로 다시 태어나면 그때부터 그의 삶은 자신의 부단한 노력과 신의 은총에 힘입어 점진적으로 윤리적인 완성으로 나아갈 수 있고, 바로 이때 그리스 로마의 고전 문학, 철학, 역사가 지닌 풍요로운 자원이 그가 성스러운 삶을 구현하는데 긍정적으로 기여할 수 있다는 생각이다(67-69). 따라서 이러한 태도가 프로테스탄티즘과 인문주의 사이의 갈등과 긴장을 프로테스탄티즘에 의한 세속 문화의 적극적 개혁이라는 새로운 패러다임으로 변형시켰다고 주장할 수 있는 여지가 생기게 된다. 이와 같은 흄의 주장은 왜 스펜서나 밀턴과 같은 시인들이 그들의 작품에 명백히 고전적이고 이교적인 요소들을 그렇게 폭넓게 끌어 드렸는지를 잘 설명해준다. 스펜서나 밀턴은 결코 고전적이고 이교적인 요소들을 기독교적인 요소와 무원칙적으로 혼합시

키는 것이 아니라 그것들을 기독교적인 시각에서 개혁(reform)하는 것을 목표로 삼은 것이다.[14)]

하지만 신필드와 흄의 주장은 영국 르네상스 최대의 서사적 로망스인 『요정 여왕』이라는 작품이 보여주는 삶에 대한 복잡한 비전을 만족스럽게 설명해주지는 못하고 있다. 프로테스탄티즘 자체에 대해서 비우호적인 신필드는 프로테스탄티즘과 인문주의 사이의 근본적인 모순만을 강조함으로써 바로 그 점이 스펜서의 시에 창조적 긴장을 불어넣고 작품에 역동적인 생명력을 부여하고 있다는 점을 간과하고 있다. 반면에 프로테스탄티즘이 세속 문화를 적극적으로 개혁할 수 있는 가능성에 대해서 지나치게 낙관적인 시각을 가지고 있는 흄은 스펜서 자신이 보여주는 보다 조심스럽고 비관적인 관점에 대해서는 유감스럽게도 침묵하고 있다. 스펜서에게 프로테스탄트 인문주의는 일사불란한 사상이 아니라 인간에게 그가 가진 모든 가능성을 추구하라고 요구하는 르네상스와 인간은 역사의 과정을 통해서 결코 오만과 위선의 죄로부터 자유로울 수 없다는 종교 개혁적인 통찰이 서로 역동적으로 충돌하고 융합하는 장이었다는 가설이 더 옳지 않을까?

스펜서의 『요정 여왕』 제2권은 이러한 관점에서 접근할 때 많은 흥미로운 점들을 드러낸다. 제2권의 제목은 "절제에 관한 전설"(The Legend of Temperance)이다. 제1권에서 레드크로스(Red-cross) 기사가 '성스러움'(holiness)이라는 명백히 기독교적인 덕을 대표하는데 비해서 제2권에서 가이언(Sir Guyon)이 대표하는 '절제'라는 덕은 좀 더 넓은 의미로 해석할 때 인간의 윤리적 측면

14) 이런 과정을 특히 킹(John King)이나 그리거슨(Linda Gregerson)과 같은 학자들이 잘 설명해주고 있다. 킹과 그리거슨은 특히 당시의 우상파괴주의(iconoclasm)의 역할을 중시하고 있다. 스펜서는 이교적이나 가톨릭적인 이미지나 문학 양식을 해체하는데 그치지 않고 그것들을 재구성해서 프로테스탄트적인 요소로 변형하여 사용하고 있으며(King, English, 14), 한 걸음 더 나아가 자신의 언어적 예술이 또 하나의 우상이 되는 것을 방지하기 위해서 그의 작품 속에 스스로의 불완전함을 드러내는 다양한 장치를 설정하고 있다(Gregerson 3)는 점들을 주목할 필요가 있다.

을 나타내므로 일찍부터 비평가들 사이에서 이 덕이 갖는 기독교적인 성격에 대한 많은 논란이 있어 왔다. 우드하우스(A. S. P. Woodhouse)가 제1권과 제2권은 각각 은총(Grace)의 영역과 자연(Nature)의 영역에 속한다고 주장한 이래(81), 밀러(Lewis H. Miller)는 특히 가이언을 자신의 힘으로 덕을 성취하는 고전적 영웅으로 간주하는 반면에(305), 후퍼스(Robert Hoopes)는 기독교 인문주의의 관점에서 제2권이 기독교적 계시와 고전적 지혜의 조화를 목표로 하고 있다고 주장하고 있으며(87), 버거(Harry Berger)는 제2권의 전반부는 고전적이고 후반부는 기독교적이라는 주장을 펴고 있다(Allegorical, 42).[15] 이러한 다양한 해석은 제2권에 구현되어 있는 고전적 요소와 기독교적 요소의 결합이 매우 복잡한 양상을 나타내고 있다는 것을 보여주는 한 가지 반증이 된다.

하지만 이들의 주장은 기독교적 시각과 고전적 시각 사이의 근본적인 충돌과 아울러 지속적이고 역동적인 상호 작용을 강조하는 스펜서의 프로테스탄트 인문주의적 시각에서 볼 때 제2권의 성격에 대한 해석으로서는 미흡함을 지니고 있다. 스펜서는 제2권을 통해서 절제 혹은 넓은 의미의 인간의 윤리적 노력을 프로테스탄트 인문주의의 시각에서 재정의하면서 그러한 윤리적 노력의 목표와 가능성 그리고 한계를 가이언의 다양한 체험을 통해서 탐구하고 있는 것이다.

제2권이 전적으로 고전적인 성격을 나타내고 있다는 주장에 대한 한 가지 반증은 제2권의 도입부에서 아키마고(Archimago)와 듀에사(Duessa)가 등장하여 레드크로스의 성적 방종을 문제 삼아서 가이언과 레드크로스로 하여금 서로 대적하게 만든다는 점이다. 물론 그러한 시도는 실패하고 두 기사는 굳게 선의를 다짐한다. 이 장면은 두 가지 중요한 의미를 내포하고 있다. 하나는 결코 제2권이 제1권의 묵시록적인 맥락과 분리될 수 없다는 것이고 또 다른 의미

15) 미킥스(David Mikics)는 제2권이 특히 아리스토텔레스와 스토아 철학의 자아에 대한 관점과 바울과 아우구스틴의 관점을 대립시키고 있다는 점에 주목한다(65).

는 레드크로스와 가이언이 각각 다른 덕을 대표하고 있는 듯이 보이지만 사실은 절제라는 덕은 성스러움의 윤리적 내면화라는 점이다(Tonkin, Faerie, 87). 즉 레드크로스가 인간의 근원적인 죄인 오만과 싸워야 한다면 가이언은 그러한 오만이 만들어내는 분노와 호색이라는 정념들(irascible and concupiscent passions)과 싸워야 한다(Evans 10). 따라서 제2권에서 절제라는 덕의 가장 위험한 적인 맘몬(Mammon)과 아크라시아(Acrasia)는 단순히 지나친 탐욕과 호색과 같은 악덕을 의미하는 것을 넘어서고 있다. 그들은 기독교인의 자아로 하여금 신을 제외한 모든 종류의 세속적 대상에 탐닉하게 만들고 결국은 그것을 파멸시키기를 희구하기 때문에 궁극적으로 악마적인 성격을 지니게 된다.

제2권의 여러 중요한 에피소드들을 분석하기 전에 우리가 반드시 검토해보아야 하는 점은 "절제의 전설"을 통해서 끊임없이 충돌하는 고전적 윤리관과 기독교적 윤리관의 대립된 성격이다. 각각은 인간과 세계에 대한 상이한 이해에 기반을 두고 있으며 등장인물들의 생각과 말 그리고 행동을 통해서 끊임없이 환기되기 때문에 특히 제2권에 지속적인 사상적 긴장과 역동성을 제공하는 중요한 요인이 된다. 먼저 고전적 윤리관은 고전적 세계관과 인간관에 근거한다.[16] 고전적 세계관은 세계를 변함없는 이성적 질서 혹은 정신(Nous)과 끊임없이 변화하는 물질 사이의 투쟁으로 파악하는 이원론적인 성격이 강하다. 특히 후자는 맹목적인 우연(Tyche/Fortune)이나 필연성(Ananke/Fate)에 의해서 지배당하는 비이성적 부분이다. 이러한 이원적 세계관은 고전적 인간관에서는 역시 인간을 이성적인 정신과 비이성적인 육체의 결합으로 보는 이원론으로 나타난다. 이러한 인간관에 영향을 받아 아리스토텔레스는 그의 『윤리학』에서 덕의 실현이라는 목표를 달성하기 위한 이성의 중요성을 강조하고(1098 A),

16) 다음에 이어지는 설명은 코크래인(Charles Norris Cochrane 78-82)과 버거(Allegorical, 41-51)에 주로 의존했다.

또한 덕을 이성적 판단과 제어에 의해서 두 극단적인 악덕 사이의 중간을 취하는 능력으로 설명한다(1107 A).

하지만 이성주의적인 경향이 강한 고전적 윤리관이 지닌 맹점 중의 하나는 과연 인간의 이성이 항상 변화하는 정념들 사이에서 어떻게 이상적인 중용을 획득할 수 있는가라는 점이다. 중용이라는 이상 자체가 현실과 유리된 추상적 개념이 되어버리거나 중용의 획득은 현실적으로 불가능하다는 것을 인정할 수밖에 없다. 기독교적인 시각에서 보았을 때 더 커다란 문제는 고전적 윤리관이 이상적 윤리의 실현을 위해서 전적으로 인간 본성에 내재하는 능력 혹은 덕에만 의존한다는 점이다(Kane 53). 고전적 윤리의 이상인 도덕적 자족(moral self-sufficiency)과 탁월함은 오만의 또 다른 표현일 수 있다. 이러한 기독교적 비판의 근거는 물론 기독교적 세계관과 인간관이다. 기독교적 세계관에서 신은 고전적 세계관에서와는 달리 결코 세계의 이성적 질서와 일치하지 않으며 자신이 창조한 세계로부터도 초월해있다. 인간 또한 결코 정신과 육체로 나누어질 수 있는 존재가 아니며 그의 정신과 육체는 단지 단일한 존재의 두 측면일 뿐이다(Ladd 37). 따라서 고전적 윤리관이 인간의 극단적인 정념이나 악덕을 이성에 의해서 끊임없이 제어해야 하는 적으로 규정하고 있는데 반해서 기독교적 윤리관은 정념보다는 그 배후에서 그 정념을 이용해서 기독교인의 자아를 파괴하려는 죄와 죽음 그리고 악마를 진정한 적으로 규정한다.

그렇다면 기독교인에게 있어서 그의 정념을 제어하려는 노력은 불필요한가? 그렇지 않다. 바로 그 점에서 스펜서의 "절제의 전설"은 고전적 윤리관과 기독교적 윤리관의 역동적인 관계를 잘 드러낸다. 일단 "절제의 전설"은 고전적 윤리관의 맹점을 날카롭게 드러내지만 결코 인간의 윤리적 노력 자체를 무가치하다고 규정 짓지 않고 극단적인 정념이나 악덕 뒤에 숨어있는 악마적인 의지와 싸우는 데서 윤리적 노력의 진정한 목표를 발견한다.[17] 하지만 이러한 인간의 윤리적 노력은 설사 기독교적 인식에 기반을 두었다 하더라도 결코 완전한 승리를 보장해주지는 않는다. 그러한 생각은 또 다른 오만의 표현이며 절제의 기사인 가이언조차 기독교 윤리의 불완전한 실천자로 끝내 남게 된다.

II 고전적 윤리의 가능성과 한계

가이언과 그의 조언자인 팔머(Palmer)가 목격하는 아마비아(Amavia)의 비극적 죽음은 고전적 윤리관이 근본적인 결함을 지니고 있다는 점을 시사하지만 유감스럽게도 가이언은 그 자신이 고전적 윤리관에 젖어 그 점을 간파하지 못한다. 아마비아는 아크라시아에게 사로잡힌 남편 모르단트(Mordant)를 구해내지만 그는 아크라시아의 저주에 걸려 죽고, 아마비아는 갓 태어난 러디매인(Ruddymane)을 가이언에게 맡기면서 자살하고 만다. 아마비아에게 세계는 변덕스럽고 적대적인 우연이나 운명에 의해서만 지배받는 장소이다.

> . . . 무정한 하늘은(그녀는 말했다) 정당한 복수의
> 심판을 경멸하지요, 그리고는 오히려 인간의 비참함을
> 묘사한 슬픈 이동 무대를 보면서 기뻐하지요.
>
> . . . careless heavens (quoth she) despise
> The doome of just revenge, and take delight
> To see sad pageants of mens miseries. (2.1.36)
>
> 그러나 너, 귀여운 아기야, 너를 험상궂고 심술궂은 운명이

17) 이런 관점에서 보았을 때 "절제의 전설"이 천명하는 윤리관을 칼빈주의적인 금욕주의와 일치시키고 궁극적으로 정념의 온상인 육체 자체를 지워버리는 것으로 간주하는 말레트(Richard Mallette)의 주장(Spenser, 51)은 스펜서의 프로테스탄트 윤리관에 대한 오해에 기인한다.

> 네 아비의 비참한 몰락의 슬픈 증인으로 만들었구나,
>
> But thou, Sweet Babe, whom frowning froward fate
> Hath made sad witnesse of thy fathers fall, (2. 1. 37)

이제까지 아마비아의 삶을 지탱해왔던 것은 우주의 이성적 질서에 대한 믿음이었다. 하지만 그것을 상실한 그녀에게 세상은 어떤 희망도 주지 못하며, 따라서 그녀에게 초자연적 존재에 의한 구원의 가능성은 전혀 존재하지 않는다. 이러한 그녀가 매우 염세적인 고전적 인간관에 경도되는 것은 당연하다.

> 오랫동안 갇혀있던 영혼이 그 지루한 굴종에서 해방되니
> 비록 [죽음의] 상처는 쓰리지만, 그 약효는 달콤하리라.
>
> Sharpe be [death's] wounds, but sweet the medicines bee,
> That long captived soules from wearie thraldome free.
> (2.1.36)

정신과 육체를 분리하고 죽음을 고통의 해방으로 보는 아마비아에게 자살은 필연적이다. 이러한 고전적 세계관과 인간관은 아마비아로 하여금 잘못을 자신에게 돌리는 겸허함이 아니라 자신의 죄 없음과 세상에 대한 원망만을 토로하는 이기적인 태도를 취하게 하기 때문에 더욱 커다란 문제를 내포한다.

모르단트의 죽음과 지워지지 않는 핏자국이 새겨진 손을 지닌 러디매인의 탄생 뒤에는 짙은 기독교적 시각이 드리워져 있다. 아마비아는 이성적 절제를 강조하는 고전적 윤리관에 따라서 남편을 설득하여 아크라시아로부터 구해냈지만 그녀의 저주에 걸려 모르단트는 어떤 맑은 샘물을 들이키자마자 죽어버린다. 이 샘물은 사도 바울이 말하는 이교도들의 가슴에 새겨진 율법(로마서 2:14)을 의미한다고 해석할 수 있다. 그리고 율법은 인간을 구원하지 못하고 오히려 죄를 통해서 죽음을 불러오기 때문에(로마서 7:5) 아마비아와 모르단

트의 영웅적인 윤리적 노력은 오히려 아크라시아에게 이용되어 그들 자신을 파멸로 이끌고 만다. 이 장면은 특히 인간은 자신의 윤리적 역량을 넘어서 신의 은총을 필요로 한다는 기독교적 시각을 은연중에 드러낸다. 또한 가이언이 아무리 샘물로 지우려 해도 지워지지 않는 어린 러디매인의 손에 난 핏자국은 사실상 인간의 원죄를 암시하기 때문에 더욱더 이 장면은 고전적 윤리의 한계를 암시하고 있는 셈이다.

아마비아 에피소드가 암시하는 또 다른 중요한 점은 그녀의 비극적 죽음이 시사하는 고전적 윤리의 치명적인 오류를 가이언이 전혀 감지하지 못하고 있다는 것이다. 가이언은 아마비아와 마찬가지로 그녀의 비극적 최후의 원인을 인간의 죄가 아니라 세상의 우연적이면서도 운명적인 요소로 돌릴 뿐만 아니라(2.1.56), 아크라시아에 대한 개인적 복수를 결심함으로써 역사와 정의의 진정한 주체로서의 신에 대한 분명한 인식을 보여주지 못한다. 가이언은 고전적 세계관 속에 갇혀 있다고 말할 수 있다(MacLachlan 135). 아마비아와 모르단트의 비극에 대한 해답을 아리스토텔레스의 중용에서 구하는 가이언의 모습(2.1.58)에서 독자는 그가 앞으로 많은 시행착오를 거친 후에야 진정한 프로테스탄트 인문주의적 윤리관에 도달하리라는 것을 예감하게 된다.

가이언이 다음에 겪게 되는 것은 그가 그토록 신뢰하는 아리스토텔레스의 중용이라는 윤리적 원칙의 알레고리인 '메디나의 저택'(The House of Medina)에서 벌어지는 일련의 사건이다. '메디나의 저택'은 아리스토텔레스의 윤리적 원칙을 쫓아서 두 극단적인 정념을 대표하는 페리사(Perissa, 과도)와 엘리사(Elissa, 부족), 그리고 그들의 중용을 의미하는 메디나(Medina) 세 자매에 의해서 삼분되어 있다. 그리고 페리사는 샌스로이(Sansloy)와, 엘리사는 후디브라스(Huddibras)와 같이 비슷한 성격의 인물들과 짝지어져 있는데, 항상 이 세 자매간에는 갈등과 반목이 일어나고 있어서(2.2.13),

은근히 아리스토텔레스의 중용이라는 이상이 현실적으로 달성될 수 없는 불가능한 이상이라는 것을 암시한다. 가이언은 이곳에서 분노와 관련된 두 극단적인 악덕을 대표하는 샌스로이와 후디브라스의 싸움을 중단시키기 위해서 강압적으로 이 기사들 사이에 균형을 획득하려 한다. 하지만 그의 시도는 오히려 그들의 싸움을 더욱 악화시킬 뿐이다.

하지만 메디나는 가이언과는 달리 극히 차분하고, 회유적이며, 온화한 방식으로 중용을 확립하려고 한다. 그녀의 시도는 성공을 거두고 오랜만에 이 저택에는 평화가 찾아온다. 하지만 그녀가 수립한 평화는 실질적인 평화가 아니고 평화의 허울에 불과하다는 것이 곧 드러나고 만다. 왜냐하면 그녀가 분노와 관련된 두 극단적인 태도의 균형을 확립하자마자 이번에는 분노와 상반된 성격을 지닌 쾌락 추구가 고개를 들게 되고, 지나치게 호색적인 페리사와 지나치게 금욕적인 엘리사 간에 다시 반목과 질시가 시작되기 때문이다. 가이언과 메디나 모두 중용을 획득하려는 방법은 달랐지만 그들의 공통된 목표는 끊임없이 변화하는 정념들 사이에서 변함없는 이상적인 중용을 수립하려는 것이었고 그것은 사실상 불가능한 시도였다.

> 그들 가운데 아름다운 메디나가 침착한
> 자태와 단정한 몸가짐을 하고 앉았다.
> 균등한 방식으로 그녀는 그들의 분노가
> 극단적으로 상반되게 표출되는 것을 완화시켰다.
> 그래서 과도로 치우치는 짝이 적절한 이성을
> 넘어서려 할 때 메디나는 그들을 무마시켰지만
> 부루퉁한 짝에게는 생기를 북돋아주었고
> 그녀의 넉넉함에서 그들의 필요를 채워주었다.
> 그래서 그녀는 그들을 다스리고 스스로의 권위를 지켰다.
>
> Betwixt them both the faire Medina sate
> With sober grace, and goodly carriage:
> With equall measure she did moderate

> The strong extremities of their outrage;
> That forward paire she ever would asswage,
> When they would strive dew reason to exceed;
> But that same froward twaine would accourage,
> And of her plenty adde unto their need:
> So kept she them in order, and her selfe in heed.
> (2.2.38)

이 스탄자에서 질서와 평화를 성취하기 위해서 보여주는 메디나의 끊임없는 윤리적 노력은 그 자체로는 거의 영웅적이라고 평가할 수 있다. 또한 두 적대적인 세력 가운데, 어느 한 쪽에도 치우치지 않고 중용을 지키려는 그녀의 노력은 그 자체로서는 칭찬할 만하다. 하지만 이러한 노력이 가져오는 평화는 그 안에 이미 불화와 갈등의 씨앗을 내포하고 있기 때문에 언제라도 다시 극단으로 치달리는 정념들에 의해 깨지기 마련인 가짜 평화이다. 질서와 무질서, 이성적 요소와 비이성적 요소 사이의 대립이라는 구도는 고전적 세계관이 설정한 틀로서 이러한 틀 안에서는 진정한 평화는 깃들 수 없다. 바로 이점을 가이언이 여전히 깨닫지 못하기 때문에 그는 더욱더 미궁으로 빠져들게 된다.

'메디나의 저택'에서 나온 후에 가이언은 페돈(Phedon), 파이러클레스(Pyrocholes), 카이머클레스(Cymochles), 파이드리아(Phaedria)등과 조우하면서 그의 윤리적 역량을 시험하게 된다. 하지만 그는 고전적 윤리관을 견지하려고 하며 바로 그 점 때문에 점점 더 많은 어려움에 봉착하게 된다. 퓨러(Furor)와 오케이전(Occasion)에 의해서 고통 당하는 페돈은 지나친 정열과 의심 때문에 파멸한 남자로서 아마비아와 마찬가지로 자신의 죄를 인정하기보다는 주변 상황에만 잘못을 전가한다(2.4.17). 가이언 또한 그에게 이성적인 제어의 중요성만을 강조하기 때문에(2.4.36) 전혀 변하지 못한 모습만을 독자에게 보여줄 뿐이다. 가이언은 이어서 벌어지는 두 극단적인 정념을 대표하는 분노의 화신인 파이러클레스와 쾌락의 화신인 카이머클레스와의 싸움을 통해서 그가 메디나로부터 배운 온건한 중용을 추구한다. 하지만 가이언의 노력은 그들의 극단적인 성질을 누그러뜨리기는커녕 더욱더 사태를 악화시키기 때문에 그의 고전적 윤리는 일시적인 승리만을 거둘 뿐이다.

더군다나 움직이는 작은 섬에 기거하면서 정처 없이 떠도는 파이드리아와 만나는 가이언은 그녀 뒤에 숨은 악마적인 의지를 읽지 못하기 때문에 그녀가 표방하는 나태와 쾌락의 맹목적인 추구에 대해서 어떤 확실한 대응도 하지 못한다. 파이드리아는 단순히 나태함과 쾌락 추구의 화신을 넘어서 인간으로 하여금 신이 아닌 자연적 욕구의 충족을 유일한 삶의 의미로 삼게 만들어버리는 매우 위험한 인물이다. 그녀의 악마적 성격은 감히 예수 그리스도의 산상수훈의 메시지(마태복음 6:25-34)를 자연적 욕구 충족이 절대적 삶의 가치라는 메시지로 교묘하게 왜곡시키는데서 잘 드러난다(2.6.15-7). 가이언이 이러한 수사에 현혹되어 파이드리아를 단호하게 꾸짖지도 못하고 떠나버리는 모습에서 독자는 더욱더 가이언이 지닌 윤리적 통찰력의 한계를 인식하게 된다. 바로 이러한 점 때문에 가이언은 다음에 등장하는 '맘몬의 동굴'(The Cave of Mammon)을 통해서 그의 고전적 윤리관이 얼마나 치명적인 오류를 지니고 있는 지를 뼈아프게 깨닫게 되는 것이다.

가이언이 방문하는 '맘몬의 동굴'은 『요정 여왕』의 여러 에피소드 가운데서도 특히 비평적으로 논란이 많은 부분이다.[18] 특히 본 논문의 주제와 밀접한 관계가 있는 쟁점은 '맘몬의 동굴'에서 보여주는 가이언의 윤리적 노력에 대한 상반된 평가이다. 알퍼스(Paul

18) 이 에피소드에 나오는 수많은 고전 신화에 대한 인유의 해석 문제를 가지고 커모드(Frank Kermode)는 그것들에 담긴 비의적(秘意的) 의미를 강조하면서 그러한 의미를 파악할 수 있는 지극히 박식한 독자를 요구하고 있는데 반해서(Shakespeare, 60), 알퍼스(Paul Alpers)는 스펜서가 의미를 감추기보다는 여러 가지 힌트를 통해서 독자로 하여금 스스로 깊은 의미를 깨닫도록 한다고 주장하면서 작품의 축자적(逐字的) 의미의 중요성을 강조하고 있다(238). 사실상 이 두 비평가의 상반된 태도는 이 작품의 알레고리의 성격에 대한 상반된 이해에 근거한다. 가이언과 마찬가지로 독자는 작품 속에 숨은 의미를 찾아야 하지만 사실상 그 숨은 의미를 여는 열쇠는 작품의 표면에 대한 주의 깊은 관찰에 있다.

Alpers 255)와 스웨어링건(Roger G.Swearingen 185)이 세속적 부의 가치에 대한 윤리적 문제를 회피하지 않고 끝까지 대처해 나가는 가이언의 윤리적 노력을 긍정적으로 평가하는 반면에, 버거(Allegorical, 22)와 쿨렌(Patrick Cullen 84)은 가이언이 자신의 윤리적 능력을 지나치게 과신하기 때문에 사실상 오만의 죄를 범했다고 주장한다. 양편의 주장은 나름대로 일리가 있지만 가이언의 윤리적 역량이 갖는 의미를 전체적으로 파악하지 못하고 있다. 알퍼스와 스웨어링건이 간과하는 점은 신의 은총과 가이언의 자연적 덕 사이에 놓인 근본적인 괴리이다. 그의 덕은 결코 신의 은총을 대신할 수 없기 때문이다. 버거와 쿨렌 또한 비록 가이언이 그 자신의 윤리적 역량에만 의존하는 것은 오만이라는 올바른 지적을 하고 있지만 스펜서가 가이언의 윤리적 노력 자체를 비난하고 있는 것은 아니라는 점을 간과하고 있다. 이 에피소드 후에 가이언은 그의 윤리적 노력을 포기하는 것이 아니라 자신의 죄에 대한 깊은 인식과 초자연적 신의 은총에 대한 확신 속에서 자신의 윤리적 노력의 목표를 재정의하게 된다.

가이언이 상대하는 맘몬은 단순히 극단적인 인색함이라는 악덕의 범주를 초월하고 있다. 만약 그가 단순히 한 가지 악덕을 대표한다면 그의 반대편에는 지나친 낭비라는 또 하나의 악덕이 있게 된다. 하지만 성경에 나와 있듯이(마태복음 6: 24) 맘몬의 극단에는 지나친 낭비가 아니라 신이 존재한다. 맘몬은 부귀, 명성, 왕국, 영지 등의 모든 세속적 가치들에 대한 지배를 담당하는 "세상과 속인들의 신"(God of the world and worldlings)(2.7.8)이기 때문이다. 맘몬의 진정한 위험성은 바로 그의 탐욕스러움에 있는 것이 아니라 신과 인간 사이에 끼어들어 인간으로 하여금 세상에 대해서 우상 숭배적인 태도를 취하게 만드는데에 있다.

보라 여기 세상이 주는 기쁨을, 보라 여기 모든 이들이

얻으려고 하는 궁극적 목표를, 그것은 바로 부를 획득하는 것:
행복을 보장하는 그런 은총이 지금 그대 앞에 놓여 있다.

Loe here the worlds blis, loe here the end,
To which all men do ayme, rich to be made:
Such grace now to be happy, is before thee laid. (2.7. 32)

이 구절에서 특히 주목할 것은 "blis", "the end", "grace"와 같이 기독교적인 의미가 짙게 배어있는 단어들이다. 기독교인에게 진정한 기쁨의 원천은 세상이 아니라 그 세상을 창조한 신이며, 궁극적인 목적은 세상이 아니라 신의 왕국의 도래와 함께 있게 될 인간의 구원이며, 이 모든 것은 세상이 주는 은혜가 아니라 신의 은총에 의해서만 가능하다. 파이드리아가 교묘히 예수의 가르침을 왜곡하였듯이, 맘몬은 기독교의 핵심적인 용어들을 교묘하게 왜곡하여 가이언을 유혹하고 있다.

가이언은 비록 맘몬의 유혹을 거절하지만 유감스럽게도 그러한 윤리적 판단의 근거는 맘몬의 반 그리스도적인 성격에 대한 통찰이 아니라 이상주의적인 고전적 윤리관의 관점이기 때문에, 그는 계속해서 자신의 도덕적 역량에만 의존하는 태도를 보여준다.

그리고 [가이언은] 그 자신의 덕과 칭찬할 만한
행위로부터 오는 위안으로 자신을 북돋았다.

And [Guyon] evermore himselfe with comfort feedes,
Of his owne vertues, and prayse-worthy deedes. (2.7.2)

기독교 기사로서 가이언이 실제로 의존하는 것은 신의 권능이 아니라 자신의 윤리적 역량에 대한 확신과 비천한 물질에 대한 속박으로부터 자신만은 벗어나 있다는 귀족적이고 이상주의적인 명예심이다. 따라서 가이언이 맘몬의 지속적인 유혹에 대해서 저항하더라도 그의 윤리적 노력은 기독교적인 관점에서 보았을 때 많은 문제점을 지니게 된다.

세속적 부의 가치에 대한 가이언과 맘몬의 논쟁을 통해서 가이언이 의지하는 정신적 가치 중심의 이상주의적 세계관의 한계가 맘몬의 물질주의적 현실주의에 의해서 명백하게 드러난다. 맘몬이 황금을 제안할 때 가이언이 거절의 명분으로 내세우는 것은 돈의 획득보다는 명예를 추구하는 영웅적 삶의 우월함이다. 더군다나 가이언은 돈이 인간의 영혼과 사회 전체에 끼치는 해독이 너무나 크다는 사실을 무시할 수 없다고 주장한다. 하지만 맘몬은 돈으로도 얼마든지 명예를 살 수 있으며 또 돈이 그렇게 나쁘다면 왜 인간들이 그렇게 끈덕지게 돈을 추구하는가 라고 반론을 펼쳐서 가이언을 당혹하게 만든다. 가이언이 결정적으로 궁지에 몰리는 순간은 그가 악의 기원에 대해서 언급하면서 황금 시대(the Golden Age)에서 현재의 타락한 시대로의 변화에서 그 원인을 찾을 때 찾아온다. 인간의 오만이 아니라 시간의 추이 속에서 타락의 원인을 찾는 가이언에게 맘몬은 대뜸 시간에 순응해서 현재의 타락한 세상에 맞추어 살라고 다그친다(2.7.9-18). 결국 정신 중심의 이상주의를 내세우는 가이언의 세계관은 물질 중심의 현실주의를 내세우는 맘몬의 전략에 휘말려 도처에서 그 입지를 잃는다. 결국 가이언은 맘몬이 주는 돈이 죄에 물들지 않은 깨끗한 돈이어야 한다는 궁색한 조건을 내걸고 마지못해 그 돈을 받게 된다. 가이언과 맘몬의 논쟁은 세계를 정신과 물질로 양분하고 정신적 가치에만 의존하는 이상주의적 고전적 윤리관이 얼마나 허술한 토대 위에 서있는지를 잘 보여준다.

맘몬의 동굴이 단순히 윤리적 문제를 넘어서 근본적으로 종교적 차원의 문제를 내포하고 있다는 가장 중요한 근거는 이 동굴 안에 있는 '필로팀의 궁정'(Philotime's Court)과 '프로세르피나의 정원'(The Garden of Proserpina)이 인간의 죄와 구원의 문제를 다룬 『요정여왕』 제1권과 깊은 연관성을 맺고 있다는 데에 있다. 먼저 '필로팀의 궁정'은 제1권의 '오만의 저택'(The House of Pride)과 밀접한 관계가 있다. 두 장소 모두 인간의 권력과 명성에 대한 끝없는 추구의 알레고리일 뿐만 아니라, 필로팀이 디스(Dis)와 퍼시퍼니(Persephone)의 딸이고 '오만의 저택'의 주인인 루시페라(Lucifera)가 플루토(Pluto)와 프로세르피나(Proserpina)의 딸이기 때문에 사실상 둘은 동일인이라는 것을 알 수 있다. 결국 '필로팀의 궁정'은 '오만의 저택'의 윤리적 측면으로서 자기 초월적인 오만과 권력/명성의 추구 사이의 긴밀한 관계를 암시한다. 가이언은 이곳에서 단순히 윤리적 문제와 마주치지 않고 인간의 뿌리 깊은 죄인 오만의 윤리적 변형과 마주치는 것이다. '프로세르피나의 정원'은 제1권에서 레드크로스 기사가 또 다른 오만의 모습인 오르고글리오(Orgoglio)에게 패하기 전에 듀에사와 함께 성적 쾌락을 탐닉했던 숲과 밀접한 관계가 있다. 레드크로스 기사가 그후에 오르고글리오로 대표되는 자기 우상화적인 오만에 사로잡히는 것처럼 '프로세르피나의 정원' 또한 인간의 자연스러운 욕구를 왜곡시켜 마치 그러한 욕구를 충족시키는 것이 삶의 목표의 전부인 양 가이언을 유혹한다. 결국 자신을 초월해서 더 높은 곳을 추구하려거나 자신의 불완전한 모습을 절대화하여 스스로를 우상화의 대상으로 삼게 만드는 인간의 오만은 '맘몬의 동굴'에서 다시 한 번 그 모습을 드러내며 가이언을 시험하게 되는 것이다.

가이언이 '프로세르피나의 정원'에서 만나게 되는 빌라도와 그 자신 사이에는 한 가지 공통점이 있다. 빌라도는 예수 그리스도를 사형장으로 보낸 엄청난 죄를 저질렀지만 이 곳에서 끊임없이 손을 씻으며 자신의 죄 없음을 주장한다(2.7.62). 가이언 또한 자신이 전혀 맘몬의 유혹에 넘어가지 않았다고 자부하면서 자신의 죄 없음을 확신한다. 물론 이러한 인식은 오직 고전적 인간관에서만 가능하다. 하지만 모든 인간이 지닌 근원적인 오만함을 깊이 인식하는 기독교적 인간관의 관점에서 보면 죄 없음의 천명은 또 다른 죄가 될 수 있다. 독자가 가이언의 영웅적인 윤리적 노력에 감탄하면서도 그것이 갖는 한계와 문제점을 깊이 인식하게 되는 것은 바로 그러한 이유 때문이다.

온갖 세속적 부로 가득한 '맘몬의 동굴'을 통과하는 가이언의 뒤에는 그가 조금이라도 탐욕의 마음을 내면 즉시 그를 죽여 버리려는 무서운 괴물이 따라온다. 가이언이 결국 이 동굴을 죽지 않고 빠져나온다는 것은 그의 윤리적 힘이 얼마나 강한가를 보여주는 좋은 증거이다. 하지만 그는 그곳에서 나오자마자 기진맥진하여 기절하고 만다.[19] 그리고 그가 한때 굴복시켰던 파이러클레스와 카이머클레스의 위협 아래 놓이게 된다. 가이언은 스스로 절제의 기사라는 이름에 걸맞는다는 것을 증명했지만 역설적으로 맘몬은 바로 그러한 가이언의 영웅적인 절제력을 극대화시킴으로써 도리어 그를 완전히 지치게 만들고 파괴시킬 수 있는 기회를 갖게 된 것이다. 아크라시아가 이전에 그러했듯이 맘몬 또한 가이언의 윤리적 영웅주의를 교묘하게 이용하고 있다는 해석이 가능하다. '맘몬의 동굴'은 가이언의 윤리적 노력에 대한 고전적 시각과 기독교적 시각을 동시에 보여줌으로써 독자로 하여금 고전적 윤리의 가능성과 한계를 분명하게 깨닫게 해주고 있다.

III 기독교적 윤리의 가능성과 한계

기절한 가이언을 무자비하게 공격하는 파이러클레스와 카이머클레스의 재등장은 고전적 윤리의 한계를 분명하게 보여줌과 동시에 이제까지 배후에 머물렀던 기독교적인 시각을 본격적으로 드러내는 계기가 된다. 왜냐하면 극단적인 분노나 극단적인 쾌락의 추구 뒤에

19) 가이언이 기절하는 이유는 그가 자신을 육체와 정념과 같은 끊임없이 변화하는 부분이 아니라 결코 흔들리지 않는 부분이라고 믿고 있는 이성과 일치시키기 때문이다. 따라서 그는 점차 자신의 삶을 지탱하는 생명력으로부터 스스로를 고립시키고 마는 것이다. 그가 결국 기절하고 마는 것은 이러한 고전적 윤리관이 얼마나 잘못된 것인가를 보여주는 한 가지 반증이 된다.

는 바로 사탄의 하수인인 아키마고가 도사리고 앉아 그것들을 부추기기 때문이다(2.8.11). 하지만 가이언의 머리 위에도 그를 사탄으로부터 보호하려는 천사가 맴돌고 있으며 그 천사는 다름 아니라 "그의 창조물을 그렇게 사랑하고 모든 피조물(被造物)을 자비롭게 감싸안는 지고의 신의 지극한 은총"(th'exceeding grace/Of highest God, that loves his creatures so,/And all his workes with mercy doth embrace)(2.8.1)의 적극적 표현이다. 세계를 이성적 질서와 비이성적 무질서로 양분하는 고전적 이원론의 배후에 감추어져 있던, 인간과 피조계(被造界)의 운명을 걸고 신과 사탄이 대적하는 기독교적 이원론이 본격적으로 그 모습을 드러내는 순간이다. 위기에 처한 가이언을 구하는 아서(Arthur)는 『요정 여왕』 제1권에서와 마찬가지로 신의 은총의 개입을 의미한다. 또한 아서가 파이러클레스와 카이머클레스를 격퇴하고 난 후에 깨어나는 가이언은 이전의 도덕적 우월감에서 우러나오는 오만함 대신에 오직 개심한 기독교인에게서 찾을 수 있는 겸손한 감사의 태도를 보여 준다(2.8.55). 이 두 기사의 조우는 진정한 윤리는 이성의 감정에 대한 제어가 아니라 자신의 불완전함을 겸허하게 인정하고 자기 자신과 타인에 대한 보다 사려 깊은 배려에서 시작되어야 한다는 점을 분명히 보여주고 있다.

신의 은총을 대변하는 아서가 파이러클레스와 카이머클레스와 대적하면서 보여주는 태도는 이제까지 가이언이 보여주었던 태도와는 사뭇 다르다. 그리고 바로 그 점이 고전적 윤리관과 프로테스탄트 인문주의적 윤리관의 차이를 분명히 드러낸다. 먼저 가이언이 파이러클레스와 카이머클레스를 다루는데 있어서 근본적인 해결보다는 일시적인 중용의 수립만을 목표로 삼았던 것에 비해서, 아서는 이들에 대한 단호한 태도를 통해서 극단적인 정념들을 근본적으로 바로잡으려 하고 있다(Stambler 52). 따라서 아서는 끝까지 저항하는 카이머클레스를 처단하고 파이러클레스에게 대해서도 신과 악마 가운데 하나를 선택하도록 요구한다. 하지만 이러한 과정을 통해서 아서가 의존하는 것은 단순히 신앙만이 아니다. 만일 그렇다면 그러한 태도는 인간의 모든 윤리적 노력을 포기하는 도덕률 폐기론(antinomianism)이 되어 버릴 것이기 때문이다. 아서가 그 자신을 방어하기 위해서 가이언의 칼에 의존하는 것은(2.8.40) 그가 윤리적 노력 자체를 포기하지 않았다는 것을 잘 보여주는 증거이다. 아서가 구현하는 프로테스탄트 인문주의적 윤리는 영혼과 몸을 파괴하는 극단적 정념들을 단순히 이성적으로 통제하는 것을 넘어서 그것들을 근본적으로 바로잡으려할 뿐만 아니라, 인간의 윤리적 노력 자체에도 새로운 의미와 목표를 부여하고 있기 때문에 도덕률 폐기론의 유혹으로부터도 벗어나 있다.

가이언이 아서와 함께 방문하는 '알마의 성'(The Castle of Alma)은 신의 성스러운 사원인 인간의 영혼과 몸의 참된 모습을 보여준다. 이 곳에서 가이언은 기독교적 윤리의 목표에 대한 참다운 이해에 비로소 도달하게 된다. '알마의 성'은 잘 절제된 인간의 몸이 지닌 훌륭함뿐만이 아니라 그것이 타락할 가능성도 함께 제시하고 있다.

> 이 세계를 장식하는, 신의 모든 창조물 가운데,
> 그 힘과 형상 때문에 인간의 몸보다
> 더 아름답고 훌륭한 것은 없다.
> 특히 그것이 차분하게 다스려지고 있는 동안에;
> 허나 잘못 다스려지고 저급한 정념들로 인해서 교란되어질 때보다
> 더 더럽고 꼴불견인 것도 없다.
> 몸은 괴물처럼 변하고 음란해져서
> 위엄과 본래의 기품을 잃고 마는 것이다.
> 보라, 원하는 자는, 이곳에서 그 두 가지 모두를.
>
> Of all Gods workes, which do this world adorne,
> There is no one more faire and excellent,
> Then is mans body both for powre and forme,
> Whiles it is kept in sober government;
> But none then it, more fowle and indecent,

> Distempred through misrule and passions bace:
> It growes a Monster, and incontinent
> Doth loose his dignitie and native grace.
> Behold, who list, both one and other in this place.
> (2.9.1)

이 스탄자는 먼저 고전적 인간관과는 달리 인간의 몸이 신에 의해서 창조된 피조물로서 근본적으로 선하다는 점을 강조한다. 고전적 인간관에서 인간의 몸이 영혼을 속박하는 감옥으로 흔히 묘사되는 것과는 사뭇 다른 인간에 대한 이해를 보여준다. 한 걸음 더 나아가서 이 스탄자는 인간의 몸이 건전한 상태와 타락한 상태 두 가지의 모습을 취할 수 있다는 것을 강조하지 결코 고전적 인간관에서처럼 인간이 이성적이고 따라서 변치 않는 영혼과 물질적이고 따라서 변화하기 마련인 몸의 두 부분으로 되어있다고 말하지 않고 있다.

『성경』에서 인간의 몸은 육체적 측면과 정신적 측면을 다함께 포괄하는 개념이다(Davis 123). '알마의 성'에서 인간 영혼의 세 가지 중요한 기능, 즉 성장, 감각, 지성(vegetative, sensitive, and intellectual functions)은 몸의 형태와 불가분의 관계를 맺고 있고 이 성을 다스리는 알마 또한 이성이 아니라 신에게 바쳐진 인간의 몸 즉 정신과 육체의 완전함과 조화로움을 대표한다. 가이언이 지켜야하는 것은 그의 이성과 영혼뿐만이 아니라 그것들이 모두 포함된 몸 전체의 건강한 조화라는 것이 분명해진다.

'알마의 성'과 '메디나의 저택'을 비교해보면 기독교적 윤리와 고전적 윤리가 지향하는 목표의 뚜렷한 차이점을 알 수 있다. '메디나의 저택'에서 분노나 호색과 같은 정념들은 의도적으로 양극화되어 있기 때문에 메디나의 역할은 이 두 극단 사이에서 끊임없이 그리고 희망 없이 그 균형을 맞추는 것이다. '메디나의 저택'이 고전적 시각에서 본 인간의 몸을 의미한다면 그 몸은 끊임없이 자기 자신을 적으로 싸워야하는 자기 분열적인 장소가 되어버린다. 고전주의에서 항상 문제가 되는 이성과 정열 사이의 갈등이 바로 그것이다. 고전적 윤리의 실천자는 자신의 일부인 자신의 정념들과의 끝없는 싸움 속에서 스스로를 서서히 소진시켜 버리게 된다. 반면에 '알마의 성' 에서는 대립하는 정념들은 억지로 균형을 이루어야하는 대상이 아니라 신을 위한 보다 차원 높은 봉사를 위해서 쓰여지는 소중한 심리적 자원이 된다. 어떤 극단적인 정념도 그 자체로서 나쁜 것이 아니라 그것이 어떻게 신을 위해서 봉사하는지가 문제가 된다. 아서가 왜 카이머클레스와 파이러클레스를 기독교로 개종시키려 했는지 이제 그 이유가 분명해진다. 기독교 윤리는 정념들 자체를 적으로 삼지 않고 그것들을 이용해서 신의 성스러운 사원인 인간의 몸을 파괴하려는 죄, 죽음, 악마를 진정한 적으로 간주한다.

'알마의 성' 은 궁극적으로 인간이 윤리적 완성을 성취하기 위해서 필요한 힘이 무엇인지도 분명히 밝히고 있다. 그것은 바로 예수 그리스도의 성육신(the Incarnation)이라는 사건을 통해서 본격적으로 역사 속에 드러나기 시작하는, 인간을 구원하려는 신의 적극적인 의지이다. '알마의 성' 은 단지 잘 절제된 인간의 몸의 이미지를 보여주는데 그치지 않고 그것의 근본적인 불완전함도 강조한다. 특히 이 성의 재료가 바로 인간의 오만을 상징하는 바벨탑을 지은 재료인 진흙이라는 지적(2.9.21)은 단순히 흙으로 된 인간의 육체가 갖는 불완전함과 허약함만을 강조하는 것을 넘어서고 있다. 인간의 근원적인 오류는 스스로의 나약함을 은폐하고 도리어 그것을 절대화하는 오만과 우상 숭배의 죄이기 때문에 그것을 치유하기 위해서는 오만에 종속될 수 있는 이성이 아니라 신의 은총이 절대적으로 필요하다. 아서가 읽게 되는 연대기에 적힌 다음 부분은 바로 그 점을 명백히 하고 있다. 즉 영국인의 윤리적 성장과 그리스도의 성육신이라는 사건은 불가분의 관계가 있는 것이다.

> 그 다음에 테난티우스가 그리고 다음에는 킴벌린이 [영국을]

지배했다,
그때 영원한 주님은 진흙으로 된 육체를 빌어
비참한 아담의 후손으로 잉태되었다
참혹한 범죄의 죄악을 씻어내기 위해서:

Next him Tenantius raignd, then Kimbeline,
What time th'eternall Lord in fleshly slime
Enwombed was, from wretched Adams line
To purge away the guilt of sinfull crime: (2.10.50)

독자는 '알마의 성'에서 비로소 가이언의 윤리적 노력이 지향해야 하는 목표를 분명히 인식하게 된다. 윤리적 완성이 신의 은총 없이는 불가능하다는 인식을 통해서만 가이언은 도덕적 자족이라는 함정으로부터 빠져나올 수 있으며 동시에 더욱 적극적으로 그의 윤리적 완성의 적인 사탄의 세력과 투쟁할 수 있게 되는 것이다.

그렇다면 '알마의 성'에서 나온 가이언은 완벽한 기독교적 윤리를 달성할 수 있을까? 대답은 부정적이다. 스펜서는 프로테스탄트 인문주의의 관점에서 인간의 윤리적 노력이 신의 은총을 절대적으로 필요로 한다는 것을 강조하면서도 그러한 인식이 자동적으로 인간을 윤리적 완성으로 이끌 수는 없다는 것을 아서와 말레거(Maleger)의 싸움을 통해서 잘 보여준다. 즉 스펜서의 프로테스탄트 인문주의적 윤리관은 스스로의 한계를 설정함으로써 인간은 비록 구원의 확신을 얻었다 하더라도 죄의 가능성으로부터 결코 자유로울 수 없다는, 프로테스탄티즘의 근본적인 명제에 충실할 수 있는 것이다.

말레거는 '알마의 성'을 끊임없이 공격하는 군대의 우두머리로서 죄로 물든 인간의 영혼과 몸을 대표한다고 볼 수 있다.[20] 말레거는 특히 죽음과 악마와 깊은 관련이 있으므로(2.9.20-3), 말레거와 그의 군대는 죄와 죽음과 악마의 힘에 종속된 인간의 영혼과 몸의

20) 비평가들은 말레거를 "죄의 상태"(Hamilton 103), "죽음의 필연성"(Weatherby 346), 또는 "성적 욕구"(Rollinson 109) 등으로 다양게 해석하고 있지만 중요한 점은 이러한 성격들이 모두 타락한 인간의 몸과 긴밀하게 연관되어 있다는 것이다.

한 표상(表象, emblem)이다. 말레거와의 싸움을 통해서 아서는 그의 분노조차 말레거와 싸우는데 동원함으로써 과거의 가이언과는 전혀 다른 윤리적 시각을 보여준다(2.11.33). 하지만 아서는 자신의 힘만으로는 이 죄와 그로 인한 무절제의 화신과 싸워 이길 수 없다. 아서조차 '무기력'(Impotence)과 '조급함'(Impatience)이라는 정념들의 공격으로 위기에 처하며 그의 종자인 티미아스(Timias)에 의해서 간신히 구조된다. 결국 그의 인간적 노력은 그 자체로는 너무나 미약하고 조급함에 빠지기 쉽기 때문에 오직 신의 은총에 의해서만 완성될 수 있는 것이다(2.9.30). 바로 이 점이 고전적 윤리와는 다른 프로테스탄트 인문주의적 윤리의 전혀 다른 가능성을 보여주는 대목이다.

하지만 이 단계에서 아서가 곧 말레거를 물리친다면 스펜서의 프로테스탄트 인문주의는 인간의 불완전한 힘과 그것을 완성시키는 신의 절대적인 은총의 조화로운 결합을 주장하는 기독교 인문주의와 궁극적으로 다를 바가 없게 된다. 문제는 아서가 그의 윤리적 노력을 완성시키는 신의 권능을 부여받는다 하더라도 결코 그의 불완전함과 죄는 없어지지 않으며 그의 윤리적 성과는 항상 신의 준엄한 심판으로부터 벗어날 수 없다는 점이다. 즉 프로테스탄트 인문주의조차 아서를 죄로부터 자유롭게 할 수 없으며 자동적으로 윤리적 완성을 보장해 주지 못한다. 만일 그렇다면 그러한 프로테스탄트 인문주의적 윤리관은 또 다른 도덕적 자기만족과 독선으로 기독교인을 이끄는 아주 위험한 생각이 될 것이기 때문이다.

따라서 아서가 말레거에 대해서 거두는 승리는 오직 그가 자신의 죄 많음을 겸허하게 인정하고 신으로부터 용서의 은총을 구할 때만 가능하다. 완전히 굴복시켰다고 생각할 때마다 다시 살아나는 말레거는 아서를 크게 곤혹스럽게 하는데(2.11.44) 이 장면은 스스로의 한계를 인정하지 않는 프로테스탄트 인문주의적 윤리관에 대한 스펜서의 경고이다. 아서의 곤혹스러움은 그가 자신의 죄를 용서하는 신의 은총을 절실히 필요로 하자(2.11.46) 비로소 해소된다. 아서가 말레거를 호수에 빠뜨려 죽이는 행위는 세례식의 의미와 깊은 연관성이 있다. 하지만 그것은 아서의 과거의 세례식만을 의미하지는 않는다(Hume 126). 오히려 죄 사함의 의미를 지닌 세례식은 기독교인에게 과거의 사건이 아니라 매일 매일의 삶의 일부가 되어야 함을 일깨워주는 것이다. 아서는 신의 최후의 심판까지 죄의 가능성과 현실로부터 결코 자유로울 수 없다는 점을 스스로 인정할 때에만 진정한 윤리적 완성의 길로 들어서게 되는 것이다. 스펜서는 프로테스탄트 인문주의적 윤리의 승리를 구가하지 않고 오히려 그것의 한계를 드러냄으로써 그것이 또 다른 형태의 도덕적 자기만족과 독선으로 변질되는 것에 대해서 경고하고 있는 것이다.

Ⅳ '기쁨의 정원'

우리가 마지막으로 다룰 '기쁨의 정원'(The Bower of Bliss)[21]은 스펜서가 이제까지 추구해 왔던 프로테스탄트 인문주의적 윤리의 가능성과 한계를 가장 심오하게 드러내주는 매우 중요한 에피소드이다. '기쁨의 정원'을 처음 읽는 대다수의 독자들의 반응은 가이언이 그토록 아름답고 완벽하기 짝이 없는 이 정원을 무자비하게 파괴하고 마는 것에 대한 놀라움과 의아스러움이라고 할 수 있다. 이 문제에 대해서 비평가들의 견해는 크게 둘로 나뉜다. 루이스(C. S. Lewis)는 '기쁨의 정원'의 본질이 자연과 예술의 조화가 아니라 가식적인 기교이며, 건강한 성과 삶의 기쁨이 아니라 실은 생명의 잉태 없는 병적 쾌락의 추구와 그것의 종말인 죽음임을 주장하면서 가이언의 행위를 옹호한다(326). 하지만 버거와 같은 비평가는 가이언

21) 원래 'The Bower of Bliss'는 이 에피소드의 마지막에 등장하는 장소로서 '기쁨의 은둔처'가 더 정확한 번역이겠지만 이 에피소드 전체를 대표한다는 의미에서 '기쁨의 정원'으로 번역했다.

의 행위를 "청교도의 광란"(a Puritan frenzy)(*Allegorical*, 218)으로 규정하면서 그를 금욕주의적이고 종교적 광신주의에 빠진 인물로 여긴다. 이러한 가이언의 행위에 대한 비평가들의 상반된 주장은 스펜서가 이 에피소드를 통해서 드러내고 싶었던 프로테스탄트 인문주의적 윤리관의 가능성과 한계에 대한 불충분한 이해에 기인한다.

'기쁨의 정원'은 휴식, 음식, 성에 대한 인간의 자연스러운 욕구를 충족시키는 것이 인간의 삶의 유일한 목적이 되어야 한다고 천명한다. 가이언이 이곳에서 목격하는 여러 장면들은 바로 이러한 점을 가이언이 받아들이게 만들려는 유혹들에 불과하다. 특히 이 에피소드의 마지막에서 아크라시아와의 성교 후에 그녀의 품에 안겨 나른한 잠에 취한 버단트(Verdant)의 모습은 나태와 호색의 노예가 된 인간의 도덕적 상태를 보여주는 표상(表象 emblem)이라고 할 수 있다. 물론 '기쁨의 정원'은 관능적 삶 자체를 궁극적 목적으로 삼고 있지는 않다. 아크라시아의 진정한 의도는 맘몬이나 말레거와 마찬가지로 신의 신성한 사원인 기독교인의 영혼과 몸을 파괴하려는 데에 있다. 그녀는 버단트를 마법에 의해서 종속시키고 궁극적으로는 그의 정신을 빨아먹어 죽이려는 의도를 가진 마녀이다(2.12.72).

'기쁨의 정원'이 정말 위험한 이유는 이 장소가 모든 기독교인이 항상 명심해야할 죄의 가능성, 즉 신의 최후의 심판까지 지속되는 인간과 피조계(被造界)의 타락(the Fall)이라는 현실을 송두리째 부정하기 때문이다. '기쁨의 정원'은 이미 그 타락으로부터 벗어나 있는, 에덴보다도 더 완벽한 에덴이다(2.12.12). '기쁨의 정원'에서 기독교적 종말론은 이미 실현되어버렸기 때문에 이 장소를 대표하는 아크라시아는 신을 대신해서 스스로를 인간 구원의 주체로 삼는 우상이다. '기쁨의 정원'은 예수 그리스도의 죽음과 부활로 시작되는 인간에 대한 본격적인 구원의 역사가 이미 종결되었다고 오만하게 선포하고 인간으로 하여금 거짓 천국에서 자멸적인 쾌락의 탐닉에 몰두하게 만들기 때문에 그 표면적인 아름다움과 매력에도 불구하고 지극히 위험스러운 장소가 되어버린다.

독자는 '기쁨의 정원' 이 지닌 이러한 위험한 성격을 이해했을 때야 비로소 가이언이 이 장소를 무자비하게 파괴시키는데 동의할 수 있다.

> 그러나 그 모든 즐거운 은둔처와 멋진 궁전을
> 가이언은 무자비하고 엄격하게 파괴했다;
> 그것들이 보여주는 탁월한 기량도 가이언의
> 폭풍 같은 분노 앞에서는 아무 소용이 없었고,
> 그것들이 주는 기쁨은 사악함으로 바뀌고 말았다:
>
> But all those pleasant bowres and Pallace brave,
> Guyon broke downe, with rigour pittilesse;
> Ne ought their goodly workmanship might save
> Them from the tempest of his wrathfulnesse,
> But that their blisse he turn'd to balefulnesse: (2.12.83)

가이언의 "rigour pittiless"와 "the tempest of his wrathfulnesse"는 고전적 윤리의 관점에서 보면 분명히 이성적 중용을 벗어나고 있다. 하지만 프로테스탄트 인문주의적 윤리의 관점에서 보면 가이언은 그의 극단적인 정념들을 악의 세력에 대항하는 효과적 수단으로 사용하기 때문에 오히려 가이언의 기독교적 발상의 전환을 드러내는 증거가 된다.

그렇다면 '기쁨의 정원' 에피소드를 통해서 가이언은 그가 완벽한 절제의 기사라는 것을 명백하게 증명하는가? 그렇지 않다. 가이언은 물 속에서 벌거벗은 채 장난치는 처녀들을 은밀한 욕정의 눈으로 쳐다보는(2.1269) 자신 속에 끈덕지게 남아있는 오도된 관능성을 정직하게 인정하면서 겸허한 참회의 마음과 함께 '기쁨의 정원' 을 파괴할 수 있다. 반면에 가이언은 그러한 충분한 자기반성 없이 기독교 기사로서의 자신의 정체성 상실에 대한 두려움과 위선적인 금욕주의로 인해서 '기쁨의 정원' 과 아크라시아를 타자화하고 악마적이라고 규정하면서 무자비하게 파괴할 수도 있다. 만일 전자라면 가이언은 프로테스탄트 인문주의적 윤리관이 지니는 어쩔 수 없는 한계를 스스로 잘 인식하고 있다는 해석이 가능하며, 또 만일 후자라면 가이언은 자신의 행위 속에 스며 있을지도 모르는 프로테스탄트 인문주의 자체의 왜곡 가능성을 깨닫지 못하고 있다는 해석이 가능하다.

특히 후자의 해석과 관련하여 그린블래트(Stephen Greenblatt)는 프로테스탄티즘이 당시의 영국의 제국주의적 담론과 결탁하여 식민지 문화, 특히 아일랜드의 고유한 가톨릭 문화의 파괴와 억압에 어떤 식으로 기여했는지를 신역사주의적 관점에서 설명하기 때문에 이 문제에 많은 빛을 던지고 있다. 르네상스를 근대적 개인주의 혹은 그 자신의 용어를 빌리자면 "자기 형성"(self-fashioning)에 대한 믿음의 시작이라고 생각하는 그린블래트는 근대 유럽인의 자기 형성 과정이 자신과 대립하는 타자의 설정과 그 타자를 악마화하고 억압하는 과정임을 주장한다(9). 따라서 가이언이 '기쁨의 정원'을 파괴하는 진짜 이유는 그가 아크라시아를 자신의 자아와 그가 속한 영국 문명의 정체성을 위협하는 세력이라고 간주하고 그녀를 적대적인 타자로 삼아 억압하기 위함이라는 해석이 가능하다(173). 특히 프로이드의 영향을 받아 자아와 문명의 유지와 성적 억압 사이의 긴밀한 관계에 주목하는 그린블래트는 '기쁨의 정원' 에피소드에서 이질적인 아일랜드의 가톨릭 종교와 문화를 억압하고 말살함으로써 아일랜드에 프로테스탄티즘을 뿌리내리고 식민지화하려는 영국의 제국주의적 담론을 읽는다(187). 스펜서 자신이 식민지 관리로서 아일랜드의 식민지화에 깊이 관여했기 때문에 그린블래트의 주장은 상당한 설득력을 갖는다. 더군다나 당시의 많은 유럽의 식민주의자들이 아메리카와 아프리카 원주민의 토착 문화에서 관능성과 우상 숭배적 경향을 발견하고 그것을 빌미로 그러한 문화를 말살하려 했다는 역사적 사실은 그린블래트의 주장에 설득력을 더하는 요인이 된다.

하지만 그린블래트의 신역사주의적 해석은 프로테스탄티즘과 제국주의의 결탁 가능성을 파헤침으로서 프로테스탄트 인문주의적 윤리가 지닌 한계에 대해서 날카로운 지적을 가함에도 불구하고 중대한 문제점을 지니고 있다. 그린블래트는 스펜서 자신이 그러한 한계에 대해서 심각하게 인식했을 가능성에 대해서는 별로 관심을 두지 않기 때문에 제2권에서 가장 핵심적인 사항이라고 할 수 있는 세속적 관점과 종교적 관점 사이의 끊임없는 대립과 융합 그리고 지속적인 긴장과 같은 작품의 역동적 측면과 그것에 담긴 의미를 간과할 수 있다. 그린블래트는 사실상 프로테스탄티즘과 악마적인 우상 숭배의 대립이라는 구도를 고전적 윤리관이 천명하는 문명과 야만, 이성적 질서와 비이성적 무질서의 대립이라는 구도로 환원시키고 있는 것이다. 즉 그린블래트는 프로테스탄티즘을 야만적인 타민족과 문화에 대한 영국의 제국주의적 정복과 억압을 정당화하기 위한 이데올로기로 간주한다. 물론 그러한 가능성이 항상 존재한다는 것은 이미 지적한 바이다. 모든 종교적 이데올로기는 타락의 가능성을 내포하고 있고, 어떤 형태의 기독교도 감히 신 앞에서 죄 없음을 천명할 수는 없기 때문이다. 하지만 그러한 부정적 시각으로만 이 작품을 바라보면 고전적 시각과 기독교적 시각 사이의 날카로운 대립과 융합 그리고 양자 간의 지속적인 긴장의 유지를 통해서 기독교인의 윤리적 가능성과 한계를 진지하게 탐구했던 『요정 여왕』 제2권의 역동성을 충분히 드러내지 못하는 잘못을 저지를 수 있다.

V 결어

스펜서의 요정여왕 제2권 "절제에 관한 전설"은 매우 다양한 해석이 가능한 작품이다. 그 주된 이유들 중의 하나는 기독교적인 색채가 뚜렷한 제1권 "성스러움에 관한 전설"과는 달리 제2권은 구원이라는 근본적인 문제 뒤에 따르기 마련인, 기독교인이 매일 매일의 삶 속에서 부딪혀야 하는 윤리적인 문제들을 다루기 때문이다. 더군다나 스펜서는 개인이 가진 모든 역량 즉 덕(Virtus)을 극대화하는 것을 목표로 삼은 세속적 인문주의와 그러한 덕의 극대화는 필연적으로 인간을 오만이라는 죄로 이끈다는 인식을 통해서 신앙과 신의 은총(Grace)에 절대적 가치를 부여했던 프로테스탄티즘이 제시하는 상반되는 주장들로부터 동시에 영향을 받았다. 하지만 제2권은 스펜서에게 오히려 이러한 상반되는 주장들을 역동적으로 통합시킬 수 있는 좋은 기회를 제공했다.

그러한 기회는 스펜서로 하여금 무엇보다도 인문주의의 원천인 고전적 세계관과 인간관 그리고 프로테스탄티즘의 원천인 기독교적 세계관과 인간관에 대한 철저한 검토와 대비를 제2권의 가장 중요한 테마로 삼게 했다. 아마비아의 비극적 죽음을 통해서 드러나기 시작하는 이 두 상이한 시각은 '메디나의 저택'을 통해서는 고전적 윤리의 맹점에 대한 암시로 또 '맘몬의 동굴'을 통해서는 고전적 윤리의 위험성에 대한 기독교적 시각의 분명한 노출로 확대되면서 자신의 내적 덕에만 의지하는 가이언의 윤리적 노력이 갖는 한계에 대한 비판으로 이어진다. 고전적 윤리의 목표가 이성에 의한 극단적인 정념의 균형 혹은 조절임에 비해서 기독교 윤리의 목표는 바로 그러한 극단적인 정념을 이용해서 인간의 영혼과 몸을 파괴하려는 죄, 죽음, 악마에 대한 적극적인 투쟁이다. 위기에 처한 가이언을 구하는 아서가 보여주는 윤리는 이러한 기독교적 윤리의 목표를 추구하면서도 윤리적인 노력을 포기하지 않고 신의 은총에 의지하면서도 항상 자신의 죄의 가능성을 겸허하게 인정하면서 윤리적 완성을 향해서 나아간다는 점에서 스펜서가 이 작품 전체를 통해서 추구하는 프로테스탄트 인문주의적 윤리의 가능성과 한계를 잘 드러내준다.

기독교인의 이상적인 영혼과 몸의 상태를 보여주는 '알마의 성'에서 기독교적 윤리의 목표를 새삼 확인한 가이언은 인간을 쾌락에

얽어매려는 '기쁨의 정원'을 지나며 그것이 지닌 악마적이고 우상 숭배적인 속성을 간파하고 파괴한다. 특히 이 대목에서 가이언의 행위는 프로테스탄트 인문주의적 윤리의 가능성과 한계를 가장 잘 보여준다. 그의 윤리적 노력은 정념에 대한 이성적 제어의 목표를 벗어나지 못하는 고전적 윤리의 한계를 넘어서지만 여전히 죄의 가능성으로부터 완전히 자유로울 수는 없다. 죄의 지속적인 가능성을 거부하는 프로테스탄트 인문주의적 윤리는 정치적 이데올로기와 결탁하여 타자를 정복하고 억압하는 수단으로 전락할 위험이 있음을 신역사주의자인 그린블래트는 잘 지적하고 있다. 하지만 그러한 관점이 지닌 맹점은 제2권을 지나치게 세속적이고 정치적인 시각에서 들여다봄으로써 이 작품에서 스펜서가 줄기차게 추구하고 있는 세속적 시각과 종교적 시각 사이의 날카로운 대립, 융합, 지속적인 긴장과 같은 역동적 측면을 간과하는 것이다. '기쁨의 정원'에서 스펜서는 프로테스탄트 인문주의적 윤리의 가능성과 한계 모두를 제시하고 있다.

르네상스 인문주의와 종교 개혁이라는 두 커다란 사상적 흐름이 합류된 프로테스탄트 인문주의는 세속적인 시각과 종교적인 시각 사이에 가로놓인 근본적인 괴리를 인정하기 때문에 세속적인 시각과 종교적인 시각의 무리 없는 통합을 이루려 했던 기독교 인문주의와는 구별되어야 한다. 하지만 프로테스탄트 인문주의가 기독교와 아리스토텔레스 철학의 조화로운 융합을 시도했던 중세 가톨릭교의 스콜라 철학처럼 스스로를 삶에 대한 가장 이상적이고 완벽한 이해라고 내세우는 순간 프로테스탄트 인문주의는 또 다른 독선과 오만에 빠지게 되면서 정치적 이데올로기로 변질되어 타민족과 문화에 대한 정복과 억압을 정당화하는 수단이 되고 만다. 제2권에서 가이언은 타락한 세상에서 여전히 기승을 부리고 있는 악마적인 우상 숭배에 대한 지속적인 투쟁의 필요성과 그것을 빌미로 오히려 인간의 오만과 탐욕을 확장시키려는 제국주의적인 정복과 억압의 은밀한 유혹

사이의 애매한 경계선을 위태롭게 지나가고 있는 것이다. 루터가 구원받은 기독교인을 묘사하는데 사용한 유명한 말 “simul justus et peccator”(義人이면서 동시에 罪人)는 가이언에게도 물론 적용된다.

제3권과 제4권

순결함과 우정

순결함과 우정

고귀한 성적 사랑의 가능성

『요정 여왕』의 각 전설은 이전 전설들과 무관한 이야기들이 아니고 매우 긴밀히 연결되어 있다. 특히 스펜서는 앞으로 전개될 이야기나 인물 그리고 주제들을 미리 제시하는 수법을 사용한다. 제3권의 주제인 순결함은 사실상 고귀한 성적 사랑을 의미하며 이미 제1권과 제2권의 주인공들인 레드크로스와 가이언의 모험에서 중요한 역할을 한다. 하지만 이 두 전설에서 주목 받는 것은 성적 사랑의 이상적 가능성보다는 부정적인 측면이다. 하지만 레드크로스가 우나와 약혼을 맺는 장면은 스펜서가 앞으로 성적 사랑이 지니는 이상적인 측면을 탐구할 것이라는 것을 예고한다. 더군다나 가이언이 제2권의 마지막 부분에서 성적 굴종을 강요하는 가짜 낙원인 '기쁨의 정원'(the Bower of Bliss)을 파괴하는 것은 시인으로 하여금 제3권에서 성적 사랑이 지니는 긍정적인 가능성에 대한 적극적인 탐색을 마련하게 하는 토대를 제공한다. 이러한 시도는 이번에는 제4권에서 우정이라고 불리는 개인 간의 다양한 친밀한 관계에 대한 탐구의 토대가 된다. 제5권과 제6권에서 시인은 정의와 커티시(Courtesy)라는 덕목을 다루는데 이러한 덕목들은 기본적으로 한 사회의 질서와 조화의 성취와 직접적으로 연관되어 있다. 하지만 사회 혹은 공동체는 언제나 성적 사랑과 개인 간의 친밀함이라고 하는 사적인 관계의 토대 위에 구축되는 것이라는 사실을 무시할 수 없다.

제3권의 주제인 순결함은 제4권에서도 여전히 중요한 주제이며 앞에서 언급했듯이 성에 대한 금욕적 태도를 뜻하는 것이 아니라 순결하고 고귀한 성적 사랑을 의미한다. 많은 학자들이 이 순결함이라는 덕목을 기독교 특히 종교 개혁의 이상과 연계시켜서 설명한다. 렌윅(W. Renwick)은 이것을 "사랑이신 하느님의 영에 의해서 축복받은 성의 탐구에 반드시 수반되어야 하는 진실과 명예로운 태도"(167)라고 규정한다. 루이스(C. S. Lewis)는 이것을 "낭만적 사랑과 기독교적 일부일처제의 성공적인 결합"(345)이라고 부른다. 특히 영국의 종교 개혁은 중세 가톨릭교회의 금욕적인 수도원 제도를 통렬히 비난하였고 이 점이 프로테스탄트 시인이었던 스펜서에게 커다란 영향을 미쳤다는 것은 자명하다(Heale 73). 하지만 종교 개혁이 중세 가톨릭교회에 비해서 인간의 낭만적 감정에 대해서 보다 우호적이었다고 하더라도 그것은 어디까지나 결혼 이전의 구애 기간에만 적용되었다(Sinfield 54). 일부일처제의 엄격한 가부장적 테두리 안에서만 낭만적 감정이 허용되었다는 의미이다. 더군다나 결혼 이전의 구애 기간에서조차 극단적인 낭만적 감정의 분출과 그로 인한 파괴적인 결과들에 대해서는 엄격한 자제가 요청되었다. 프로테스탄트 시인으로서 스펜서는 이 전설들에서 낭만적 사랑을 찬양하면서 동시에 그것이 잠재적으로 지니는 부정적 측면들을 비판해야 하는 이중적인 역할을 담당하여야 했다.

제3권과 제4권에서 스펜서는 성적인 사랑의 복잡한 본성을 탐구할 뿐만 아니라 어떻게 연인이 순결한 사랑의 다양한 적들을 극복하는 가를 보여주고자 한다. 따라서 이 전설들(특히 제3권)에서 가장 중요한 인물인 브리토마르트(Britomartis)라는 인물은 순결한 사랑을 이상적으로 구현하려고 노력하는 영웅적 인물이 된다. 브리토마르트는 그녀의 미래의 남편인 아르티걸(Artegal)을 추구하는 과정에서 성적인 사랑이 지니는 복잡한 본성을 이해하게 될 뿐만 아니라 성적인 사랑을 왜곡시키려는 적들과 싸우기 위해서 그녀 자신이 지니고 있는 육체적, 감정적, 지적 능력을 최대한 발휘하고 통합해야 하는 어려운 과업을 수행하여야 한다.[22]

제3권과 제4권을 대표하는 기사가 여성이라는 사실이 독자들에게 의문으로 다가올 수 있다. 거기에는 어떤 특별한 이유가 있는가? 제3권의 도입부에서 브리토마르트가 가이언과 플로리멜(Florimell)과 만나는 장면은 왜 남성보다는 여성이 고귀한 성적 사랑을 대표하는 기사의 역할에 어울리는지에 관해서 한 가지 답을 해주고 있다. 가이언은 브리토마르트를 격렬하게 공격하지만 결국 그녀에게 패하고 만다. 이 싸움은 브리토마르트의 매우 남성적이고 투쟁적인 성품을 드러낸다. 이러한 성품 없이는 여성이 남성적인 공격성으로 가득한 이 세상에서 스스로를 방어할 수 없다(Berger, Faerie, 413). 고귀한 성적 사랑은 결코 수동적인 덕이 아니다. 스펜서는 페트라르크의 소네트에서 자주 나오는 사랑을 전쟁에 비유하는 방식에 영향을 받아서 여성 기사를 내세우고 있다는 해석도 가능하다(Roche 55).

가이언과 브리토마르트가 그들의 싸움에서 전적으로 폭력에만 의지함으로써 사실상 그들 사이의 차이가 흐려지는 측면이 있지만 가이언이 아름다운 플로리멜을 열심히 추구하는데 비해서 여성인 브리토마르트는 조용히 그녀의 여행을 다시 시작한다. 그녀는 여성이므로 플로리멜이 대표하는 헛된 외적 아름다움이 주는 매력으로부터 자유롭다. 따라서 브리토마르트는 그녀가 부시레인(Busirane)의 저택에서 마주치는 두 상반된 명령("대담하라"와 "너무 지나치게 대담하지 말라")에 충실하다. 브리토마르트는 남성적 힘과 여성적 차분함을 겸비하고 있으므로 그녀가 마주치는 여러 시련들을 잘 극복할 수 있게 된다.

22) 필자는 이 점에서 케인(Sean Kane)의 제3권에 대한 신플라톤주의에 입각한 독해에 많이 힘입었다. 그는 신플라톤주의의 관점에서 성적인 사랑의 세 단계에 걸친 정화 과정을 묘사한다(86-87). 필자는 케인과 달리 성적인 사랑의 영적인 사랑으로의 정화보다는 성적인 사랑 자체가 지니는 다양한 양상의 통합에 더 주안점을 둔다.

하지만 브리토마르트는 남성적 덕과 여성적 덕을 통합하는 능력을 갖추고 있지만 그것 만으로 그녀가 자동적으로 어떤 사랑의 적의 도전으로부터도 자유롭게 되는 것은 아니다. 제3권 칸토 2에서 그녀는 상사병을 앓는 순진한 처녀이지만 칸토 12에서 그녀는 오도되고 파괴적인 사랑의 어떤 교묘한 공격도 막아낼 수 있는 성숙한 여성 기사로 변모한다. 그녀의 이런 변화는 특히 '멀린의 동굴'(Merlin's Cave), '기쁨의 성'(Castle Joyous), '부시레인의 저택'(the House of Busirane)에서 그녀가 겪는 경험과 시련을 통해서 뚜렷해진다. 이 세 장소는 각각 과도한 정열, 비뚤어진 성욕, 무지함에 기인한 두려움으로 브리토마르트를 시험하게 된다. 이 사랑의 적들과 싸우면서 브리토마르트는 그녀의 육체적, 감정적, 지적 능력의 가능성과 한계를 깨닫게 됨으로써 참다운 사랑의 힘에 눈뜨게 된다. 이러한 성숙함을 바탕으로 브리토마르트는 마침내 제4권에서 그녀가 꿈꾸던 아르티걸을 만나게 되고 서로에게 순종함으로써 비로소 이상적인 결혼에 대한 희망을 품게 된다.

II '멀린의 동굴'(Merlin's Cave)

브리토마르트는 멀린 덕에 걷잡을 수 없는 정열의 형태로 나타나는 성적 사랑뿐만 아니라 그녀의 개인적인 사랑의 경험을 넘어서는 더 커다란 사랑의 의미에 눈뜨게 된다. 먼저 멀린의 요술 거울을 통해서 브리토마르트는 미래의 남편인 아르티걸의 모습을 훔쳐보게 된다. 스펜서는 특히 브리토마르트의 오만함과 자부심을 완전히 무너뜨리는 성적인 사랑이 지니는 압도적인 힘을 강조한다.

> 그러나 무자비한 사랑이 너무나 온화한 마음을
> 지닌 이들 안에 높은 옥좌를 세웠고
> 그들의 지극한 고통 속에서 군림했다.

> But as it falleth, in the gentlest harts
> Impervious Love hath highest set his throne,
> And tyrannizeth in the bitter smarts
> Of them, (3.2.23)

그녀는 즉시 설명할 수 없는 슬픔에 빠지게 된다. 그녀는 잠도 못 이루고 잠깐 잠든 사이에는 꿈에서 끔찍한 광경들로 고통당한다. 주목할 점은 스펜서가 그녀의 혼란스러운 상태를 육체와 관련된 용어로 묘사한다는 것이다. 스펜서는 순결함이라는 덕목을 육체와 유리된 정신적 사랑으로 규정하지 않고 철저하게 인간의 육체로부터 타오르는 "자연의 불길"(kindly flame)(4. Proem. 2)로 본다. 스펜서에게 순결함은 영적 근원이 아니라 육체적 근원을 가지고 있는 덕목이다. 그렇지만 이 육체의 불길은 곧 걷잡을 수 없는 정열로 타올라(3.2.52) 그 근원인 육체마저 태워버릴 수 있게 된다. 브리토마르트의 유모인 글라우스(Glauce)는 주문으로 브리토마르트의 이 육체에 뿌리 박은 정열을 없애보려 하지만 무위로 끝나게 되고 브리토마르트 또한 그녀의 고통의 의미를 이해할 수 없다.

오직 멀린이 브리토마르트의 후손들에 대하여 예언함으로써 그녀의 좁은 자기중심적인 삶에 대한 비전은 확장되고 그녀의 육체적인 사랑 또한 보다 넓은 역사적 맥락을 획득하게 된다. 그녀가 '멀린의 동굴'에 도착하기 전에 스펜서는 그녀의 고통을 큐피드의 변덕 때문에 우연히 일어난 잔인하고 설명할 수 없는 사건으로 묘사한다. 하지만 동굴에서 멀린은 그녀의 아무런 목표 없어 보이는 정열 뒤에 숨은 그녀의 운명을 드러낸다.

> 브리토마르트, 그대의 눈길을 인도한 것은
> 요술 거울 안을 무심코 흘끗 본 그대의 방황하는 눈이 아니라
> 신의 의지를 관철시키기 위해서 영원한 섭리에 의해서 이끌어진
> 고귀한 운명의 거역할 수 없는 행로이다.

> It was not, Britomart, thy wandering eye,
> Glancing unwares in charmed looking glas
> But the streight course of heavenly destiny,
> Led with eternal providence, that has
> guided thy glaunce, to bring his will to pas:
> (3.3.24)

그녀의 육체적 고통이 그녀 자신의 후손들에 대한 깊은 동정심으로 변하면서(3.3.43), 브리토마르트는 그녀 안에 미래에 대한 새로운 책임감을 불러일으키는 보다 넓은 삶에 대한 관점을 획득하게 된다(Berger, Structure, 50). 그녀는 결국 자기중심적인 육체적 고통과 정열을 극복하게 되지만 그것은 그녀가 그것의 의미를 신의 섭리에 의해서 인도되는 인간 역사의 보다 넓은 틀 속에서 이해할 때에 비로소 일어나게 된다. 그녀는 그녀에게 고통만 안겨주었던 그녀의 육체가 실은 그녀의 역사적 임무를 완수하게 하는 수단이라는 점을 깨닫게 된다.

III '기쁨의 성'(Castle Joyous)

기쁨의 성에서 브리토마르트는 순결한 성적 욕망과 비뚤어진 정욕을 구별해야 하는 매우 어려운 임무를 수행하여야 한다. 더군다나 이곳에는 그녀를 인도할 멀린 같은 인물조차 없다. 처음에 기쁨의 성은 브리토마르트에게 방문하기에 어떤 거리낌도 없는 안전한 장소로 그 모습을 드러낸다(3.1.20). 그러나 시의 화자는 성 안의 화려한 장식들에 매혹당하면서도 동시에 그 지나침에 거북해하는 브리토마르트의 심정을 다음과 같이 묘사한다.

> 그 거대한 홀의 화려하기 짝이 없는 모습을
> 다 말하는 것은 헛된 일이 될 것이다.

어떤 살아있는 사람도 그 모든 기둥과 주랑의
왕실에나 어울리는 풍요로움과 사치를
다 묘사할 수 없다. 모두 가장 순수한 금으로 만들어졌고
커다란 진주와 값비싼 보석으로 치장되어 있어
그것들이 찬란하게 반짝이면서
휘황찬란하고 영광스럽게 빛을 발하였다.

But for to tell the sumptuous aray
Of that great chamber, should be labour lost:
For living wit, I weene, cannot display
The royall riches and exceeding cost,
Of every pillour and of every post;
Which all of purest bullion framed were
And with great pearles and pretious stones embost,
That the bright glister of their beames cleare
Did sparckle forth great light,
and glorious did appeare. (3.1.32)

이 스탄자에서 스펜서는 "exceeding"이라는 형용사를 적절하게 사용하고 있고 특히 마지막 두 줄은 두운(bright/beames, glister/great/glorious)이 과도하게 사용되어 '기쁨의 성'이 지니는 표면적인 화려함과 내면적인 타락의 이중적인 모습을 아주 효과적으로 드러낸다. 하지만 유감스럽게도 브리토마르트는 이 장소의 진실한 모습을 파악할 수 없고 그저 무언가 좀 지나치다는 느낌만 받을 뿐이다(3.1.55).

어떤 벽걸이용 융단 위에 묘사된 비너스와 아도니스에 관한 신화의 한 장면은 건강한 성적 사랑이 아니라 의도적으로 꾸며지고 허망하게 낭비되는 정욕에 관한 그림이다.

그가 잠든 동안 그녀는 하늘의 별처럼 반짝이는
그녀의 망토를 그 위에 펼쳤다.
그리고 그녀는 부드러운 팔을 그의 머리 아래에 괴이고
신들의 음식과 같은 키스로 그의 눈을 씻었다.

그가 목욕하는 동안 그녀는 두 간교한 스파이 같은 눈으로
그의 멋진 다리를 은밀하게 샅샅이 살펴보았고,
달콤한 로즈마리와 향기로운 바이올렛과
아담한 팬지 꽃잎들을 뿌리면서
달콤한 감로주로 그를 계속 적셨다.

And whilst he slept, she over him would spred
Her mantle, coloured like the starry skyes,
And her soft arme lay underneath his hed,
And with ambrosiall kisses bathe his eyes;
And whilest he bathed, with her two crafty spyes,
She secretly would search each daintie lim,
And throw into the well sweet Rosemaryes,
And fragrant violets, and Pances trim
And ever with sweet Nectar she did sprinkle him.
(3.1.36)

이 그림에서 비너스는 그녀의 정욕을 관음증으로 만족시키려 한다. 아도니스의 몸의 모든 부분이 그녀의 음탕한 눈길에 완전히 노출된다. 의미심장하게도 여기에는 실제로 어떤 성적 행위도 일어나지 않고 오직 그것에 대한 정욕으로 가득한 기대만이 있다. 아도니스가 꽃으로 변한 모습을 묘사하는 그림은 비너스의 왜곡된 정욕이 어떤 슬픈 결과를 초래하는지를 잘 보여준다. 그것은 다름 아닌 정욕의 좌절로 인한 감정의 얼어붙음이다(3.1.38). 이 성의 여주인인 말레카스타(Malecasta)도 비밀스럽게 브리토마르트의 방으로 들어가서 그녀 옆에 누우며 비너스를 모방하고 있다. 하지만 그녀의 경우에는 그러한 행동이 그녀 자신에게 희극적인 재앙으로 돌아온다. '기쁨의 성' 에는 역설적으로 성적 욕망의 자연스러운 충족이라는 것이 없다. 오직 좌절된 정욕의 끝없이 반복되는 이미지들만이 가득할 뿐이다.

따라서 이 '기쁨의 성' 에서 브리토마르트가 대면해야 하는 가장 중대한 문제는 어떻게 뒤틀린 욕정으로부터 순결한 욕망을 구별하는

가이다. 스펜서는 양자의 근본적인 차이를 강조한다. 순결한 욕망은 관대한 행위와 명예심을 불러일으키고 뒤틀린 욕정은 단지 추악한 광경만을 연출할 뿐이다(3.1.54). 하지만 브리토마르트는 말레카스타의 겉보기에 너무나도 진지한 정열의 표현 밑에 숨은 뒤틀린 욕정의 색조를 감지할 수 없다. 브리토마르트는 너무나도 쉽게 말레카스타를 동정하여 그녀의 정욕으로 가득한 정열과 자신의 아르티걸에 대한 정열적 방황을 혼동할 뿐만 아니라 순진하게도 말레카스타의 간계에 대해서도 무지하다. 기쁨의 성과 그 여주인에 대한 브리토마르트의 지각도 문제지만 그들에 대한 그녀의 감정상의 반응 또한 매우 혼란스럽다. 이러한 그녀의 상태는 그녀가 순결한 성적 욕망과 결코 혼동되어서는 안 되는 뒤틀린 정욕의 본성에 대해서 보다 깊은 통찰력을 지녀야 함을 요청한다.

브리토마르트가 뒤틀린 정욕에 대항할 육체적 감정적 힘 이상의 것을 필요로 한다는 것이 명백하다. 이점은 기쁨의 성을 떠난 후 그녀의 감정적인 상태를 묘사한 스탄자에 잘 나타나 있다.

> 그런 자위적 생각으로 그녀는 스스로 고통을 키웠다.
> 그리고 그녀의 사무치는 고통을 그런 식으로 달래기로 마음먹었다.
> 하지만 그녀의 고통은 더욱더 뼈아픈 고통이 되어갔고,
> 그 깊은 상처는 더욱더 그녀의 심장에 피를 흘리게 해서
> 죽음만이 그녀의 슬픔을 떨쳐버릴 것 같았다.
> 그렇게 쉬지도 않고 그녀는 말을 타고 갔다.
> 모든 나라와 모든 먼 오지를 헤매며,
> 그녀의 눈먼 손님의 안내를 받아,
> 마침내 그녀는 그 해변에 도착하고야 말았다.
>
> With such selfe-pleasing thoughts her wound she fed,
> And thought so to beguile her grievous smart;
> But so her smart was much more grievous bred,
> And the deepe wound more deepe engord her hart,
> That nought but death her dolour mote depart.
> So forth she rode without repose or rest,

Searching all lands and each remotest part,
Following the guidance of her blinded guest,
Till that to the sea-coast at length she her addrest.
(3.4.6)

그녀의 아르티걸에 대한 "자위적 생각"이 역설적으로 오히려 그녀의 좌절감을 더욱 깊게 한다는 사실이 그녀의 자기중심적인 사랑에 무언가 근본적으로 잘못된 점이 있다는 것을 나타낸다. 격심한 고통과 절망과 같은 그녀의 감정적 상태는 그녀가 자신이 품고 있는 성적사랑의 본성에 대해서 무지하다는 것을 보여준다. '멀린의 동굴'에서 그녀가 획득했던 그녀 자신의 운명에 대한 확신은 "그녀의 눈먼 손님인" 큐피드에 완전히 종속됨으로써 상실되고 말았다. 더군다나 그녀의 좌절된 성적 사랑은 아주 쉽게 그것의 극단인 왜곡된 성에 대한 금욕적 태도를 취하게 된다. 이러한 태도를 표방하는 마리넬(Marinell)을 그녀가 이겼다고 해서 그녀가 스스로의 극단적인 성에 대한 태도로부터 자유롭다는 것을 의미하지는 않는다. 그녀는 성적인 사랑이 지니는 긍정적, 부정적 가능성에 대한 적절한 통찰을 가지기 위한 시간과 경험을 필요로 하게 된다. 칸토 4에서 브리토마르트가 갑자기 사라지는 것은 순결한 성적 사랑의 참된 의미를 찾기 위한 새로운 시작을 의미한다. 마리넬에 대한 그녀의 승리에도 불구하고 그녀는 이제 감정적으로 막다른 골목에 이른 것이다.

IV '부시레인의 저택'(the House of Busirane)

이제까지 브리토마르트가 지나온 두 장소는 주로 성적인 사랑에 대한 그녀의 육체적, 감정적 반응을 다루고 있지만 '부시레인의 저택'은 성에 대한 잘못된 관념 즉 망상을 다룬다. 이 문제는 그녀가 앞서 두 장소에서 겪은 경험들을 통해서 점점 더 그녀를 괴롭히게 된다. 브리토마르트의 이 문제는 부시레인에 의해서 납치되어 고통을 당하는 아모렛(Amoret) 또한 괴롭힌다. 아모렛을 괴롭히는 것은 원래 육체적 혹은 감정적인 문제가 아니라 관념적인 것이다. 비뚤어진 성적 사랑이 표방하는 모든 실체 없는 위협들에 대해 그녀가 통찰력을 결하고 있는 것이 문제다(Grellner 36). '큐피드의 마스크 행렬' (the Mask of Cupid)은 그러한 위험의 절정을 이룬다. '부시레인의 저택' 전체는 이전에 브리토마르트가 거친 두 장소의 의미를 모두 포함하고 있기 때문에 아주 복잡한 의미를 지니면서 브리토마르트가 구현하려는 순결한 성적 사랑의 가능성을 총체적으로 시험하고 있는 장소가 된다. 마리넬을 패배시킨 뒤에 브리토마르트는 사라지고 말벡코(Malbecco)의 성에서 하룻밤 쉬기 위해서 다시 나타날 때까지 모습을 보이지 않는다. 브리토마르트에게 일어난 가장 인상적인 변화는 여자라는 정체성에 대해서 그녀가 이제 완전히 자신감을 가지게 된 것이다. 제3권의 초반에서 그녀는 자신이 여자임을 감추는 데 바빴지만 이제 그녀는 다른 기사들에게 그녀가 아름다운 숙녀임을 드러내는 것을 주저하지 않는다(3.10.20). 스펜서는 그녀의 심리적인 상태를 묘사하기 위해서 "무심한 정숙함"(careless modestee)(3.9.21)이라는 언뜻 보기에 모순되어 보이는 표현을 사용하는데 이 표현은 그녀의 남성적인 자신감과 여성적인 자제하는 태도가 그녀 안에서 잘 조화를 이루고 있음을 보여준다. 그녀는 때와 장소에 따라 대담함과 신중함을 자유롭게 취할 수 있는 인물이 된 것이다. 그리고 이 조화는 스쿠다무르(Scudamour)와 아모렛이 결하고 있는 바로 그 덕목이다. 스쿠다무르는 항상 지나치게 대담하고 아모렛은 공격적인 남성의 위협에 담대하게 대응할 용기를 지니지 못하고 지나치게 소극적인 태도를 보인다. 반면에 브리토마르트는 그 저택의 입구에 있는 불길을 공격할 정도로 대담하면서 동시에 그 불길을 그녀의 넓은 방패로 막음으로써 스스로를 조심스럽게 방어할 정도로 신중하다. 이 장소에서 브리토마르트는 순결한 성적 사랑의 가장 커다란 적과 대면한다. 그 적은 다름 아닌 성적인 사랑에 대한 온갖 왜곡된 지각과 관념들을 만들어내는 망상이다.

'부시레인의 저택'은 사랑의 모든 왜곡된 형태와 이미지가 사랑하려는 의지 자체를 파괴하려고 이용되는 장소이다(Roche 72). 따라서 이곳은 적어도 사랑의 감정이 설사 그것이 아무리 왜곡되었더라도 끊임없이 일어나도록 부추겨지는 '기쁨의 성'과는 조심스럽게 구분되어야 한다. 부시레인의 저택에서 사랑이라는 "자연의 불길"(kindly flame)(3.1.39) 자체가 교활하고 악의적인 힘에 의해서 꺼져버릴 위험성이 있다.

이 저택의 첫째 방은 사랑이 지니는 독재적인 힘을 보여주도록 지어졌다(3.9.46). 화살들을 무작위로 쏘아대는, 눈이 감겨진 큐피드의 제단과 우상은 걷잡을 수 없는 정열의 힘을 대표한다. 브리토마르트는 그녀가 요술 거울 앞에서 큐피드에 의해서 화살을 맞았을 때 이미 그 힘을 경험했다. 큐피드의 맹목적인 힘은 벽에 그려진 끔찍한 그림들에 명백하게 드러난다. 신들 자체가 짐승들이 되고 그들의 희생자인 무력한 인간들이 된다.

온통 주변에 벽들은 무척 위엄이
넘치게 짠 직물로 덮여있었고,
금실과 은실이 너무나 표면 가까이 섞여있어서
금은이 아주 은밀하게 도사리고 있는 듯이 보였다.
마치 탐욕스러운 눈으로부터 숨고 싶은 것처럼.
그러나 여기 저기 모든 곳에 부지불식간에
스스로를 드러냈고 내키지 않는 것처럼 번쩍였다.
마치 길고 환한 번쩍이는 등이 초록색 풀을 통해서
감추어진 덫이 도사리고 있음을 드러내는 색깔이 바랜 뱀처럼.

For round about, the wals yclothed were
With goodly arras of great majesty,
Woven with gold and silke so close and nere,
That the rich metall lurked privily,
As faining to be hid from envious eye;

Yet here, and there, and every where unwares
It shewd it selfe, and shone unwillingly;
Like a discolourd Snake, whose hidden snares
Through the greene gras his long bright burnisht backe declares. (3.11.28)

"색깔이 바랜 뱀"의 이미지는 유혹과 위험을 동시에 나타낸다. 위험을 감추고 있는 이 뱀의 유혹적인 매력은 이 방에 매우 애매모호한 분위기를 만들어낸다. 이런 종류의 사람을 혼란시키는 애매모호함과 마주하면서 브리토마르트는 걷잡을 수 없는 정열과 파괴를 묘사하는 그림들의 진정한 의미를 파악하는데 아주 애를 먹게 된다. 그녀가 여전히 이 그림들의 모습에 매혹된다는 사실은 진정한 사랑으로 거짓 행세하는 격렬한 정열의 본성에 대한 통찰력을 아직 갖지 못하고 있다는 것을 암시한다.

이 저택의 두 번째 방은 기쁨의 성의 조야한 정신을 다시 한 번 표현해 준다. 이 방에 걸린 벽걸이용 융단에는 왜곡된 성적 욕망의 이미지들로 가득 차 있다.

셀 수 없는 기괴한 형태들이 거기에 수놓아져 있었고,
그것들은 거짓말쟁이 큐피드가 입는 것들로서
큐피드가 셀 수 없이 많은 기괴한 형태들로 종종 나타나는 것들이었다.

A thousand monstrous formes therein were made,
Such as false love doth oft upon him weare,
For love in thousand monstrous formes doth oft appeare. (3.11.51)

반면에 이 방을 감싸는 "허망한 공허함"(wasteful emptiness)과 "엄숙한 고요"(solemne silence"(3.11.53)는 왜곡된 성적 욕망이 사람들을 이끄는 마지막 단계를 나타낸다. 그러나 다시 한 번 브리토마르트의 반응은 의문스럽다. "(그녀는) 크게 놀라서 오랫동안 쳐다보아도 그녀의 탐욕스러운 눈을 만족시킬 수 없었다"[(she) did greatly wonder ne could satisfie / Her greedy eyes with gazing a long space](3.11.55). 브리토마르트가 그녀가 새롭게 획득한 대담한 결단력과 조심성 많은 자제력 모두를 이 방에서 보여주는 것이 사실이지만 그녀가 이 방이 대표하는 모든 왜곡된 욕정에 대한 명확한 통찰력을 결하고 있다는 것은 분명하다. '큐피드의 마스크 행렬'은 브리토마르트에게 바로 이러한 통찰력을 시험할 좋은 기회를 제공한다.

'큐피드의 마스크 행렬'은 여러 가지 관점으로부터 보여질 수 있다. 결혼식에 참석한 하객들에게 이 행렬은 오랫동안 지켜져 왔던 아모렛의 처녀성이 마침내 그녀의 정복자에게 바쳐지는 사랑의 승리를 상징하게 된다(Roche 76). 하지만 아모렛 자신은 이 행렬을 남성의 복수로 여겨 공포에 휩싸이게 된다(Roche 77). 예를 들어 아모렛을 괴롭히는 '잔인'(Cruelty)과 '멸시'(Contempt)라는 알레고리화된 인물들은 이전 아모렛 자신이 스스로를 지키기 위해서 남성들에게 취했던 마스크로도 해석될 수 있고 혹은 마침내 그녀를 정복한 남성의 잔인하고 가학적인 태도를 표현한다고 해석될 수도 있다. 어떻게 해석되든지 간에 아모렛은 그것들이 실제로 존재한다고 믿는 망상에 빠지게 된다. 그녀의 심장이 꺼내져서 은 쟁반에 담겨지고 치명적인 화살에 의해 깊이 박힌 이미지(3.12.21)는 은유를 사실로 착각하는 아모렛의 망상이 얼마나 심각한지를 잘 보여준다. 페트라르크의 소네트에 흔히 등장하는 은유가 아모렛에게는 악몽이 되어 버린다.

이 마스크 행렬에 등장하는 놀라운 알레고리화된 인물들이 실은 아무런 실체가 없다는 사실이 브리토마르트가 대담하게 이 세 번째 방을 쳐들어 갈 때 갑자기 드러나게 된다.

> 보라, 이 모든 것이 즉시 사라지고 말았다.
> 이 방 어디에서도 그 슬픔에 잠긴 숙녀를 제외하곤
> 어떤 살아있는 존재도 보이지 않았다.
>
> But lo, they streight were vanisht all and some,
> Ne living wight she saw in all that roome,
> Save that same woefull ladie, (3.12.30)

브리토마르트의 이틀에 걸친 밤을 지새우는 엄격한 자기 성찰은 그녀의 통찰력을 깨우고 부시레인이 그의 악마적인 마술로 이룩한 뒤틀린 욕정의 온갖 이미지들이 모두 허상임을 그녀가 깨닫게 만든다. 다음 구절은 브리토마르트가 새롭게 획득한 비전의 힘을 명확하게 지시한다.

> 그녀가 최근에 예측했듯이 대담한 브리토마르트가 안으로
> 들어갔다.
> 헛된 광경들과 거짓 유혹에 결코 놀라지 않으면서.
>
> in went
> Bold Britomart, as she had late forecast,
> Neither of idle shewes, nor of false charmes aghast.
> (3.12.29)

그녀가 새롭게 획득한 통찰력으로 마침내 브로토마르트는 순결한 성적 사랑의 가장 강력한 적인 부시레인에게 도전할 수 있는 능력을 갖추게 된다.

부시레인은 단순히 정욕이 아니라 성적인 욕망의 매우 가학적이고 지적인 뒤틀림을 대표한다. 그는 제3권에 등장하는 일련의 호색한들(말레카스타, 늙은 어부, 올리판트)과는 구별되어야 한다. 그는 결코 그들처럼 즉각적인 성적 욕구의 충족을 목표로 하지 않기 때문이다. 아모렛은 그의 저택에서 일곱 달 동안이나 성적 접촉 없이 감금되게 된다. 그의 의도는 그녀의 성적 욕구 자체를 파괴함으로써

결국 그녀를 죽음으로 몰아가는 것이다(3.11.17). 부시레인은 얼핏 멀린과 닮았다. 브리토마르트와 글라우스가 멀린의 동굴을 방문했을 때 멀린은

> 놀라운 목적을 지닌 작업에 깊이 몰두하고 있었는데
> 땅에 이상한 문자들을 쓰고 있었다.
>
> Deepe busied bout worke of wondrous end,
> And writing strange characters in the ground,
> (3.3.14)

부시레인 또한

> 그의 마술로 기묘한 글자들을 고안하고
> 살아있는 피로 그 글자들을 써내려갔다.
>
> Figuring strange characters of his art,
> With living bloud he those characters wrote,
> (3.12.31)

멀린과 부시레인의 유사성에도 불구하고 그들 사이에는 근본적인 차이가 존재한다. 그들은 마술이라는 그들의 공통된 도구에 대해서 완전히 반대되는 태도를 견지하고 있다. 멀린이 요술을 통해서 성적인 욕망을 일깨우고 그것에 건강한 방향을 제시하는 데 비해서 부시레인은 요술을 통해서 망상을 만들어내고 결국 자연스러운 욕망 자체를 파괴하려고 한다. 브리토마르트가 부시레인을 패배시키는 것은 그의 사악한 마술에 의해서 만들어진 성적 망상을 극복하는 그녀의 능력을 드러낼 뿐만 아니라 성적인 사랑의 복잡한 본성을 드려다 보려는 그녀의 이제까지의 노력이 절정에 달했음을 표현한다.

순결함의 기사로서 브리토마르트는 인간의 성적 욕망에 내재하는 위험한 육체적, 감정적, 관념적 경향들을 극복하려는 모든 인간

적 노력을 구현한다. 이것들을 극복하기 위해서 브리토마르트는 단순히 그녀의 몸과 마음에 대한 통제력을 획득해서는 안 되고 연인들을 공포와 고통으로 몰아넣는 거짓 사랑의 속성에 대한 분명한 통찰력을 가져야 한다.

V 브리토마르트와 아르티걸의 만남

브리토마르트와 아르티걸의 만남이 서로에 대한 믿음과 신뢰로 발전하고 마침내 약혼에 이르게 되는 과정은 남녀 간의 순결한 성적 사랑의 결실이 얼마나 어려운 과정이라는 것을 잘 보여준다. 스펜서는 사랑이라는 감정이 싹트기 이전의 남녀 간의 관계를 매우 야만적이고 폭력적인 권력 관계로 묘사한다. 아르티걸이 처음으로 모습을 드러냈을 때 그는 거의 야만적인 미개인의 모습을 취한다. 자연과 거의 구분되지 않는 아르티걸의 모습은 특히 "다듬지 않은 야만성"(Salvagesse sans finesse)(3.4.39)이라는 모토로 요약될 수 있다. 아르티걸의 이러한 모습은 여성에 대한 어떤 부드러운 배려도 있을 수 없는 무지막지한 남성적 힘의 과시 그 이상도 그 이하도 아니다. 이러한 아르티걸에 대해서 브리토마르트가 여성적 부드러움만으로 상대하는 것은 전혀 효과적이지 않기 때문에 브리토마르트는 그와 만나자마자 그를 그녀의 단호한 무력을 패배시키고 만다. 야만적인 힘으로만 여성을 대하는 남성에게 여성 또한 남성 못지않은 단호한 태도를 보여주어야만 하는 필요가 있다는 것이 명백해진다.

그들이 두 번째로 만났을 때 그들의 싸움은 보다 덜 폭력적인 양상을 나타나게 된다. 왜냐하면 서로 말에서 떨어져 평지 위에서 창이 아닌 칼로 서로를 대적하기 때문이다. 이 싸움을 통해서 서로가 상대의 성적 정체성에 대한 이해 없이 서로를 대하는 것이 얼마나 무모한 일인가가 들어난다. 이 과정은 서로에게 상처만 주는 아주 고통스러운 과정이 아닐 수 없다. 이 투쟁의 과정은 마침내 아르티걸이 브리토마르트의 투구를 쪼개어 그녀의 아름다운 얼굴이 드러나면서 끝나게 된다. 그녀의 눈부시도록 아름다운 여성성을 목격하고(3.6.21) 아르티걸은 그가 힘으로 획득한 승리를 기꺼이 포기하고 그녀에게 항복하고 만다. 두 남녀의 서로에 대한 적개심은 서로의 성적인 차이에 기인한 아름다움을 이해하고 받아들일 때만 해소될 수밖에 없다. 아르티걸은 브리토마르트를 단순히 정복해야할 상대가 아니라 흠모하고 존경해야할 대상으로 인정하게 된다(3.6.22). 아르티걸은 생애 처음으로 겸손과 순종의 마음을 가지게 된다. 이러한 아르티걸의 극적인 변화의 과정은 그대로 브리토마르트에게도 적용된다. 그녀 또한 자신에게 굴복한 아르티걸이 적대적인 상대가 아니라 그녀가 그렇게 꿈에 그리던 남성이라는 것을 발견하는 순간(3.6.26) 그에 대한 적대적인 태도를 버리고 그에게 순종하게 된다. 그들은 글라우스가 말하는 대로 기사도 정신의 핵심이 적개심과 무력의 사용이 아니라 고귀한 정신들을 결합하는 사랑이라는 것을 깨닫게 된다(3.6.31).

아르티걸이 보여주는 구애의 과정은 이전의 그의 야만적인 모습과는 전혀 다르다. 그는 참을성 있게 스스로의 감정을 다스리면서 브리토마르트에 대한 세심한 배려와 봉사를 통해서 그녀의 마음을 사로잡으려 한다. 브리토마르트 또한 이전의 그녀의 호전적인 태도를 버리고 수줍은 처녀의 마음으로 아르티걸의 구애를 신중하게 받아드리는 모습을 보인다(3.6.40). 스펜서는 『요정 여왕』의 제3권과 제4권을 통해서 성적인 사랑이 비록 우리의 자연적인 욕망에 뿌리를 내리고 있지만 그것이 남녀 사이의 관계를 고양시키고 진정한 행복으로 나아가게 하기 위해서는 사랑에 대한 매우 복잡한 이해가 필요함을 강조하고 있다. 오직 이러한 사랑의 본성에 대한 깊은 이해에 바탕을 두었을 때에만 브리토마르트와 아르티걸의 결혼에 대한 약속은(3.6.41) 그 의미를 지니게 된다.

제5권

정의(1), 정의(2)

정의(1)

I 정의의 종교적 맥락

스펜서가 『요정 여왕』 제5권에서 제1권과 제2권에서 이미 사용하였지만 제3권과 제4권에서는 중단시켰던 직선적 서사 기법을 부활시키는 것은 '성스러움'(holiness)(제1권)과 '절제'(temperance)(제2권)라는 주제와 제5권에서 다루어지는 '정의'(justice)라는 주제 사이의 밀접한 관계를 암시한다. '성스러움'과 '절제'라는 덕목이 기독교 특히 프로테스탄티즘의 관점을 철저하게 반영하고 있듯이 '정의'라는 덕 또한 종교적 맥락으로부터 벗어날 수 없다. 스펜서의 정의관은 제1권과 제2권에서 그러했듯이 정의의 적, 즉 궁극적으로 기독교의 적에 대한 아주 단호하고 근본적인 응징을 요구하고 있다. 튜더 왕조 시대에 살던 사람들에게 종교와 정의 또는 정치 사이에 명확한 선을 긋는 것은 무의미했다. 더군다나 스페인 무적함대의 영국 침공과 그 이후의 정치적 상황 속에 팽배했던 묵시록적(apocalyptic) 분위기는(Mallette, *Spenser*, 143) 더욱더 제5권에서 다루어지는 정의라는 덕이 지니는 종교적 의미를 강화시키고 있다. 제1권에서 『성경』의 '요한 계시록'에 등장하는 바빌론의 창녀로 규정되었던 듀에사(Duessa)가 제5권에서는 스코틀랜드 여왕 메리(Mary Queen of Scots)로 다시 등장하는 점은 그녀의 처형이 지니는 법률적, 정치적, 종교적 의미가 결코 분리될 수 없음을 잘 보여주는 예이다. 국가와 종교의 분리를 선호하는 현대적 관점의 잣대로 제5권을 비평하는 것이 현명하지 못하다는 것은 분명하다.

제5권이 비록 주제와 서사 기법의 측면에서 제1권과 제2권의 연장선상에 있지만 제5권에서 다루어지는 정의라는 주제는 제3권과 제4권에서 다루어지는 '순결' (chastity)과 '우정' (friendship)이라는 주제와 분리될 수 없다. 제5권에서 가장 중요한 알레고리적 의미를 담고 있는 '이시스 사원' (the Temple of Isis) 과 '머실라의 궁전' (the Court of Mercilla)의 주인공들이 각각 제3권과 제4권에서 가장 중요한 역할을 하는 여자 기사인 브리토마르트(Britomart)와 여왕인 머실라(엘리자베스 여왕)라는 사실은 정의에 대한 남성적이고 전투적인 개념을 여성적이고 관용적인 측면을 중시하는 또 다른 정의에 대한 개념에 의해서 보완하려는 스펜서의 의도를 엿보게 해준다(Benson 162). 남녀 간의 순결한 사랑과 개인 간의 우정이 정의가 마련해주는 사회적 질서 속에서 더 잘 꽃피울 수 있듯이 정의 또한 사랑과 우정의 사회적 발현을 궁극적인 목표로 삼았을 때 그 본래의 목적을 더 잘 성취할 수 있다(Broaddus 124). 『요정 여왕』 제5권은 이전의 모든 덕들과의 연관성을 고려할 때 비로소 그 진정한 의미를 드러내기 시작한다.

제5권에 대한 다양한 해석에서 특히 주목할 만한 경향은 필립스(James Phillips)의 르네상스 정의관에 대한 중요한 논문을 필두로 스펜서가 작품 속에서 정의에 대한 단일한 개념이 아닌 다양한 종류 혹은 차원의 정의를 어떤 방식으로 추구하는 지를 탐구하는 것이다. 필립스는 스펜서가 제5권에서 세 가지 종류의 정의 즉, 순수 정의(justice absolute), 공정함(equity), 자비(mercy)를 다루고 있으며 그 점이 이 작품을 구조상 세 부분으로 나눌 수 있는 여지를 준다고 주장하고 있다(473). 셰니(Donald Cheney)는 순수 정의의 성격을 고전적 그리고 구약 성경적 정의로 규정하고 공정함과 자비는 기독교적 성격을 지닌 정의로 규정하고 있다(160). 케인(Sean Kane)

은 흥미롭게도 탤러스(Talus), 아르티걸(Artegall), 브리토마르트(Britomart), 머실라(Mercilla)와 같은 등장인물들이 각각 인간적, 자연적, 영적, 우주적 정의를 대표하면서 점차적으로 차원 높은 정의의 단계를 보여준다고 주장하고 있다(168). 이 연구들은 정의에 대한 스펜서의 기본적으로 분석적이면서도 포괄적인 접근 방식에 대한 이해를 돕는 데 많은 도움을 줌으로써 제5권에 대한 역사적 알레고리 해석에 집중된 초기 비평의 편향된 시각을 교정해 준다. 그러나 이들 비평가들의 정의에 대한 개념적 접근 방식이 간과하기 쉬운 점은 스펜서가 점차 완벽해져 가는 정의의 개념을 제시하는 데 그치지 않고 그러한 정의의 개념들을 역사적 현실의 불완전함과 인간성이 지니는 근본적인 타락가능성에 끊임없이 노출시킴으로써 인간적 정의의 추구가 지니는 가능성과 한계를 동시에 파악하려고 노력한다는 것이다.

스펜서가 정의를 문학적으로 형상화시키는 과정은 근본적으로 역동적이다. 스펜서는 정의에 관한 이상주의나 현실주의 모델들에 안주하지 않으면서 그의 정의관을 개진시키는 노력을 보여준다. 니버(Reinhold Niebuhr)는 기독교적 관점에서 보았을 때 어떤 법의 개념도 심지어 자연법(natural law)조차 "이성의 순수성에 대한 지나친 믿음"에 의지하므로 그것의 최종적인 권위를 주장할 수 없다고 생각한다. 정의에 대한 어떤 인간의 개념도 자기중심적인 "이데올로기적 감염"으로부터 자유로울 수 없기 때문이다(2: 253).[23] 니버의 생각은 왜 스펜서가 제5권에서 정의에 대한 이상주의적인 접근에만 집착하지 않는지 설명해준다. 그러나 이 점은 스펜서가 정의에 관한 보편적인 원칙에 무관심하다는 것을 의미하지는 않는다. 예를 들어 공정

23) 하지만 신역사주의자인 왈러(Gary Waller)는 한 걸음 더 나아가 스펜서가 제5권에서 제시하는 모든 정의의 개념이 알튀세(Althusser)가 얘기하는, 정의와 불의에 대한 국가의 결정에 구성원들이 순응하도록 하기 위한 수단으로서 '억압적인' 국가 기구('repressive' state apparatuses)에 불과하다고 주장함으로써 제5권에서 이상주의적 태도가 존재할 여지를 남겨놓지 않는다(133).

함이라는 정의의 개념은 인간이 생각할 수 있는 가장 지고한 정의의 개념이라고 할 수 있다. 하지만 궁극적으로 이 공정함이라는 개념은 그리스도의 십자가에서의 죽음에서 그 완전한 의미가 드러나는 자비나 용서와 같은 더 고귀한 원칙에 의해서 근본적으로 재정의 되어야 하는 인간적인 이상으로 남을 수밖에 없다. 항상 다양한 정의의 개념을 도식적이 아니라 역동적으로 파악하려는 스펜서의 시도는 인간의 죄에 대한 프로테스탄트적 이해에 깊이 영향을 받고 있다.

정의에 대한 인간적 성취는 설사 아무리 그 차원이 점차 숭고해진다고 하더라도 인간의 근원적인 자기중심성 즉 죄에 의한 타락으로부터 자유로울 수 없기 때문에 항상 불완전한 미완의 성취로 남을 수밖에 없다. 정의의 기사인 아르티걸이 질시(Envy)나 험담(Detraction) 그리고 블레이턴트 비스트(the Blatant Beast)와 같은 기사의 잘못을 찾는 데 혈안이 된 악의적인 존재들로부터 끝내 벗어날 수 없는 것은 정의의 기사가 겪어야할 필연적인 대가일 뿐만 아니라 간접적으로 그의 정의의 추구가 결코 완전할 수 없다는 점을 잘 드러내준다.

이 글은 스펜서가 제5권에서 추구하는 바가 점점 더 완벽한 정의의 개념을 단순히 문학적으로 형상화하는 것이 아니라 순수 정의와 공정함이라는 고전적 정의관을 끊임없이 기독교적 정의관과 인간관에 비추어 재정의함으로써 인간이 추구하는 정의의 이상적 가능성과 그 한계를 제시하는 것이라는 것을 밝히고자 한다.

II 고전적 정의의 가능성과 한계

제5권의 첫 네 칸토(1-4)에서 다루어지는 정의의 형태는 필립스의 적절한 표현을 빌리자면 순수 정의(justice absolute)로서 스펜서는 아르티걸의 다양한 모험들을 통해서 가장 고전적이라고 할 수 있는 이 정의의 개념이 지니는 당위성과 아울러 그 근본적인 한계를 드러내고 있다. 고전적 인간 이해와 기독교적 인간 이해는 왜 이 순수 정의가 현실적으로 필요하면서도 동시에 사회 구성원들 사이의 진정한 조화라는 정의의 궁극적 목표를 성취시키는 데 근본적으로 불충분한지를 설명해준다. 고전적 인간 이해의 핵심은 인간은 이성(reason)과 활력(vitality), 혹은 영혼과 육체의 결합으로 이루어졌다는 것이다. 물론 기독교적 인간 이해가 이 점을 부정하는 것은 아니지만 기독교적 관점에서 보았을 때 더 중요한 것은 신의 이미지를 지니고 태어났음에도 불구하고 인간은 자신에게 주어진 자유 의지의 근본적인 오용을 통해서, 그에게 주어진 이성적, 감정적, 육체적 힘을 왜곡시키고 타락시킬 수 있다는 점이다. 아르티걸이 순수 정의 즉 각각의 범죄에 대해서 정확하게 상응하는 징벌을 가하는 임무를 수행하기 위해서 이성적 판단 능력과 강한 물리적 힘을 모두 필요로 하는 것은 이기적이고 비합법적인 목적을 위해서 지능과 완력을 오용하는 범죄자들에게 대항하기 위해서 지극히 당연한 전략이다. 하지만 아르티걸이 라디군드(Radigund)와의 대결에서 정의 실현과는 아무런 상관이 없는 감상적 동정심으로 인해서 그녀에게 패배하는 수모를 겪게 되는 점은 그가 자신이 지닌 이성적, 육체적 힘의 의미를 지나치게 협소한 순수 정의의 관점에 한정시킨 결과이다. 그는 법을 이성적이고 강압적으로 집행하든지 아니면 아예 순수 정의 자체를 포기하는 대안 밖에는 가지고 있지 못하게 된다. 더군다나 법률 만능주의(legalism)에 대한 그의 지나친 신뢰는 거의 오만에 가까운 형태를 취함으로써 아르티걸은 순수 정의의 왜곡이 놀랍게도 자신에 의해서 저질러 질 수 있다는 가능성을 깨닫지 못한다.

아르티걸이 처음에 정의의 여신인 아스트레아(Astraea)에 의해서 교육을 받는다는 것은 그가 앞으로 어떤 종류의 정의를 실천할 것인가에 대한 예상을 가능하게 한다. 아스트레아가 철저하게 주입시키는"정의의 규칙"(the rules of justice)(5. 1. 7)은 명백히 고전적인 성격을 드러내며 정의란 자연에 근거한다는 것을 강조한다 (Tonkin, *Faerie*, 154). 여신은 특히 "올바름과 그름을 정당한 보상과 함께 동등하게"(both right and wrong / In equal balance with due recompense) (5. 1.7) 저울질할 것을 강조함으로 부정(injustice)이란 불공평의 문제로 재판관의 역할은 사업이나 범죄 활동에 다 같이 적용될 수 있는 용어들인 이득과 손실간의 산술적인 중용을 회복시키는 것이라는 아리토텔레스의 정의에 대한 견해(1132 A)를 쫓고 있다. 반면에 아스트레아는 아르티걸로 하여금 먼저 짐승들에게 이 정의의 개념을 강압적으로 적용하게 함으로써 제5권에서 정의의 기사가 추구할 정의가 잠재적으로 야만적인 폭력을 동반하리라는 것을 강하게 암시한다. 특히 스펜서는 아르티걸을 문명의 여명기에 무법자들과 압제자들을 무력으로 굴복시킨 바커스(Bacchus)와 허큘리스(Hercules)와 같은 고전적 영웅들에 견줌으로써(5. 1. 2) 이 이상적인 정의의 기사가 문명 세계의 위태로운 질서를 유지하기 위해서 이성적이고 육체적인 힘, 즉 고전적 덕목인 현명함과 강인함(prudentia and fortitudo)을 사용하는 고전적 의미의 정의의 수호자로 출발하고 있음을 분명히 한다.

문제는 아스트레아에 의해 대변되는 고전적 정의는 결코 이 타락한 세상에서는 실현될 수 없다는 것이다. 정의의 여신 자신이 세상의 타락에 실망하여 하늘로 올라가 버린 점은 (5. 1. 11) 아르티걸이 추구할 고전적이면서도 이상주의적인 정의의 개념이 치명적인 약점을 지니고 있음을 암시한다. 반면에 아르티걸이 추구하는 정의가 현실에서 실현 가능한 것처럼 보이는 결정적인 이유는 정의의 여신이 아르티걸을 돕도록 남겨 놓고 간 철인 탤러스(Talus)가 보여주는 무자비한 힘이다. 즉 아르티걸은 역설적이게도 그의 정의에 대한 이성적이고 합리적인 비전을 오직 탤러스의 무자비하고 잔인한 힘을 통해서 타락한 세상에 강제로 부과하게 된다. 그러나 이성과 폭력 사이의 이 기묘한 협력 관계가 사회 구성원들 사이의 조화와 형제애의 구현이라는 정의의 진정한 목표와 어떻게 부합되는지는 끝내 의문으로 남게 된다.

생글리어(Sanglier)라는 기사가 어떤 이름이 밝혀지지 않은 종자(squire)의 연인을 마음대로 소유하기 위해서 그녀를 납치할 뿐만 아니라 자신의 연인을 참혹하게 목 잘라 죽이는 끔찍한 사건이 아르티걸이 처음 해결해야 하는 사건이다. 먼저 아르티걸은 솔로몬 왕의 유명한 판결을 연상시키는 책략, 즉 종자의 연인을 칼로 두 동강냄으로써 그녀에 대한 소유권 문제를 해결한다는 제안을 함으로써 그녀가 진정 누구의 연인인지를 성공적으로 밝혀낸다. 더군다나 법 집행자인 탤러스의 무자비한 힘은 완강하게 버티는 생글리어로 하여금 그의 수치스러운 행위의 징표로 일 년 동안 그가 죽인 연인의 머리를 지니고 다녀야 한다는 아르티걸의 판결이 실행되게끔 강제한다. 이 첫 번째 사건은 지략과 무력을 동원해서 범죄에 정확히 상응하는 징벌을 가한다는 순수 정의의 목적을 잘 달성한 것처럼 보인다.

하지만 아르티걸의 정의는 그 안에 여러 문제점들을 지니고 있다. 불어로 멧돼지를 뜻하는 생글리어라는 이름이 암시하듯이 아르티걸과 탤러스는 그를 마치 동물처럼 취급한다. 특히 탤러스의 무력의 사용은 지나칠 정도여서 생글리어는 체포될 때 받은 일격으로 의식을 잃고 쓰러지기까지 한다(5. 1. 21). 더군다나 생글리어가 자신이 죽인 연인의 목을 달고 다님으로써 자신의 죄를 진심으로 참회하게 될 것이라는 아르티걸의 생각은 순진하기 짝이 없다. 왜냐하면 생글리어가 그렇게 하기로 한 것은 순전히 공포에 기인한 것이기 때문이다(5. 1. 29). 순수 정의의 교정 능력에 대한 아르티걸의 지나치게 낙관적인 신뢰는 범죄의 본성에 대한 종자의 근본적으로 기독교적인 이해와 대비된다. 종자는 생글리어가 저지른 납치와 살인과 같은 무서운 범죄가 자신의 정욕과 분노의 감정을 통제할 수 있는 능력의 결여 때문이며 이 무능력은 궁극적으로 오만이라는 죄에 뿌리를 내리고 있음을 설명한다(5. 1. 17-8). 정의의 기사인 아르티걸이 범죄자에 대한 정의의 강제 따위로는 결코 제거할 수 없는 인간의 왜곡된 자기중심성 즉 오만의 본성에 대해서 너무나 무지하다는 것은 그가 추구하는 고전적 정의가 지닌 근본적인 한계를 암시한다고 볼 수 있다.

이 사건을 통해서 아르티걸이 깨닫지 못하는 또 하나의 중요한 이슈는 바로 정의와 사랑 사이의 복잡한 관계이다. 설사 종자가 이 범죄의 본질을 간파할 뿐만 아니라 자신의 연인을 깊이 사랑한다하더라도 그는 생글리어의 부정에 대해서 무력하기 짝이 없다. 술책과 무력을 사용해서라도 범죄자를 제압할 수 있는 순수 정의의 사용 없이는 인간 본성의 이해와 사랑은 범죄 앞에서 무기력할 뿐이다. 이것이 순수 정의의 당위성을 우리가 완전히 부정할 수 없는 이유이다. 하지만 종자는 아르티걸이 자신의 연인을 두 동강내도록 허용하기보다는 차라리 자신이 생글리어의 연인의 목을 지니고 다니겠다고 말함으로써 자기희생이라는 사랑의 가장 고귀한 측면을 보여준다.

종자의 자기희생적 사랑이 아르티걸의 계산된 술책보다 훨씬 더 고귀한 원리라는 것은 순수 정의가 결코 진정의 정의의 마지막 형태가 될 수 없음을 시사해 준다. 아르티걸이 처음으로 당면하는 사건은 피상적으로는 순수 정의의 성공 사례로 보일지 모르지만 그 밑에는 정의와 사랑이라는 상반되는 듯이 보이는 원리들을 어떻게 통합할 것인가라는 제5권 전체를 관통하는 핵심적인 문제가 이미 깔려있다.

이어서 아르티걸이 당면하게 되는 순수 정의의 실행과 관련된 여러 에피소드들 가운에 특히 이 정의와 사랑 사이의 복잡한 관계를 좀 더 직접적으로 드러내 주는 중요한 에피소드는 마리넬(Marinell)과 플로리멜(Florimell)의 결혼을 기념하기 위한 마상 시합이다. 마리넬과 플로리멜의 사랑과 결혼은 제3권과 제4권에서 상당히 중요한 비중을 차지하고 있는 테마인데 정의를 다루는 제5권에서 이들의 이야기가 마무리됨으로써 이들의 결혼식에 거행되는 마상 시합은 순수 정의의 한계와 연관 지워 매우 중요한 의미를 지니게 된다. 제4권에서 사튀레인(Satyrane)에 의해 열린 마상 시합과 제5권에서 마리넬에 의해 열리는 마상 시합 사이에는 여러 유사점들이 있다. 예를들면 이 두 마상 시합은 모두 3일 동안 계속되며, 이 두 시합에 세 명의 동일한 인물들, 즉 아르티걸, 브래가도키오(Braggadochio), 가짜 플로리멜이 등장한다. 하지만 이 두 마상 시합 사이에는 중요한 차이점이 존재한다. 사튀레인이 주최한 마상 시합은 기사들 사이에 혼란과 질시 그리고 경쟁심만을 초래함으로써 어이없게도 가짜 플로리멜과 겁쟁이 브래가도키오가 최후의 승자가 되는 아이러니를 연출하게 된다. 반면에 마리넬이 주최한 마상 시합에서는 아르티걸이 가짜 플로리멜의 정체를 밝힐 뿐만 아니라 뻔뻔스러운 거짓말쟁이 브래가도키오의 정체 또한 드러냄으로써 그에게 정의의 심판을 내리게 된다. 브래가도키오의 거짓말은 기사들 사이에 화목과 형제애 대신 서로에 대한 불신과 증오만을 만들어 냈기 때문에 스펜서는 의도적으로 이 두 마상 시합을 병치시킴으로써 정의가 제대로 기능하지 않고서는 사회 구성원들 사이의 신뢰와 형제애가 결코 유지될 수 없음을 강조한다고 볼 수 있다. 그러나 정의 또한 사랑을 필요로 한다. 왜냐하면 올바른 정의의 수립은 그 자체를 목적으로 해서는 안 되며 그보다 더 높은 원리인 형제애의 구현을 목표로 삼아야 하기 때문이다. 바로 이 점에서 아르티걸과 탤러스가 추구하는 순수 정의의 한계가 드러난다. 아르티걸이 브래가도키오에 대해서 품는 증오는 거의 그를 살해할 정도로서 절제의 기사인 가이언(Guyon)에 의해서 간신히 제어되며(5. 3. 36), 탤러스 또한 이 겁쟁이 기사에게 지나칠 정도로 굴욕을 강요함으로써 정의에 대한 그들의 생각과 태도가 생글리어 에피소드 이후 전혀 변하지 않았다는 것을 증명한다.

아르티걸이 아마존의 여왕인 라디군드에 의해서 패배할 때까지 보여주는 여러 순수 정의의 실천의 예들은 표면적으로는 아르티걸의 순수 정의가 불법과 부정에 대한 매우 효과적인 대응 수단이라는 점을 보여주는 듯이 보이지만 그 밑에는 순수 정의의 타락 가능성과 한계에 대한 깊은 의구심이 짙게 깔려 있다.

아마존들의 오만한 여왕인 라디군드에게 아르티걸이 패배하고 마는 것은 그가 이제까지 추구해왔던 순수 정의가 치명적인 결함을 가지고 있다는 반증이 된다. 그 결함은 궁극적으로 아르티걸이 지닌 정의에 대한 고전적 태도에 기인한다. 그가 표방하는 고전적 영웅주의는 인간 감정의 두 중요한 측면인 분노(the irascible faculty)와 애욕(the concupiscent faculty)을 조화롭게 통합하기보다는 애욕을 억압하고 분노만을 고전적 영웅에 어울리는 감정으로 인정함으로써 아르티걸로 하여금 그가 추구하는 순수 정의에 스스로 어떤 유연성도 부여하는 것을 불가능하게 만든다. 그는 패배한 라디군드의 아름다운 얼굴을 보자마자 그녀의 수많은 범죄의 대가로 그녀를 참수하기는커녕 갑자기 그의 엄격한 정의를 나약한 동정심으로 바꾸어 그녀에게 도리어 패배 당하는 수모를 겪는다(5. 5. 12). 이 점은 아르티걸이 그 동안 스스로 억압해왔던 자신의 애욕의 감정에 도리어 완전히 사로잡혀 버렸다는 것을 의미한다.[24] 아르티걸은 따라서 순수 정의의 너무나도 비인간적인 원칙과 타락한 인간의 나약함에 대한 지나치게 감상적인 태도라는 결코 양립할 수 없는 선택 속에 스스로를 몰아가면서 파멸의 길로 들어서는 것이다(Anderson 455). 일단 라디군드의 죄에 대해서 순수 정의의 엄격한 잣대를 포기하자마자 그가 추구하는 정의의 순수성은 급격하게 붕괴되고 오히려 라디군드의 부정만을 돕는 결과를 초래한다. 아르티걸이 아마존들로부터 어렵게 구해낸 터르핀(Terpine)이 다시 붙잡혀 라디군드의 압제에 반항했다는 이유로 처형되는 것은 아르티걸이 추구해왔던 이상적이지만 너무나 비인간적인 순수 정의의 한계를 잘 드러내 준다.

24) 이 결점은 라디군드도 공유하는 것이다. 모든 남성들에 대한 그녀의 격렬한 증오와 가혹한 정책은 모두 벨러던트(Bellodant)에 대한 그녀의 보답 받지 못한 사랑에 기인한다. 아르티걸을 패배시킨 후 그녀는 그에 대한 격한 사랑과 격렬한 분노 사이에서 괴로워한다. 즉 라디군드는 아르티걸의 거울이라고 할 수 있다.

아르티걸의 추락의 또 다른 원인은 그의 정의에 대한 법률 만능주의이다. 아르티걸과 결투하기 전 라디군드는 교활하게도 만약 그가 패배할 경우 그녀의 법에 절대 복종해야 한다는 조건을 제시함으로써 이 정의의 기사가 법의 교묘한 왜곡에 스스로 구속되게끔 만든다. 따라서 아르티걸이 표방하는 법률 만능주의는 순수 정의 자체의 붕괴를 초래하는 한 가지 원인이 된다. 심지어 탤러스 조차 그의 주인을 구하려고 하기보다는 그저 라디군드의 법에 복종함으로서 순수 정의의 붕괴에 일조한다. 물론 앞에서 언급했다시피 아르티걸의 추락의 근본적인 원인은 그가 표방하는 고전적 정의관과 그것을 실천하는 데 사용되는 고전적 영웅주의가 근본적으로 내포하는 오만이다. 고전적 정의관은 기독교적인 관점과는 달리 세상의 타락(the Fall)이라는 사실을 정의의 추구에 있어서 근본적인 전제 조건으로 인정하지 않음으로써 범죄자뿐만 아니라 그 범죄자를 단죄하는 심판관조차 타락할 수 있다는 가능성에 스스로 눈감아버린다.

Ⅲ '이시스 사원'

스펜서는 다음 네 칸토(5-8)를 통해서 순수 정의보다 한 차원 높은 정의의 원리를 추구하는 데 결국 이 과정은 '이시스 사원'(the Temple of Isis)에서 브리토마르트가 공정함(equity)에 대한 비전을 목격하는 것으로 절정에 도달하게 된다. 공정함이 순수 정의보다 우월한 것은 순수 정의가 법률의 축자적 의미(the letter of the law)에 충실하려는 데 반해 공정함은 그 본래의 취지 혹은 정신(the spirit of the law)에 충실하려는 시도로서 분노에서 애욕에 이르는 인간 감정의 모든 측면을 고려하기 때문이다. 하지만 정의에 대한 이 이상적인 원리조차 정의에 대한 최종적인 권위를 내세우지는 못한다. 인간의 정의는 아무리 그 결과가 칭찬할만하더라도 항상 신의 정의가 지니는 최종적인 권위에 종속되어야 하기 때문이다.

라디군드의 포로가 된 아르티걸을 구출하는 기사가 사랑과 우정을 다룬 제3권과 제4권의 가장 중요한 여성 기사인 브리토마르트라는 사실은 매우 중요한 의미를 갖는다. 그녀는 자신 속에 남성 못지않은 용맹성과 함께 여성 특유의 섬세한 사랑과 이해심을 지니고 있으므로 순수 정의의 협소한 목표를 초월하는 공정함이라는 새로운 정의의 원리를 추구하는 데 있어서 아주 이상적인 위치에 있다고 할 수 있다. 제5권에 처음 등장할 때 이 여기사는 아르티걸에 대한 지극한 사랑으로 인해 질투와 두려움 속에서 고통을 당하는 변덕스러운 사춘기 소녀와 같은 모습을 보여준다(5. 6. 14). 하지만 탤러스로부터 아르티걸의 수치스러운 추락에 대한 얘기를 듣고는 곧 자기중심적인 사랑의 굴레로부터 벗어나 정의의 새로운 챔피언이 된다. 브리토마르트가 돌론(Dolon)과 그의 두 아들과의 싸움에서 아르티걸이 그랬던 것처럼 그녀의 명민한 지략과 육체적 힘을 정의를 위해서 사용하는 것은 그녀가 결코 순수 정의와 전혀 다른 정의를 추구하는 것이 아니라는 것을 말해준다. 하지만 브리토마르트는 아르티걸이 한 실수 즉 순수 정의를 절대화하는 오류를 범하지 않게 됨으로써 공정함의 의미를 독자들에게 드러내주는 매우 중요한 역할을 하게 되는 것이다.

'이시스 사원' 에서 브리토마르트는 순수 정의보다 한 단계 더 높은 공정함이라는 정의의 이상적 형태를 꿈을 통해서 목격하게 되는데, 이 공정함이라는 개념은 정의의 궁극적 목표인 형제애를 구현하는데 있어 인간이 생각해내고 실천할 수 있는 가장 근접한 정의의 모습이라고 할 수 있다. '이시스 사원' 에서 스펜서는 이 공정함의 의미를 전달하기 위해서 고전 신화와 도상학(iconography)에 많이 의존하게 된다. 이시스(Isis)와 오시리스(Osiris)는 고대 이집트인들에 의해서 섬겨지던 정의의 신들이다. 달과 해를 대표하는 이시스와 오시리스는 정의의 여성적 측면과 남성적 측면을 나타내기 때문에 사랑과 의무 사이에 인위적인 벽을 만들고 전자를 의도적으로 억압하는 아르티걸의 그릇된 고전적 이상주의와 영웅주의를 교정해주는 역할을 한다(Kane 165).

이시스와 오시리스가 다같이 브리토마르트의 꿈에서 중요한 역할을 한다는 사실은 공정함이 결코 그 전체적인 의미 속에서 순수 정의를 배제시키지 않는다는 것을 의미한다. '이시스 사원'의 가장 높은 위치에 있는 성직자가 후에 지적하듯이(5. 7. 22) 공정함이라는 정의의 이상은 순수 정의의 지나친 엄격함을 제어하는 관용(clemency)이라고 규정할 수 있다. 그러나 공정함은 결코 관용 그 자체는 아니다. 만일 공정함이 관용이라면 그것은 그저 감상적인 동정의 차원으로 떨어지고 만다. 감상적인 동정의 치명적인 결함은 이미 터르핀의 죽음에 의해서 증명되었다. 의미심장하게도 브리토마르트가 기도를 드리는 이시스 여신의 우상 밑에는 오시리스를 상징하는 악어가 있는데 이 악어의 "꾸며낸 교활함"(forged guile)과 "거칠 것 없는 힘"(open force)(5. 7. 7)은 여신의 발에 의해서 제압되는 모습을 보인다. 그라지아니(Rene Graziani)가 잘 지적하듯이 "공정함은 법의 엄격한 적용과 감상적 동정 사이에 위치한 중요한 윤리적 안전판이다"(376).

브리토마르트의 꿈은 그 안에 내포된 풍요로운 도상학적 의미를 통해 순수 정의와 공정함 사이의 복잡한 관계를 제시해준다. 이시스 여신의 우상 옆에서 꾸는 아주 이상한 꿈속에서 그녀는 이시스 여신과 유사한 인물로 그녀 스스로가 변화되는 것을 목격하게 된다. 그러나 놀랍게도 이 사원은 밑으로부터 솟아오르는 무시무시한 태풍에 의해서 발생한 걷잡을 수 없는 불길에 의해서 위험에 처하게 된다. 그때 그녀의 꿈의 해석에 결정적인 역할을 하는 아주 중요한 스탄자가 등장하게 된다.

그러자 그 악어는 잠든 채로
그 우상의 발 밑, 두려움 없는 은둔처 속에서
누워 있다가 끔찍한 놀라움 속에서 깨는 듯이 보였다,
마치 그 폭풍의 소란스러움에 언짢은 듯;
그리고는 입을 쫙 벌리고는 즉시 그 불길과 폭풍 모두를
삼켜버리고 말았다: 그렇게 해서 몸집이 거대해지고
또 누구도 넘볼 수 없는 자신의 힘에 대한 오만으로 가득 차
이번에는 그녀를 집어삼키려고 위협하기 시작했다.
하지만 여신은 그녀가 지닌 봉으로 그를 내리쳐 제 자리로
돌아가게 했다.

With that the Crocodile, which sleeping lay
Under the Idols feete in fearelesse bowre,
Seem'd to awake in horrible dismay,
As being troubled with that stormy stowre;
And gaping greedy wide, did streight devoure
Both flames and tempest: with which growen great,
And swolne with pride of his owne peerelesse powre,
He gan to threaten her likewise to eat;
But that the Goddesse with her rod him backe did beat.
(5. 7. 15)

이 스탄자를 해석하는 데 있어서 가장 중요한 열쇠는 악어가 지니는 양면적 성격이다. 순수 정의를 대표하는 악어는 공정함을 대표하는 브리토마르트를 위협하는 불법과 부정의 불길과 폭풍을 제압한다. 그러나 아르티걸의 순수 정의는 이전의 그의 행동들이 보여주었듯이 순수 정의의 한계를 벗어나서 스스로를 절대화함으로써 아이러니컬하게도 자신이 제압하여야할 부정에 오히려 스스로 종속되고 마는 결함을 지니고 있는 것이다. 그녀가 지닌 관용의 봉으로 순수 정의가 지닌 이러한 위험스러운 경향을 제어함으로써 브리토마르트는 공정함이라는 정의의 이상에 봉사하는 순수 정의와 관용의 조화로운 결합을 이끌어낸다.

그러자 모든 그의 오만을 온화한 겸손함으로 바꾸고,
스스로 그녀의 발 앞에 낮게 엎드리고는,
그녀에게서 관대함과 사랑을 구하기 시작했다.

Tho turning all his pride to humblesse meeke,
Him selfe before her feete he lowly threw,
And gan for grace and love of her to seeke: (5. 7. 16)

따라서 이 악어와 브리토마르트의 성적인 결합을 통해서 태어난 사자는 관용과 순수 정의의 이상적인 통합인 공정함의 상징이라고 할 수 있다. 르네상스 신화 연구가들은 악어를 고귀한 이집트의 신이었던 오시리스뿐만 아니라 그의 교활하고 배반을 일삼는 동생인 타이폰(Typhon)과도 연관시켰다(Davidson 75, Aptekar 90). 스펜서는 악어의 신화적 이미지가 지닌 이중적인 성격을 긍정적이고 동시에 부정적인 가능성을 다 내포하고 있는 순수 정의의 애매한 성격을 드러내는데 매우 효과적으로 이용하고 있는 셈이다.

라디군드와 그녀의 추종자들이 저지른 부정에 단호하게 대항하는 브리토마르트의 행동은 아르티걸이 표방하는 순수 정의에 내재하는 약점들을 바로잡는다. 무엇보다도 라디군드의 법을 받아들이기를 거부하면서 브리토마르트는 이 아마존의 여왕이 기존에 확립된 기사도 법을 악용하는 것을 허용하지 않는다(5. 7. 28). 그녀가 라디군드를 냉정하게 처형하는 장면은 공정함이 단순히 순수 정의의 폐기를 뜻하는 것이 아니라 오히려 순수 정의의 목표를 올바르게 실현시킨다는 것을 의미한다. 물론 이 점은 순수 정의가 법 집행을 위해 지나치게 폭력에 의지하는 경향이 엄격하게 제어된다는 전제 아래 가능하다. 탤러스가 아마존들을 무참하게 살상하는 것을 보고 나서 브리토마르트는 이 철인의 불필요한 잔혹함을 확고하게 제어하는 면모를 보여준다(5. 7. 36). 브리토마르트와 아르티걸 사이의 가장 커다란 차이는 그녀가 단순히 범법자들을 응징하는 데 그치지 않고 남자들을 굴욕적인 복종으로 몰아가는 아마존들의 비인간적인 삶의 방식을 개혁한다는 것이다(5. 7. 42). 공정함이 순수 정의보다 우월한 이유가 바로 거기에 있다. 브리토마르트가 추구하는 공정함이라는 정의의 이상은 관용의 정신과 순수 정의의 엄격함을 통합함으로써 순수 정의가 빠지기 쉬운 지나친 무력에의 의존과 편협한 법률 만능주의 그리고 스스로의 타락 가능성을 인정하지 않는 오만한 태도에 대한 적절한 대안을 제시한다.

IV '머실러의 궁정'

제5권에서 가장 중요한 알레고리적 의미를 담고 있는 장소가 '이시스 사원' 인지 '머실러의 궁정' (the Court of Mercilla)인지를 파악하는 것은 제5권 전체의 의미를 해석하는데 있어서 매우 중요한 역할을 한다. 해밀턴(A. C. Hamilton 177), 플레쳐(Angus Fletcher 276), 그리고 나이트(W. Nicholas Knight 283) 같은 비평가들은 '이시스 사원' 이야말로 브리토마르트로 하여금 공정함이라는 진정한 정의의 의미에 대한 비전을 체득하게 하는 장소이므로 '머실라의 궁정' 이 제 5권의 핵심적인 장소라는 견해에 동의하지 않는다. 한편 데이비슨(Clifford Davidson 70), 미스키민(Alice Miskimin 27), 그리고 킹(John N. King, *Spenser's*, 106)등의 비평가들은 스펜서의 정의관이 명백히 기독교적 토대 위에 있다는 점을 인정하면서도 스펜서가 '이시스 사원' 이 보여주는 이교적 상징들에 기독교적 의미를 부여함으로써 정의의 기독교적 측면을 탐구한다고 생각한다. 데이비슨, 미스키민, 킹등의 기본적인 가정은, 정의와 사랑을 다 포용하는 공정함이라는 정의의 이상이 사실상 그 안에 기독교적 자비 혹은 용서의 개념을 내포하고 있다는 것이다. 그러나 그들의 가정은 올바르다고 볼 수 없다. 왜냐하면 기독교적 관점, 특히 프로테스탄트적 관점에서 보았을 때 어떠한 인간적 사랑(eros)도 자기중심적인 오만이라는 죄로부터 자유스럽지 못하며, 십자가 위에서 드러난 예수 그리스도의 완전히 자기를 버린 사랑(agape)만이 인간적 사랑을 완성시킬 수 있는 힘을 지니고 있기 때문이다.

사실상 공정함과 '머실라의 궁정'의 주제인 용서는 서로 완전히 다른 개념들이다. 정의에 대한 가장 높은 인간적 이상으로서의 공정함은 고전적 전통에 깊이 뿌리박고 있다. 아리스토텔레스는 그의 『니코마코스 윤리학』에서 공정함이 순수 정의보다 우월함을 주장한다(1137b). 로마법에서조차 공정함이라는 이상은 모든 법의 기초로 인정되었다(Kermode, *Shakespeare*, 54). 따라서 공정함이라는 개념은 굳이 인간에 대한 기독교적 이해를 필요로 하지 않는다. 반면에 용서는 특별히 기독교적 성격이 강한 개념이다. 모든 인간은 신의 심판 아래에서 죄인일 수밖에 없다. 따라서 인간에 의해서 고안된 어떤 정의의 원칙도 그를 신 앞에서 정의롭게 만들 수는 없다. 그렇게 할 수 있는 유일한 힘은 오직 신의 정의뿐이며 그것은 오직 인간의 죄를 무조건적으로 용서하는 신성한 사랑의 본질이 결정적으로 구현된 그리스도의 십자가 사건을 통해서만 드러난다.

'이시스 사원'과 '머실라의 궁정'의 차이는 이 두 장소에 대한 스펜서의 묘사를 자세히 검토할 때 잘 드러난다. '이시스 사원'을 지배하는 것은 명백히 이교도적 특성이다(Stump 91). 처음부터 스펜서는 이시스 여신과 오시리스 신의 숭배가 인간적인 필요성의 산물임을 강조한다(5. 7. 2). 더군다나 정의의 여신인 이시스의 조상을 묘사하기 위해서 사용된 "우상"(Idoll) (5. 7. 6)이라는 용어는 이 여신 숭배가 지니는 강한 이교적 성격과 아울러 그녀의 사제들이 정의의 진정한 근원에 대해서 무지하다는 것을 암시한다. 이 사제들의 종교가 기독교와는 무관하다는 가장 중요한 근거는 그들이 포도주에 대해서 극도의 혐오감을 지니고 있다는 것이다. 그들은 포도주가 조브(Jove) 신에 대항하여 반란을 일으켰던 거인 족의 피라고 믿는다. 그 거인들의 어미인 성난 대지의 여신이 인간에게 반역의 마음을 불러일으키기 위해서 그 거인들의 피를 포도주로 바꾸었다는 것이다(5. 7. 10-11). 이 사제들은 질서와 혼돈, 혹은 이성적 제어와 반역적 도전이라는 두 영원히 상반된 원리들에 의해서 이분법적으로 분할된 고전적 우주 속에서 살고 있는 것이다. 이 사제들은 따라서 피를 조브에 대한 반역의 죄의 상징으로만 여기고 그리스도가 스스로 피를 흘림으로써 이것을 구원과 희망의 상징으로 변화시켰다는 기독교의 가르침에 대해서 완전히 무지하다. 반면에 '머실라의 궁정'은 성경에 대한 인유로 가득하다. 『신약 성경』'요한 계시록'의 새로운 예루살렘(21: 25)이 그런 것처럼 이 궁정의 문 또한 밤이나 낮이나 항상 열려 있다(5. 9. 27). 머실라의 황금 옥좌(5. 9. 27)는 여호와가 앉는 자비의 좌석(출애굽기 25: 20)을 그 모델로 삼고 있다. 또 천사들이 그 자비의 좌석에 그들의 날개를 펼치듯이(출애굽기 25: 20), 천사들 또한 머실라의 옥좌의 주위를 맴돈다(5. 9. 29). 따라서 '이시스 사원'과 '머실라의 궁전'은 이교적 원리와 기독교적 원리라는 상반된 이념을 반영한다.

스펜서가 정의의 개념을 기독교적 시각에서 재정의하려는 의도는 명백하지만 '머실라의 궁전'의 이해에 필수적인 정의와 용서와의 관계를 밝히는 작업은 그리 단순하지 않다. 시인 자신이 이 양자 사이의 관계를 정립하는 것이 얼마나 어려운 일인가를 인정하고 있다:

> 학자들조차 그들의 교묘한 추론에도 불구하고
> 내가 지금 다루고 있는 이 거룩한 용서라는 덕이
> 정의의 한 부분인지 혹은 신적인 본성에 의하여
> 그녀(머실라)로부터 나오게 된 것인지 의아해한다.
>
> Some Clarkes doe doubt in their devicefull art,
> Whether this heavenly thing, whereof I treat,
> To weeten Mercie, be of Justice part,
> Or drawne forth from her by divine extreate. (5. 10. 1)

그러나 시인은 이어서 진정한 용서는 신에 그 기원을 두며 오직 신의 무조건적인 은총에 의해서 인간에게 부여되기 때문에 인간이 단순히 자신의 의지대로 실천할 수 있는 덕이 아니라는 점을 깨닫게 된다(5. 10. 1). 하지만 '머실라의 궁전'이 단순히 현재의 타락한 세상에서는 용서라는 덕을 실천하는 것이 불가능함을 증명하기 위해서 시인에 의해서 창조되었다고 주장하는 것은 부조리하다. 오히려 이 궁전과 머실라에 대한 시인의 세심한 묘사는 용서가 정의의 마지막 기준이 되어야 한다는 생각을 지지하고 있다. 어떤 인간적인 정의의 이상도 그것이 설사 아무리 공정하다 하더라도 결국에 가서는 그 자신의 권위를 최종적인 것으로 간주하며 자신의 타락 가능성에 눈감아버리는 위험한 경향을 지니고 있기 때문에 신의 완전한 정의 즉 무조건적인 용서라는 최후의 잣대가 필요하게 된다. 인간에 의한 이상적인 정의의 추구가 신의 정의를 항상 염두에 두어야 하는 이유가 바로 거기에 있다.

더군다나 정의의 목적인 사회 구성원들 사이의 형제애의 구현은 인간적 사랑이 지니는 필연적으로 이기적인 측면을 초월하는 신의 용서에 의해서만 궁극적으로 실현될 수 있다. 진정한 용서는 분명히 인간에게 불가능한 목표이며 그가 보여주는 용서는 항상 그리스도가 십자가에서 드러낸 진정한 용서의 불완전한 모방이거나 왜곡일 수밖에 없다. 즉 인간의 정의는 형제애의 구현이라는 목적에 무한히 접근할 수 있지만 언제까지나 신의 완벽한 용서에 거슬리는 요소를 지니기 마련이다(Niebuhr 2: 246). 하지만 인간은 용서라는 더 높은 차원의 이상에 부합하도록 끊임없이 그가 추구하는 정의를 수정할 의무를 지니게 된다. 스펜서가 정의를 추구하는 기사들에게 요구하는 것은 결국 인간의 정의가 지닌 한계의 인식과 아울러 그러한 한계에도 불구하고 끝없이 신의 완벽한 정의에 가까워지도록 노력하는 자세이다. 제5권에서 '이시스 사원'이 아니라 '머실라의 궁전'이 시인의 정의에 대한 핵심적인 메시지를 전달하는 장소인 이유가 바로 거기에 있는 것이다.

정의와 용서 사이의 관계에 있어서 우리가 간과해서는 안 되는 또 다른 측면은 용서는 결코 정의를 대체하거나 약화시켜서는 안 된다는 점이다. 신학적으로 말하면 그리스도의 십자가에서의 대속은 단순히 신이 인간에게 요구하는 정의를 그저 용서로 대체한다는 것을 의미하지 않는다. 대속의 사건은 정의와 용서 모두의 요구가 그리스도의 희생적 죽음에 의해서 완전히 실현된다는 것을 의미한다 (Williams 32). 이 매우 중요한 신학적 관점은 왜 머실라가 용서만이 아니라 강력한 정의의 힘을 항상 염두에 두고 있는 위엄 있는 여왕이자 재판관으로 묘사되는지를 설명한다.

> 그래서 그녀는 제왕의 위엄을 갖추고 앉아 있었고,
> 그녀의 손에는 여왕의 홀이 쥐어져 있었는데,
> 평화와 관용의 성스러운 맹세의 표시로,
> 그녀에 대항했던 수많은 적들에도 불구하고,
> 지고의 신은 그것으로 그녀의 복된 땅을 축복했었다.
> 그런데 그녀의 발밑에는 칼 한 자루가 놓여 있었다,
> 그 칼은 오랜 세월 쓰이지 않아 빛나는 강철은 녹이 슬어 있었다.
> 그러나 적들이 침입하거나 친구들이 도움을 청하면
> 그녀는 그 칼을 엄히 뽑아 들어 온 세상을 떨게 만들었다.
>
> Thus she did sit in soverayne Majestie,
> Holding a Scepter in her royall hand,
> The sacred pledge of peace and clemencie,
> With which high God had blest her happie land,
> Maugre so many foes, which did withstand.
> But at her feet her sword was likewise layde,
> Whose long rest rusted the bright steely brand;
> Yet when as foes enforst, or friends sought ayde,
> She could it sternely draw, that all the world dismayde.
> (5. 9. 30)

그녀의 본질은 이름(Mercilla)이 지칭하듯이 용서이지만 공정함

의 핵심인 관용(clemencie)과 순수 정의를 상징하는 강력한 칼(the bright steely brand)을 동시에 행사할 수 있는 재판관으로서의 위엄을 갖추고 있는 것이다.

'이시스 사원'에서 브리토마르트가 꾼 꿈에 등장하는 사자는 브리토마르트와 아르티걸, 즉 공정함과 순수 정의의 결합을 상징했다. 그런데 이 사자는 다시금 머실라의 발밑에 나타난다(5. 9. 33). 이 사자의 위치는 브리토마르트의 꿈에서 악어가 차지하고 있었던 바로 그 자리이기 때문에 머실라는 사실상 공정함과 순수 정의보다 한 차원 더 높은 정의의 이상을 대표한다는 해석이 도상학적 관점에서 가능해진다. 도상학적 묘사를 통해서 스펜서는 인간적 정의의 이상들을 통제하는 용서에 대한 매우 정교한 상징을 독자에게 제공하고 있는 것이다.

V 결어

이제까지 이 글이 스펜서의 『요정 여왕』 제5권에서 특히 주목한 점은 스펜서가 추구하는 정의의 이상이 지니는 고전적 특성과 기독교적 특성 사이의 충돌과 통합이라는 문제였다. 스펜서는 르네상스를 통해서 그리스 로마 문명의 고전적 세계관의 영향과 종교개혁을 통해서 초기 기독교 특히 사도 바울의 은총 중심의 구원관의 영향을 동시에 강하게 받았다. 하지만 근본적으로 프로테스탄트였던 스펜서는 정의의 문제에 있어서 고전적 관점과 기독교적 관점을 적당히 절충하기보다는 고전적 정의관의 결점과 한계를 기독교적 정의관에 의해서 개혁하면서 기독교적 정의관 속에 포용하려는 전략을 추구한다. 이런 사상적 맥락 속에서 스펜서는 먼저 제5권을 대표하는 기사인 아르티걸을 통해서 가장 고전적인 정의관이라고 할 수 있는 순수 정의가 어떻게 여러 사건들을 통해서 실행되면서 그 근본적인 결함을 드러내는지를 보여 준다. 순수 정의의 근본 문제는 정의에 대한 지나친 이상주의와 무자비한 폭력에 의존하는 법 집행의 기묘한 결합으로 인해서 스스로 정의의 이상을 왜곡시키고 타락시킨다는 점이다. 따라서 아르티걸이 라디군드에게 패배하는 장면은 바로 순수 정의라는 이념의 배후에 있는 고전적 정의관의 근본적인 한계와 오만을 잘 드러내 준다.

하지만 또 다른 고전적 정의의 이상이라고 할 수 있는 공정함은 그 안에 관용의 정신과 순수 정의의 엄격함을 결합함으로써 인간이 추구할 수 있는 가장 고귀한 정의의 모습을 보여준다. 그러나 스펜서는 '이시스 사원' 에서 브리토마르트가 목격하는 공정함이라는 정의의 이상이 설사 아무리 고귀한 이상이라 하더라도 결국 신적인 정의의 최종적 표현인 용서라는 궁극적 잣대를 결하고 있기 때문에 순수 정의와 마찬가지로 한계를 지닌 인간적 정의라는 점을 분명히 한다. 반면에 '머실라의 궁전' 에서 머실라가 구현하는 용서라는 덕은 비록 신의 용서와 동일시되어서는 안 되지만 분명히 순수 정의와 공정함과는 또 다른 차원의 정의의 모습으로서 순수 정의와 공정함이 지니는 가능성과 한계를 충분히 의식하면서 최대한 용서를 정의 구현의 과정 속에 끌어드리려는 노력을 대표한다. 머실라가 추구하는 정의와 브리토마르트가 추구하는 공정함의 결정적인 차이는 전자가 기독교적 관점에서 신의 완벽한 정의를 항상 의식하는 겸손함을 지닌 데 반해 후자는 단지 자연 상태의 인간이 추구할 수 있는 가장 이상적인 형태의 정의라는 점이다. 따라서 머실라에 의해 대표되는 정의는 신의 완벽한 정의와 인간이 추구할 수 있는 가장 이상적인 정의 사이의 미묘한 경계선상에 위태롭게 위치하고 있다는 해석이 가능하다.

정의(2)

I 스펜서의 프로테스탄트적 정치관

스펜서의 『요정 여왕』 제5권 “정의의 전설”(The Legend of Justice)은 비평가들 사이에서 항상 가장 인기 없는 작품으로 취급되어 왔다. 그 주된 이유는 스펜서가 이 작품에서 프로테스탄트 국

25) 루이스(C. S. Lewis)가 제5권에 대해 가한 혹독한 비난은 그 전형적 예이다: “스펜서는 아일랜드에 대한 영국의 혐오스러운 정책의 하수인이었고 제5권에서 그 사악함이 그의 문학적 상상력을 타락시키기 시작한다”(349). 스펜서가 당대의 역사를 작품에 끌어들인 것이 제5권의 예술성을 위협하고 있다는 오코넬(Michael O'Connell)의 주장(“Mirror”, 125)은 사실상 루이스의 가혹한 비평을 좀 더 온건하게 표현한 것에 불과하다. 하지만 이런 비판들에 대해서 앤더슨(Judith H. Anderson)은 제5권에 표현된 스펜서의 정의관이 지닌 어두운 측면을 다음과 같이 이해하고 있다.

> 아르티걸과 이 작품의 한계는 사실상 이 기사가 대표하는 정의라는 덕과 불가분의 관계를 지니고 있다. 왜냐하면 절대적인 이상으로 취급되어 질 때 이 덕은 어떤 인간의 역사도 혹은 개인도 결코 충족시킬 수 없는 요구를 하고 있기 때문이다(447).

또 다른 관점에서 와그너(Geoffrey Wagner)는 시인으로서의 스펜서는 정치가로서의 스펜서와 구별되어야 한다는 주장을 펴고 있다. 즉 탤러스가 무력을 무자비하게 사용하는 모습은 독자들을 끊임없이 당혹스럽게 만드는데 이 점은 시인으로서의 스펜서가 아르티걸의 역사적 모델이며 또한 정치가로서의 스펜서가 정당화하기를 원했던, 그레이 경(Lord Gray)의 혹독한 아일랜드 정책에 대해 은연중에 상당한 혐오감을 지녔다는 것을 암시한다고 볼 수 있기 때문이다(79, 85). 하지만 스펜서를 옹호하는 이 두 비평가의 관점에는 문제점이 없지 않다. 앤더슨의 주장은 아쉽게도 스펜서가 항상 ‘세상의 타락’에 대한 기독교적인 인식에도 불구하고 정의에 대한 점점 더 완전한 이상들을 추구하는 노력을 멈추지 않는 점을 간과하고 있다. 제5권을 통해서 스펜서는 정의에 대한 이상적이면서도 현실적인 인식을 동시에 보여주는 작업을 결코 게을리 하지 않는다. 와그너의 주장 또한 적절하다고 볼 수 없다. 스펜서의 정치적 관점인 투쟁적인 프로테스탄티즘(militant Protestantism)은 제5권에만 국한된 것이 아니고 『요정 여왕』 전체에 깔려있는 기본적인 시인의 세계관이기 때문이다. 특히 『요정 여왕』제1권 “성스러움의 전설”(the Legend of Holiness)은 시인으로서의 스펜서와 프로테스탄트 정치가로서의 스펜서를 구별하는 것이 무의미함을 잘 보여주는 예라고 할 수 있다.

가였던 영국과 스페인을 중심으로 한 가톨릭 세력들 간의 투쟁과 관련된 역사적 사건들을 아주 노골적으로 영국의 관점에서 알레고리로 형상화했을 뿐만 아니라 특히 이 작품의 주인공인 아르티걸(Arte-gall)과 그의 부하 탤러스(Talus)가 추구하는 무자비한 정의를 시인 자신이 정당화하고 옹호하는 듯한 태도를 보여주고 있기 때문이다.[25] 따라서 정의라는 주제를 당대의 종교적, 정치적 상황과 긴밀하게 연관시키려는 시인의 의도에 대한 역사적 맥락을 파악하는 것이 제5권에 대한 올바른 이해의 첫걸음이 된다.

스펜서가 활동했던 16세기 후반의 영국은 극히 어려운 종교적, 정치적 상황 속에 놓여 있었고, 특히 스펜서가 가톨릭교와 반영주의가 완강하게 버티고 있던 아일랜드에서 식민지 관리이자 지주로 지냈다는 사실은 더욱 제5권이 무슨 이유로 매우 투쟁적인 프로테스탄트적 정치관을 강하게 반영하고 있는 지를 이해하게 해준다. 스페인을 중심으로 하는 대륙의 강력한 가톨릭 세력에 의해서 끊임없이 위협을 받고 있던 영국의 입장에서 보면 네덜란드의 프로테스탄트 세력이 막강한 군사력을 앞세운 스페인에 의해서 무자비한 탄압을 받았고 국내적으로는 프로테스탄트 군주였던 엘리자베스 여왕이 스페인의 사주로 인한 끊임없는 반역과 반란으로 시달렸던 것은 종교적, 정치적 성격을 띨 뿐만 아니라 명백히 정의에 대한 심각한 도전으로 간주되었다(Heale 123). 영국 궁정 안에서는 가톨릭 세력의 위협이라는 문제에 대해서 그저 외교적으로 대처하는 수준을 넘어서 적극적으로 군사적 개입을 통해서 스페인에 저항할 것을 주장하는 레스터 백작(Earl of Leicester), 필립 시드니(Philip Sidney), 에섹스 백작(Earl of Essex)등의 강경한 프로테스탄트 세력이 존재했으며 스펜서는 이들과 이념적으로 긴밀히 연결되어 있었다(Heale 125). 또한 당시 스페인 무적함대의 침공과 패배라는 긴박한 상황이 조성한 영국 전체 사회에 퍼져있던 묵시록적(apocalyptic) 분위기는 더욱 이 프로테스탄트 세력에게 악으로 간주되는 세력과의 적극적 투쟁을 정당화시켜주는 요인을 제공하였다(Mallett, Spenser, 158). 더군다나 1580년 이후 그의 생애의 태반을 아일랜드에서 보낸 스펜서에게 아일랜드는 매력적인 자연과 풍요로운 문화적 유산에도 불구하고 영국의 종교와 정치 체제 그리고 법질서와는 완전히 다른 세계를 형성하고 있었던 이질적인 타자였다. 아일랜드의 지배층을 형성하고 있었던 소수 프로테스탄트 세력에 대한 아일랜드 인들의 끊임없는 반란과 그에 대한 영국의 무자비한 탄압의 악순환을 매일 매일 목격하고 살았던 스펜서는 가톨릭 세력이라는 타자와 구별되는 강한 프로테스탄트적 정체성을 지닌 인물이 될 수밖에 없었다(Hadfield 178). 제5권에서 정의라는 주제가 종교적, 정치적 맥락과 분리될 수 없는 이유는 스펜서가 처한 개인적, 역사적 맥락을 고려할 때 좀 더 분명하게 이해된다.

정치적 색채가 강한 제5권의 에피소드들을 이해하는데 있어서 주목할 만한 점은 스펜서가 특히 전제 정치(tyranny)와 무정부 상태(anarchy)라는 두 극단적인 정치적 상황을 정의의 개념과 긴밀히 연관시킨다는 점이다. 이 점과 관련해서 니버(Reinhold Niebuhr)의 정의와 정치 사이의 관계에 대한 분석은 주목할 만하다(2: 247-58). 니버는 정의란 한 사회를 지배하는 이성적 원칙의 관점에서 뿐만 아니라 그 사회의 권력 구조라는 관점에서도 고찰되어야 한다고 주장한다. 먼저 정의를 구현하는 법률과 원칙들은 그 자체가 목적이 되어서는 안 되고 사회 구성원들 간에 "형제애의 정신"(the spirit of brotherhood)(2: 248)을 실현하기 위해서 서로에 대한 책임감을 불러일으키기 위한 수단이 되어야 한다. 뿐만 아니라 법의 권위만으로는 사회 구성원들 사이의 조화를 이룰 수 없으므로 그 사회가 지닌 다양한 힘들을 조직하고 그 힘들 사이에 균형을 이룰 정치적 장치에 대한 필요가 생기게 된다. 즉 힘의 집중과 균형이라는 문제는 정의의 실현을 위해서 꼭 필요한 정치적 수단인 셈이다. 문제는 인간이 지닌 타락 가능성 즉 죄에 대해서 민감한 프로테스탄트적 관점에서 보았을 때 이 힘 혹은 권력의 지나친 집중과 균형의 추구는 각각 전제 정치와 무정부 상태로 타락하면서 오히려 그것들의 궁극적 목적인 형제애의 정신을 파괴하는 사악한 요소로 작용할 수 있다는 것이다. 칸토2에 등장하는 폴렌테(Pollente)와 거인(the Giant)은 이 두 가지 악을 대표한다. 제5권의 후반부에서 아서(Arthur)와 아르티걸은 네덜란드를 공포로 몰아넣은 스페인의 전제 정치와 아일랜드에 만연한 무정부 상태와 대면해야 한다. 특히 스페인을 중심으로 한 가톨릭 세력과 프로테스탄트 영국의 투쟁에 초점을 맞춘 후반부의 에피소드들은 전제 정치와 무정부상태 뒤에 숨은 악마적 요소를 강조함으로써 묵시록적 맥락이 강화된다. 니버의 정의와 정치 사이의 관계에 대한 프로테스탄트적 분석은 스펜서의 묵시록적 세계관과 연계되었을 때 LG의 이해에 더 한층 많은 빛을 던져주고 있다.

이 글은 스펜서의 프로테스탄트적 정치관이 반영된 에피소드들을 중심으로 스펜서의 정의관이 어떤 방식으로 구체적인 역사 현실 속에서 구현되는 지를 탐구함으로써 스펜서가 지닌 역사 인식의 프로테스탄트적 성격을 이해하고자 한다.

II 정의와 16세기 후반 영국의 정치적 상황

제5권에서 스펜서가 정의의 의미를 추구하는 방식은 『요정 여왕』의 다른 전설에서와 마찬가지로 점진적으로 가장 이상적인 정의의 형태를 드러내는 것이다. 먼저 스펜서가 첫 네 칸토(1-4)에서 다루는 정의의 형태는 필립스(James Phillips)가 적절하게 표현하듯이(473) 순수 정의(justice absolute)이다. 순수 정의는 가장 고전적인 개념의 정의로서 각각의 범죄에 대해서 정확하게 그것에 상응하는 징벌을 가하는 것을 의미한다. 하지만 아르티걸이 행하는 이성적인 판단과 그것을 문자 그대로 현실에 적용하는 탤러스의 무자비한 법 집행은 법률 만능주의(legalism)와 폭력의 기묘한 결합을 가져오기 때문에 종국에 가서는 그 한계를 드러낼 수밖에 없다.

폴렌테(Pollente)와 거인(the Giant)에 관한 에피소드들은 항상 충돌하는 이해관계를 지니기 마련인 귀족과 평민이라는 두 사회 계급에 의해서 저질러지는 정치적, 경제적 부정을 다루고 있다. 폴렌테와 그의 딸인 뮤니러(Munera)는 특권 지배 계층에 의한 권력과 부의 남용을 대표한다. 16세기 말 영국은 도로나 다리 등의 공공시설에 대해서 독점권을 행사하는 경우가 빈번하여 평민들은 엘리자베스 여왕에게 여러 번에 걸쳐 그 폐해를 진정하는 일이 벌어졌다(O'Connell, "Faerie", 281). 폴렌테는 그가 독점권을 행사하는 다리를 지나가는 여행자들로부터 통행세를 강제로 징수하고 그것도 모자라 그의 딸 뮤니러의 부에 대한 탐욕스러운 욕망을 충족시키기 위해서 빈민들을 착취하기까지 한다. 귀족으로서 폴렌테는 그의 영지에 거주하는 평민들을 보호한다는 명분으로 특권과 권력을 부여받았다. 하지만 그의 권력 남용은 그가 관장하는 평민들에 대한 압제로 변질된다. 주로 도시 중산층들에 의해서 강력한 지지를 받고 있었던 프로테스탄티즘의 입장에서 보면 귀족들의 권력 남용은 단순히 법률적, 정치적 문제에 그치지 않고 사회 정의에 대한 신의 의지를 거역하는 행위가 된다. 반면에 거인 주변에는 많은 평민들이 "그를 통해서 큰 이득과 무제한의 자유를 얻을 희망으로"(In hope by him great benefite to gaine / And uncontrolled freedome to obtaine)(5. 2. 33) 몰려들기 때문에 이 거인은 평민들에 대한 귀족 계층의 착취에 대한 무정부적인 반란을 대표한다. 한 짝의 거대한 저울을 쳐들면서(5. 2. 30) 모든 것을 평등하게 만들어 새로운 "황금의 시대"(the Golden Age)를 열 수 있다고 주장하는(5. 2. 32) 거인은 스스로 아르티걸이 추구하는 순수 정의임을 사칭하고 있는 것이다. 사실상 엄청난 오만의 이미지로서(Dunseath 96) 거인은 인간의 타락이라는 기독교적 개념으로부터 완전히 벗어나 천국과 지옥마저 평등하게 만듦으로써(5. 2. 31) 신의 위치에 오르려 한다. 주목할 점은 스펜서는 "저주스럽고 잔인한 회교도"(A cursed cruell Sarazin)(5. 2. 4.)로 간주되는 폴렌테와 스스로 궁극적인 심판자로 자처하는 거인을 모두 신의 적으로 규정지음으로서 압제와 무정부 상태라는 정치적 악의 근본적인 원인이 오만이라는 죄에 있다는 매우 프로테스탄트적인 관점을 드러낸다는 것이다.

폴렌테와 거인의 부정을 바로잡는 것이 아르티걸의 임무이지만 이 과정을 통해서 오히려 그가 추구하는 순수 정의의 한계가 드러나게 된다. 문제는 심지어 부정을 바로잡기 위한 힘의 올바른 사용조차 원래의 목표를 벗어나 통제력을 잃게 되면서 단지 무자비한 힘의 행사로 타락할 가능성이 높다는 것이다. 권력의 남용에 대한 아르티걸의 준엄한 경고는(5. 2. 19) 물론 자신에게도 적용되어야 한다. 뮤니러를 체포하기 위해서 보내진 탤러스는 마치 피에 굶주린 사냥개처럼 행동한다(5. 2. 25). 탤러스는 뮤니러를 너무나 잔인하게 다루어서 아르티걸조차 그녀를 동정할 지경에 이르게 된다. 하지만 이제 아르티걸은 더 이상 그가 시작한 법 집행 과정을 통제할 수 없게 된다. 그 과정은 이미 탤러스의 손에 놓이게 되기 때문이다(5. 2. 26). 이어서 아르티걸은 탤러스가 뮤니러와 그녀가 소유했던 성과 재물을 모조리 흔적도 없이 파괴하고 마는 것을 그저 지켜볼 수밖에 없게 된다. 아르티걸이 추구하는 순수 정의는 폴렌테의 착취로 발생한 가난한 평민들의 손실을 보상할 어떤 것도 남겨놓지 못하므로 사실상 근본적인 정의의 성취하고는 거리가 멀게 된다.

아르티걸이 거인과 벌이는 논쟁은 근본적으로 고전주의적 틀 안의 이상주의자와 유물론자의 논쟁으로서 서로 완전히 다른 세계관에도 불구하고 거기에는 인간의 오만과 그로 인한 세상의 타락(the Fall)이라는 기독교적 관점이 개입할 여지는 없다. 아르티걸과 거인 모두에게 변화는 곧 악이다. 그러나 아르티걸은 우주를 이상적으로 질서 지워져 있으며 근본적으로 엄격한 위계 질서가 존재하는 공간으로 본다. 이렇게 완벽하게 통제된 세계에서 변화는 곧 혼란과 위험만을 초래할 뿐이다(5. 2. 36). 이상주의자인 아르티걸은 필연적으로 보수주의로 기울면서 어떤 종류의 정치적, 경제적 개혁에도 반대하게 된다. 반면에 거인은 현재의 "철의 시대"(the Iron Age)가 변화에 의해서 더욱 나빠지고 있다고 보고 그 유일한 해결책은 평민들 사이에 권력과 부를 평등하게 배분함으로써 "황금의 시대"(the Golden Age)를 다시 불러올 수 있다는 명백히 공산주의적인 발상을 제시한다(5. 2. 37-8). 아르티걸은 추상적 개념과 구체적 사물들을 혼동하는 유물론자 거인의 약점을 이용하여 논쟁에서 승리를 거둔다. 거인은 그가 쳐든 정의의 저울에 올바름과 그름이라는 추상적인 개념들의 무게를 달 수 없기 때문이다. 하지만 문제는 보수적 이상주의자로서 아르티걸은 거인과 그 추종자들로 하여금 반란을 일으키게 만든 정의롭지 못한 정치적, 경제적 현실을 직시하고 개혁할 어떤 흥미나 의지도 없다는 것이다. 그의 해결책은 폴렌테의 경우에서처럼 그저 무자비한 법의 집행자인 탤러스로 하여금 반란을 잔인하게 진압하도록 하는 것뿐이다(5. 2. 53). 순수 정의의 엄격한 집행을 통해서 아르티걸은 그가 지닌 귀족적 오만과 자신의 원칙에 대한 맹목적 신뢰를 드러내기 때문에 스펜서는 이 두 에피소드를 통해서 고전적 세계관에 근거한 정의의 개념이 지니는 한계를 강하게 암시하고 있다.

아르티걸이 추구하는 순수 정의는 그가 아마존의 여왕인 라디군드(Radigund)에 의해서 패배함으로써 그 한계가 분명하게 드러나게 된다(5. 5. 12). 아르티걸이 라디군드에게 패배한 원인은 그가 순수 정의의 추구를 갑자기 포기하고 그녀에게 동정심을 보였기 때문이다. 아르티걸은 순수 정의와 관용을 통합할 능력이 없으므로 그 몫은 『요정 여왕』 제3권 "순결함에 대한 전설"(the Legend of Chastity)의 주인공인 여기사 브리토마르트(Britomart)에게 돌아간다. 그녀는 라디군드에게 사로잡힌 아르티걸을 구하는 과정에서

'이시스 사원'(the Temple of Isis)을 방문하여 순수 정의라는 개념보다 더 이상적인 정의의 개념인 공정함(equity)에 대한 비전을 목격하게 된다. 그녀가 이 사원에서 꾼 놀라운 꿈(5. 7. 15)에서 아르티걸을 뜻하는 악어는 순수 정의를 상징하고 그녀 자신의 변한 모습인 이시스 여신의 우상은 관용(clemency)이라는 이상을 상징한다. 따라서 그녀와 악어 사이의 성적인 결합을 통해서 태어난 사자는 순수 정의와 관용의 이상적인 결합인 공정함을 상징한다고 볼 수 있다.

정치적인 관점에서 보았을 때 브리토마르트의 꿈은 프로테스탄티즘을 영국에 정착시킨 튜더 왕조의 출현에 대한 예언적 성격을 나타내고 있다고 볼 수 있다. 제3권에서 마술사 멀린(Merlin)은 브리토마르트가 영국을 통치할 영광스러운 후손의 어머니가 될 뿐 아니라(3. 3. 28) 브리토마르트의 정치적 꿈은 "처녀 여왕"(royall virgin)(3. 3. 49) 즉 엘리자베스 여왕에 의해서 성취될 것이라고 예언한 바 있다. 따라서 꿈에서 아르티걸의 성적 결합을 통해서 그녀가 모든 짐승들을 제압할 "큰 힘을 지닌 사자"(a Lion of great might)(5. 7. 16)를 잉태한다는 것은 매우 중요한 정치적 의미를 지니게 되는 것이다. 후에 이 사원의 최고 성직자가 해석하듯이(5. 7. 23) 꿈에서 아르티걸이 제압하는 불길과 폭풍은 단지 부정한 세력을 의미하는 것을 넘어서 보다 구체적으로 브리토마르트가 부왕으로부터 왕권을 물려받는 것을 저지하려는 정치 세력을 의미함으로써 프로테스탄트 교인이었던 엘리자베스가 영국의 국왕이 되기 위해 겪었던 수많은 정치적 난관에 대한 역사적 알레고리를 담고 있다. 정의의 추구와 프로테스탄티즘이라는 명분 사이에 어떤 단절도 용납하지 않았던 궁정 내의 프로테스탄트 강경파에 있어서 브리토마르트의 꿈은 단순히 이상적인 정의에 대한 비전을 드러내는 것을 넘어 보다 구체적으로 그들이 추구하는 정치적 이상의 실현에 대한 열망을 반영하고 있는 것이다.

이제까지의 여러 에피소드들은 순수 정의와 공정함이라는 정의에 대한 고전적 개념들과 연관되어 있었다. 하지만 순수 정의가 공정함이라는 더 높은 정의의 이상에 의해서 폐기되지 않고 흡수 통합되듯이 공정함이라는 이상은 용서라는 기독교적인 더 높은 정의에 대한 이상에 의해서 흡수 통합된다. '머실러의 궁전' (the Court of Mercilla)은 지금까지의 정의의 추구에 있어서 그 절정을 이루게 되는데 그 이유는 기독교적인 관점에서 보았을 때 인간이 생각해낸 어떤 고귀한 정의의 이상도 신 앞에서 최종적인 권위를 주장할 수 없으며 신의 정의는 궁극적으로 인간의 죄를 무조건적으로 용서하는 신성한 사랑의 본질이 구현된 예수 그리스도의 십자가에서의 죽음과 부활에 의해서만 드러나기 때문이다. '이시스 사원' 에서 암시된 엘리자베스 여왕의 등장은 비로소 '머실러의 궁전' 에서 구체화됨으로서 엘리자베스 여왕은 사실상 기독교적 정의의 수호자로서의 역할을 하게 된다. 물론 그녀가 행사하는 용서라는 기독교적 정의는 신의 정의와 일치될 수 없지만 순수 정의와 공정함의 가능성과 한계를 충분히 의식함과 동시에 정의의 본래 의도를 훼손시키지 않는 범위 속에서 최대한 그 정신을 구현하려는 노력이다. '이시스 사원' 에서 공정함의 상징이었던 사자가 머실러의 발밑에 나타나는 이유가 바로 거기에 있다(5. 9. 33).

1588년에 일어난 가톨릭 교도였던 스코틀랜드 여왕 메어리(Mary Queen of Scots)의 처형에 관한 역사적 알레고리인 마녀 듀에사(Duessa)의 재판은 방금 정의된 대로 매우 적용하기 힘든 용서라는 기독교적 정의의 원칙의 구체적 실천을 보여준다. 이 재판 장면은 그저 엘리자베스 여왕에 대한 스펜서의 아첨 섞인 정당화로 보일 수도 있고(Lewis 349) 반면에 처음부터 용서라는 원칙 자체가 현실적인 정치 문제에 적용될 수 있다는 가능성이 전무하다는 주장도 있을 수 있다(Evans 201). 하지만 스펜서가 묘사하는 머실러는 그녀의 정치적 숙적을 제거하기로 작정한 마키아벨리적 정치가도 아니며 또한 용서라는 원칙을 재판에 적용하는데 어떤 어려움도 겪지 않는 이상적인 재판관도 아니다. 그녀는 상황이 허락하는 한 용서라는 원칙을 최대한 실현하려고 노력하는 기독교인 재판관으로 묘사되고 있다. 무엇보다도 머실러는 이 재판의 법률적, 정치적, 종교적 의미를 충분히 이해하기 위해서 알레고리적 인물들인 "국가들의 법"(the Law of Nations), "왕국의 보호"(the Kingdom's Care), "종교"(Religion) 등의 자문을 구하고 엄한 법률의 적용을 요구하는 열성(Zeal)과 관용을 호소하는 동정(Pity)을 접견한다. 역사적으로 엘리자베스는 메어리가 반역 음모에 가담한 죄를 인정하고 용서를 구한다는 조건으로 메어리의 생명을 보존할 의향이 있었다(Stump 96). 그러나 메어리는 그렇게 하기를 거부했고 엘리자베스로서는 메어리의 처형을 요구하는 강경한 프로테스탄트 진영의 압력 아래에서 다른 선택이 없었다. 제5권에서도 머실러는 마찬가지로 듀에사의 처형에 대한 강경한 요구를 피하기 어렵게 되었을 때 비로소 그녀의 처형을 허락하고 있다(5. 10. 4). 듀에사의 재판과 처형은 가장 이상적인 정의인 용서를 현실의 종교적, 정치적 문제에 적용하는 것이 얼마나 미묘한 문제인가를 잘 보여준다.

III 정의와 16세기 후반 유럽의 정치적 상황

제5권의 마지막 세 에피소드들에서 스펜서는 16세기 후반에 프로테스탄트 국가였던 영국이 네덜란드와 프랑스 그리고 아일랜드에서 가톨릭 세력에 대항하여 군사적, 정치적 개입을 한 사건들을 알레고리화하고 있다. 스펜서가 이러한 동시대의 사건들을 작품 속에 끌어드리는 의도에 대해서 두 가지 상반된 비평적 견해가 존재한다. 첫째는 스펜서는 어디까지나 그의 정의관에 중심을 두고 있으며 이러한 정치적 사건들은 그의 정의관을 시험하거나 예시하려는 의도로 사용되었다는 주장이다(Cheney 165, Phillips 151). 또 하나의 주장은 스펜서는 자신의 정의관보다는 프로테스탄티즘을 표방했던 영국의 종교적, 정치적 목표들을 변호하거나 실현시키기를 원했다는 것이다(Tonkin, Faerie, 151; Waller 145). 이 두 상반된 주장들은 정의의 추구가 종교적, 정치적 상황과 불가분의 관계를 맺고 있다는 이제까지의 스펜서의 기본적인 시각을 고려할 때 재고되어야 할 것이다.

엘리자베스 여왕의 외교적, 군사적 정책을 변호하기 위해서 스펜서는 당대의 저명한 법학자들이 개진한 국제법에 관한 이론을 면밀히 고려하고 있다(Northrop 278). 그러나 국제법 자체는 네덜란드에서 스페인이 자행한 무자비한 전제 정치와 프랑스와 아일랜드에서의 무정부적 상황에 대처하기 위해서 군사력을 사용하기로 한 영국의 확고한 정치적 결의 없이는 무의미하다. 스펜서의 프로테스탄트적 정의관과 현대인들의 비기독교적 정의관의 가장 큰 차이는 스펜서가 일관되게 부정의 원인으로 죄와 악마를 지목하는 것이다. 따라서 쥐라이어니어(Gerynoneo) (네덜란드의 스페인 세력)와 그의 괴물에 대한 아서(Arthur)의 승리는 강한 묵시록적 의미를 띄게 된다(Tonkin, Faerie, 152). 즉 스페인에 대한 영국의 승리는 묵시록에 나와 있는 악마적인 용에 대한 그리스도의 최후의 승리를 뜻하는 알레고리적 예표(豫表 type)로 묘사된다. 하지만 이 에피소드들에서 스펜서는 역사의 묵시록적 완성을 집요하게 거부하는 어두운 역사 현실을 결코 간과하지 않는다. 캐버나(Sheila T. Cavanagh)가 적절하게 지적하듯이("Ideal", 20) 이 에피소드들에서 아서와 아르티걸은 정의에 대한 보다 이상적인 비전의 끊임없는 추구와 그 정의의 실현을 끈덕지게 방해하는 역사 현실 모두를 작품 속에 반영하려는 시인의 이중적 의도를 구현한다. 따라서 이 세 에피소드들은 정의의 실현과 관련하여 가능성과 한계를 동시에 지닌 역사의 역동적 성격을 탐구하기 위한 시인의 진지한 시도이기 때문에 결코 예술적 관점에서 실패라고 규정 지울 수는 없는 것이다.

아서가 쥐라이어니어의 전제 정치로부터 벨지(네덜란드)를 영광스럽게 해방시키는 것은 네덜란드에서 행한 영국의 정치적인 역할을 이상화하고 있는 것이다. 현실적으로는 물론 그 역할은 1587년에 있었던 레스터 백작의 곤혹스러운 패배가 잘 보여주듯이 성공하고는 거리가 멀었다. 이 에피소드에서 스펜서는 대륙의 가톨릭 세력에 대항하여 프로테스탄티즘의 대의를 영국이 주도하기를 원했던 궁정 내의 강경한 프로테스탄트 세력의 입장을 명백히 정당화하고 있다. 먼저 스펜서는 주의 깊게 네덜란드에 대한 영국의 개입이 지닌 법률적 근거를 제시한다. 르네상스 국제법 이론에 따르면 사실상의(de facto) 군주뿐만 아니라 합법적인(de jure) 군주조차도 만약 그가 압제라는 범죄를 저지르고 그의 백성들을 종교라는 명분으로 박해하면 다른 군주에 의해서 그 왕위를 잃을 수 있었다(Northrop 282). 쥐라이어니어가 벨지의 아들들을 죽이고 그녀의 도시(안트워프)를 점거하는 장면들을 묘사하는 데 있어서 "불법적 힘"(tortious powre)(5. 10. 8)과 "강탈"(extort)(5. 10. 25)등의 매우 정확한 법률적 용어를 사용함으로써 스펜서는 쥐라이어니어가 압제와 불법적인 소유의 죄를 저지른 사실상(de facto)의 군주에 불과함을 주장한다. 영국의 개입이 지닌 법률적 근거는 우상 숭배를 벨지의 백성들에게 강요하고 심지어는 그들을 우상에게 희생의 제물로 바치는(5. 10. 27-8) 스페인 종교 재판이 저지르는 범죄에 의해서 더욱 확고해진다.

결국 전제 정치와 거짓 종교의 결합이 쥐라이어니어의 본성이다.

> 정말 그는 비길 데 없는 막강한 힘과
> 끔찍한 용모 그리고 무시무시한 마음을 지녔고
> 한 허리에 세 몸통을 차고 있었으며
> 싸움에서 그를 도울 세 팔과 다리를 지니고 있었다.
>
> For soothly he was one of matchlesse might,

Of horrible aspect, and dreadfull mood,
And had three bodies in one wast empight,
And th'armes and legs of three, to succour him in fight.
(5. 10. 8)

"비길 데 없는 막강한 힘"이 삼위일체의 불경스러운 패러디인 "한 허리에 세 몸통"과 결합되었을 때 신과 인간의 정의에 대해서 쥐라이어니어가 저지르는 횡포에는 그 한계가 없게 된다. 더군다나 쥐라이어니어의 괴물은 우상의 제단 아래 숨어서 제물로 희생된 벨지의 백성들을 잡아먹는 끔찍한 짓을 행함으로써 더욱더 그 주인의 악마적인 본성을 잘 드러내 준다(5. 10. 29). 쥐라이어니어와 그의 괴물에 대한 아서의 승리는 필연적으로 『요정 여왕』 제1권에서 아서가 오만을 뜻하는 오르고글리오(Orgoglio)와 그의 일곱 개의 머리를 가진 괴물에게 승리하는 장면을 연상케 함으로써 오만의 죄와 전제 정치 사이의 분리될 수 없는 관계를 암시할 뿐만 아니라 아울러 이 두 에피소드들에 공통된 묵시록적 분위기를 강조하게 된다.

아르티걸이 부르봉(Burbon) (프랑스의 앙리 4세)을 지원하고 '아일랜드의 평화' 라는 뜻의 아이리너(Irena)를 구하는 것은 쥐라이어니어 에피소드와 마찬가지로 법적, 정치적, 종교적 의미를 지니게 된다. 왜냐하면 부르봉과 아이리너의 공동의 적은 그랑토르토(Grantorto)이며 그 뜻은 "커다란 탈취"(great theft)로서 부르봉과 아일랜드에서의 엘리자베스 여왕의 왕권을 상징하는 아이리너가 모두 그들의 정당한 왕위 계승권을 박탈당할 위험에 처해있다는 것을 의미한다. 정치적으로 또 종교적으로 스페인의 필립 2세를 대표하는 그랑토르토는 합법적인 프로테스탄트 군주들인 부르봉과 아이리너에 대항하여 프랑스와 아일랜드에 무정부 상태를 초래하는 가톨릭 반란 세력들을 부추긴다.

하지만 아르티걸의 정의의 추구는 아서의 성공적인 임무 수행과는 대조적으로 불완전하다. 부르봉 에피소드에서 아르티걸은 프랑스

왕위라는 정치적인 소득을 위해서 프로테스탄티즘을 저버린 부르봉을 강하게 질책한다. 하지만 아르티걸은 프랑스의 가톨릭 세력에 대항하기 위해서 변절자인 부르봉을 마지못해 지원할 수밖에 없는 처지가 된다. 아르티걸의 이상주의적인 프로테스탄티즘은 프랑스에서 냉혹한 현실 정치와 타협할 수밖에 없는 것이다. 아일랜드에서도 아르티걸의 정의의 추구는 그가 '머실러의 궁전'에서 목격한 이상과는 거리가 멀다. 그러나 아르티걸이 초기 에피소드들에서 보여주었던 비인간적이고 가혹한 법의 집행과 그랑토르토를 지원하는 아일랜드 반군들에 대한 무자비한 제압의 차이는 그가 추구하는 정의의 목적이 달라졌다는 점이다. 그의 목적은 더 이상 각각의 범죄에 대한 상응하는 정확한 법의 집행이 아니라 전쟁으로 황폐화된 아일랜드를 진정한 정의의 원칙에 따라 다스리고 정의의 집행자인 탤러스로 하여금 모든 범법자들을 색출하여 엄하게 처벌함으로써 아일랜드를 개혁하는 것이다(5. 12. 26). 그러나 결국 아르티걸은 가혹한 진압과 유화 정책 사이에서 오락가락 하는 엘리자베스 여왕의 정책의 희생자가 된다. 그는 아일랜드를 완전히 평정하기 전에 『요정 여왕』의 궁전으로 소환되는 비운을 맞게 되며 아일랜드는 반란과 무자비한 진압의 악순환이 가져다준 엄청난 고통 속에서 계속 신음하는 채로 남게 되는 것이다.

아일랜드 사태와 관련해서 스펜서가 쓴 논문인 『아일랜드의 현 상태에 대한 견해』(A View of the Present State of Ireland)는 법과 질서의 어떠한 온건한 적용도 거부하는 아일랜드의 처참하고 혼란스러운 상태를 개선하기 위해서 철저하고 가혹한 법의 집행을 주장하고 있으므로 비평가들 사이에 많은 논쟁을 불러일으켰다.[26] 제5권에서 시인은 이 논문과 마찬가지로 아주 가혹한 정책을 정당화

26) 이 논문에는 영국 정책들의 계속되는 실패에 대한 스펜서의 깊은 좌절로부터 우러나온 강경한 태도와 아일랜드의 아름다운 자연과 풍요로운 고유 문화에 대한 깊은 이해가 교차되어 나오므로 이 섬나라에 대한 스펜서의 묘한 이중적 태도를 엿보게 해준다(Cavanagh "That Savage", 147).

하는 것처럼 보이므로(5. 12. 24) 이 논문과 제5권 사이에는 밀접한 관계가 있다고 여길 수 있다. 캐롤(Clare Carroll)이 20세기 반제국주의의 관점에서 이 논문에 가한 평가는 매우 부정적이다.

> [이 논문에서 스펜서]는 여왕에게 아일랜드인의 대다수를 절멸하고 나머지는 다른 곳으로 이주시키며 또 모든 아일랜드를 영국인 식민자들의 소유지로 바꾸어야 할 필요에 대해서 납득시키려 하고 있다(173).

반면에 베일리(Peter Bayley)는 스펜서의 가혹한 정책을 아일랜드에 평화를 수립하기 위해 꼭 필요한 예비적 단계로 인정한다. 영국 침공을 위해서 아일랜드를 착륙 거점으로 삼으려는 스페인은 영국에게 지속적인 위험으로 남아있었기 때문에 정의와 질서의 강제적인 회복은 정치적으로나 군사적으로 필수적인 조치였다고도 볼 수 있다(Bayley 138).

그러나 스펜서의 궁극적인 목적은 정치적인 것에서 끝나지 않는다. 아일랜드를 진정한 프로테스탄트 사회로 변화시키는 것이 그의 궁극적인 목적이었다고 볼 수 있다(Canny 12). 따라서 스펜서가 제국주의자인가 아닌가라는 질문은 그렇게 간단하게 대답할 수 있는 것이 아니다. 더 중요한 질문은 스펜서의 투쟁적인 프로테스탄티즘이 아르티걸의 역사적 모델인 그레이 경(Lord Gray)이 아일랜드 반란 세력에 가한 무자비한 진압을 정당화할 수 있는가 하는 것이다. 맥케이브(Richard McCabe)는 도덕적인 관점에서 도저히 옹호할 수 없는 행위를 옹호하는 스펜서의 태도가 선민사상에 근거한 종교적 민족주의의 필연적인 결과라고 해석한다(123). 하지만 멕케이브의 견해는 스펜서의 투쟁적인 프로테스탄티즘의 총체적인 모습을 고려하고 있지 않다. 스펜서 자신이 투쟁적인 프로테스탄티즘의 가능성과 한계를 잘 인식하고 있었다는 것은 제1권에서 은자 거룩한 묵상(Heavenly Contemplation)이 레드크로스(Redcross) 기사에게 전사로서의 영웅적인 삶을 권고하면서도 동시에 그러한 삶이 필연적으로 죄를 수반할 것임을 경고하는 장면에서 분명히 드러난다(1. 10. 60). 따라서 험담(Detraction)이라는 이름의 마녀가 아르티걸이 『요정 여왕』의 궁전으로 소환되어 가는 길에 그가 정의라는 명목으로 잔인하게 수많은 죄 없는 이들의 피를 흘리게 했다고 마구 비난하는 것(5. 12. 40)은 그녀가 지닌 악의적인 동기에도 불구하고 상당한 근거를 지니고 있다고 보아야 한다. 스펜서는 그의 프로테스탄티즘조차 죄로부터 완전히 자유스럽지 못하다는 것을 인정한다. 마녀의 신랄한 비난은 아르티걸이 정의를 추구하는 과정에서 어쩔 수 없이 의존하게 된 탤러스의 무자비한 힘 때문에 감수해야 하는 대가이다.

IV 결어

스펜서가 제5권에서 추구하는 목표는 단순히 가장 이상적인 정의에 대한 비전을 독자들에게 제시하는 것이 아니라 그 비전이 어떤 방식으로 그가 처한 구체적인 종교적, 정치적 상황 속에서 구현 혹은 좌절되는가를 역사적 알레고리를 통해서 탐구하는 것이다. 폴렌테와 거인으로 대표되는 귀족층의 권력 독점과 평민층의 무정부적 경향은 정의의 문제로 끝나지 않고 인간의 뿌리 깊은 오만에 근거함으로 종교적 의미를 지니며 또 아울러 매우 첨예한 정치적 문제이기도 하다. '이시스 사원'과 '머실러의 궁전' 또한 공정함과 용서라는 이상적인 정의의 모습을 제시하는 역할만 하지 않고 스펜서가 긴밀한 관계를 맺고 있었던 투쟁적인 프로테스탄트 세력의 종교적, 정치적 열망을 반영한다.

제5권의 종교적, 정치적 성격은 특히 이 전설의 후반부에서 절정을 이룬다. 아서와 아르티걸이 네덜란드와 아일랜드에서 추구하는 가톨릭 세력과의 투쟁은 전제정치와 무정부 사태가 초래한 부정을 바로 잡는 과정임과 동시에 프로테스탄트 영국이 지향하는 종교적, 정치적 목표를 잘 드러내 준다. 하지만 작품의 끝에 등장해서 아르티걸을 향해 마구 짖어대는 묵시록적 괴물인 블레이턴트 비스트(Blatant Beast)는 스펜서가 그의 시에 이상적인 결말을 내리기를 거부하고 있다는 것을 보여주는 명백한 증거이다. 아서가 패배시킨 괴물과 끝내 제압되지 않는 블레이턴트 비스트는 모두 묵시록적 성격을 지니고 있으므로 한편으로는 그리스도의 부활로 이미 시작되었지만 여전히 그 최종적인 성취를 기다리는 역사의 완성에 대한 스펜서의 근본적으로 종말론적인 인식을 드러낸다. 쥐라이어니어의 괴물에 대한 아서의 승리는 프로테스탄트 영국이 지닌 역사적 임무의 궁극적인 성취를 뜻한다. 하지만 블레이턴트 비스트의 제어할 수 없는 발광은 최후의 심판을 통해서만 비로소 완성되는 인간 역사의 모든 좌절과 불완전함을 일깨운다. 스펜서의 입장에서 보았을 때 '프로테스탄트 영국' 이라는 왕국은 그 모든 성공과 실패와 더불어 '하느님의 왕국' 으로 나아가고 있다. 하지만 제5권의 끝에서 스펜서는 그의 시가 이 두 왕국 사이에 존재하는 너무나 명백한 차이를 메우는 것이 불가능함을 정직하게 인정하고 있는 것이다.

제6권

커티시

커티시

I 기독교 공동체의 이상과 한계

스펜서의 『요정 여왕』은 기독교, 좀 더 구체적으로 말하면 16세기 후반의 영국 프로테스탄티즘의 이상에 비추어 영국인의 종교적, 윤리적, 정치적, 사회적 현실을 개혁하려는 시도가 지니는 온갖 가능성과 한계를 놀라운 시적 상상력을 통해서 구현하고 있는 작품이다. 특히 제6권 "커티시[27]에 대한 전설"(the Legend of Courtesie)은 턴킨(Humphrey Tonkin)이 지적하듯이 단순히 『요정 여왕』의 원래 계획된 12권 중의 한 권에 불과한 것이 아니라 사실상 이제까지 전개된 다섯 권의 결론으로서 『요정 여왕』 전체를 이해하는 데 있어 매우 중요한 역할을 하고 있다(Spenser's, 1). 스펜서는 제6권에서 단순히 기독교 공동체의 결속을 가능하게 해주는 덕목인 커티시의 진정한 의미를 추구하는 것을 넘어서 기독교 공동체의 근원과 그것을 독자에게 드러내주는 예술적 수단인 그의 시가 지니는 의미를 깊이 있게 성찰하고 있다.

제6권에 대한 전통적인 해석이 영국의 정치적 현실에 실망한 시인 자신의 개인적인 비전의 추구라는 문제에 관심을 기울인다면 (Tonkin Spenser's, Berger "Secret"), 최근의 비평 경향은 시인

27) "courtesie"는 흔히 예의, 공손함 또는 친절 등으로 번역되지만 이러한 역어들은 "courtesie"가 지닌 깊은 함축적인 뜻을 축소 혹은 왜곡시킬 수 있으므로 필자는 이 용어를 번역하지 않고 그대로 쓰기로 한다.

과 당대 권력간의 상호 의존적 관계에 초점을 맞춤으로서 제6권을 근본적으로 역사화하고 정치화하는 것이다(Helgerson, Fogarty). 후자의 경향을 견지하는 비평가들은 따라서 이 전설 속에서 스펜서가 기독교 공동체의 가능성과 이상을 진지하게 추구하는 모습을 보려고 하기보다는 오히려 그러한 추구의 이념적 토대인 기독교 인문주의의 내부적 모순이나(Sinfield 47, Stillman 303), 영국 궁정이 표방하는 이상과 현실의 괴리(Waller 148), 심지어는 영국의 아일랜드 식민지화를 적극적으로 옹호했던 스펜서의 정치관이 논술된 『아일랜드의 현 상황에 대한 견해』(A View of the Present State of Ireland)와 제6권과의 상호 텍스트성((Fogarty 78)에 주목한다. 하지만 이러한 신역사주의적인 접근 방식이 지니고 있는 맹점은 제6권을 통해서 스펜서가 그토록 집요하게 추구하는 기독교 공동체의 이상적 가능성이라는 측면을 축소 내지 왜곡시키고 스펜서가 아울러 솔직히 인정하는, 그러한 이상의 실현 불가능성만을 강조함으로써 지나칠 정도로 시인의 실패와 좌절만을 부각시키고 있다는 것이다.

본 논문이 견지하는 기본적인 논점은 『요정 여왕』의 마지막으로 완결된 제6권을 통해서 스펜서는 이제까지 개별적으로 다루었던 덕들의 근원을 자신의 詩作이 지니는 의미와 결부시켜 최종적으로 그 성격을 규명함과 동시에 왜 그 근원이 지니는 놀라운 가능성이 결코 16세기 후반의 영국에서 실현되지 못하는가에 대한 깊은 성찰을 보여준다는 것이다. 영국이라는 기독교 공동체가 지닌 개혁의 가능성과 좌절을 동시에 작품 속에 구현함으로써 스펜서는 제6권을 매우 다면적이고 역동적인 작품으로 만들고 있다.

II 커티시의 진정한 의미

커티시라는 덕은 타인에 대한 존중과 섬세하고 자비로운 대응을 요구하기 때문에 『요정 여왕』 제5권이 다루는 무자비한 정의(justice)보다 사람들 사이에 화해의 정신을 회복시키는 데 있어서 훨씬 더 우월한 수단이 된다. 물론 그렇다고 해서 커티시가 한 사회의 안정과 질서를 유지시키는 중요한 기능을 지니는 정의를 단순히 대신하는 것은 아니다. 스펜서는 이 두 덕들 사이의 차이점을 드러내기 위해서 제5권의 폴렌테(Pollente) 에피소드와 제6권의 브리아나(Briana) 에피소드를 의도적으로 병치시키고 있다. 폴렌테와 브리아나 모두 여행자들로부터 부당한 통행세를 요구한다. 그러나 그들의 목적은 아주 다르다. 폴렌테는 부의 축적에 눈이 먼 딸 무네라(Munera)의 욕심을 채우기 위해서 명백히 불법적인 경제적 독점과 착취의 범죄를 행한다. 반면에 여행하는 기사와 귀부인들의 수염과 머리털을 잘라버리는 브리아나의 파렴치한 행위는 타인에게 모욕을 주는 것을 즐기는 그녀의 애인인 크루도르(Crudor)의 사악한 욕심을 채우기 위한 것이다. 크루도르는 브리아나와의 관계를 악용하여 그녀로 하여금 사람들 사이의 최소한의 "정중한 예의의 끈"(bands of civilitie)(6.1.26)마저 단절시키게 만들므로 비록 폴렌테의 범죄적 행위와는 그 성격이 다르지만 그가 속한 공동체에 심각한 위협이 된다(Stewart 83). 하지만 정의의 기사인 아르테갈(Artegall)이 범죄자들인 폴렌테와 무네라를 무조건 처형해버리는 데 반해서 커티시의 기사인 칼리도레(Calidore)는 크루도르에게 자비를 베풀고 그와 브리아나와의 잘못된 관계를 바로잡을 뿐만 아니라 그들의 오만하고 잔인한 마음을 교화시킴으로써 커티시가 정의보다 더 고귀한 덕임을 보여준다. 커티시는 정의의 손길이 미치지 못하는 좀 더 미묘한 사

28) 커티시는 많은 학자들에 의해서 다양하게 정의되어 왔다. 커티시를 세네카나 키케로의 사상과 연관시켜 고전적인 관대함의 개념으로 보거나(Archer 18), 혹은 기독교적인 맥락에서 겸손함으로 해석하기도 한다(Morgan 22). 특히 외적인 행동이라는 측면에서 보았을 때 아름다운 언어의 사용과 겸손한 태도 등을 지칭하기도 한다(Morgan 24). 르네상스 시대에 유행했던 소위"courtesy book"의 영향에 대해서는 부정적인 견해(Culp 254)와 긍정적인 견해(Wells "Spenser", 221, Tonkin Spenser's, 168)로 나누어진다. 스펜서의 커티시를 동시대 사회의 계급간의 심화되어가던 갈등을 최소화하는 사회적 수단으로 인식하는 신역사주의적 관점(Shaver 211) 또한 주목할 만하다.

회적 경험의 영역을 다룸으로써 사람들 사이에 진정한 화해의 정신을 불러 일으켜야 하는 매우 어려운 목표를 지니고 있다.[28] 하지만 제6권은 "위조에 불과한"(nought but forgerie)(6. Pro-em. 5) 현재의 커티시에 대한 시인의 깊은 환멸을 보여준다.그는 단순히 이 덕을 여러 에피소드들을 통해서 정의 내리는 것으로 만족하지 않고 진정한 커티시가 지니는 본질적인 의미에 도달하기 위해서 모든 덕들의 근원을 탐구하려 하기 때문에 이전의 책들과는 사뭇 다른 주제에 대한 접근을 보여준다. 이전의 책들에서 스펜서는 여러 덕들의 원천은 자연과 기독교적 가르침에 있음을 보여주었다. 하지만 스펜서는 제6권에서 그의 주된 관심이 바로 그것들의 근원에 도달하는 것이라는 것을 분명히 밝힌다.

> 저에게 드러내 주소서, 덕의 신성한 양육소를,
> 그곳에 덕은 당신[뮤즈]과 함께 머물며
> 사람들의 눈과 세상의 경멸로부터
> 은빛의 은밀한 거처에 숨어있으니.
> 그 덕은 처음 비할 바 없는 관대함을 품은
> 천상의 씨앗으로부터 나와
> 신들에 의해 어렵게 최초로 땅에 심어졌고
> 오랜 세월 그들에 의해서 정성껏 길러져서
> 마침내 성숙하게 자라나 훌륭하게 꽃피웁니다.
>
> Revele to me the sacred noursery
> Of vertue, which with you [the Muse] doth there remaine,
> Where it in silver bowre does hidden ly
> From view of men, and wicked worlds disdaine.
> Since it at first was by the Gods with paine
> Planted in earth, being deriv'd at furst
> From heavenly seedes of bounty soveraine,
> And by them long with carefull labour nurst,
> Till it to ripenesse grew, and forth to honour burst.
> (6. Proem 3)

이 스탄자는 자연(nature), 은총(grace), 문화(culture)라는 『요정 여왕』 전체의 이해에 매우 중요한 세 가지 개념들 사이의 복잡한 관계를 잘 드러낸다. 덕의 진정한 근원은 인간의 불완전한 노력의 산물인 문화의 영역에서는 결코 발견되지 않고 오직 깊은 자연 속에서만 발견된다. 하지만 그 근원 자체는 결코 자연과 동일시되어서는 안 된다. 왜냐하면 그 근원은 초자연적 영역 즉 은총에 그 기원을 두고 있기 때문이다. 하지만 궁극적으로 덕이 꽃피워야 되는 영역은 문화라는 지극히 인간적인 영역이기 때문에 문화의 중요성은 결코 간과되어서는 안 된다. 제6권의 중요한 특징은 바로 이렇게 덕 자체에 대한 논의에 우선해서 그 덕을 재정의해가는 과정에 대한 깊은 관심이다.

먼저 가장 중요한 쟁점들 중의 하나인 자연과 문화와의 관계에 대해서 생각해보자. 커모드(Frank Kermode)의 이 주제에 대한 탁월한 연구가 밝혀주듯이(*Tempest*, xxxiv-xliii) 르네상스 시기에는 대체적으로 이 주제에 대한 두 가지 상반된 견해가 존재했다. 어떤 이들은 문명이 제공하는 법률이나 관습을 결여한 순진무구한 자연의 상태가 인간에게 가장 바람직한 것이라고 주장했고, 또 어떤 이들은 자연 상태를 근본적으로 인간의 부단한 노력 즉 문화에 의해서 교정되어져야 할 것으로 여겼다. 근본적으로 정치적이고 사회적인 동물인 인간이 문명화된 세계의 바깥에 놓이면 곧 최악의 상태로 전락한다는 것이다. 제6권에 등장하는 야만인(the Salvage Man)이나 야만족(the Salvage Nation) 또는 도시 생활과는 거리가 먼 목동들에 대해서 스펜서는 긍정적 시각과 부정적 시각을 다 함께 보여줌으로써 자연 상태가 지니는 가능성과 한계에 대한 시인 자신의 깊은 인식을 보여준다. 물론 이러한 인식은 자연을 모든 덕의 근원으로 보기보다는 신의 타락한 창조물로 보는 종교 개혁적 세계관에 기인한다.

궁극적으로 커티시의 진정한 근원은 신의 은총인데, 이 점은 진정한 커티시는 인간이 자연적으로 지니고 있는 가능성이 아니라 칼리도레(Calidore)(그리스어로 아름다운 선물이라는 뜻)라는 커티시를 대표하는 기사의 이름이 암시하듯이 신의 선물임을 보여준다. 트래트너(Michael Tratner)는 커티시가 기독교적 덕인 겸손이라는 주장(Morgan 22)을 넘어서 특히 커티시의 신학적 맥락을 강조한다. 당대의 설교문들과 16세기 영국 성경들에 나오는 많은 구절들을 인용하면서 트래트너는 '커티시' 라는 단어가 신의 무조건적이고 이타적인 사랑을 의미하는 신약 성경의 '아가페' (agape)라는 단어와 밀접한 연관성이 있음을 증명한다(151). 사도 바울이 이 아가페라는 단어를 사용했을 때 그것은 물론 기독교인의 이웃에 대한 사랑을 지칭했다. 하지만 이 점은 사도 바울이 인간적인 사랑인 '에로스(eros)' 가 아가페로 승화될 수 있다고 믿은 것이 아니라 기독교인은 신이 부여한 아가페를 짊어짐으로써 신의 사랑을 실현시키는 수단이 되어야 한다는 것을 의미했다(Nygren 140-41). 따라서 커티시가 이상적인 기독교 공동체 속에서 살아가는 기독교인의 행동 양식을 규정짓는 덕목이 되어야함에도 불구하고 자기중심적 죄로부터 결코 자유로울 수 없는 인간에게 완전하게 자발적이고 이타적인 커티시를 기대할 수는 없다는 딜레마에 빠지게 된다. 진정한 신의 선물인 커티시를 부여받은 사람은 이상적인 기독교 공동체를 수립할 수 있는 신적인 사랑의 실천자가 되지만 반면에 그는 결코 자기중심적 삶으로부터 완전히 자유로울 수 없으므로 그의 커티시는 항상 이기적이고 왜곡된 면을 지니게 된다. 하지만 그것이 곧 커티시의 실천을 포기할 이유를 제공하지는 않는다. 인간에게는 자신의 불완전한 커티시를 완전한 커티시의 이상에 끝없이 접근시켜야 하는 도덕적 의무가 있기 때문이다. 따라서 커티시에 대한 스펜서의 이와 같은 다면적 시각에 대한 몰이해는 제6권 전체의 의미와 어조에 대한 잘못된 이해로 이어지게 된다. 전 단락에서 설명한 자연과 문화의 관계와 마찬가지로 커티시와 관련된 은총과 문화의 관계는 항상 역동적인 성격을 지니게 된다.

학자들이 제6권의 어조가 지나치게 비관적이라는 것을 지적하는 이유는 아마도 덕의 의미를 재정의하는 과정에서 그 과정 자체가 진정으로 기사들의 덕을 함양시키는 역할을 할 수 있는가라는 의문을 시인 자신이 제기하기 때문일 것이다. 사실 스펜서는 이제까지 『요정 여왕』의 각 권이 대표하는 덕의 실현에는 분명한 한계가 있음을 부인한 적은 없다. 그러나 적어도 지금까지는 스펜서는 예를 들어 제1권의 '성스러움의 저택'(House of Holiness)같은 장소가 기사들에게 그들이 추구하는 진정한 덕에 대한 비전을 제공함으로써 그들을 올바르게 교육시킬 수 있다는 점에 대해서 심각한 의문을 제기하지는 않았다. 그러나 놀랍게도 『요정 여왕』의 마지막으로 완결된 전설에서 시인은 사실상 칼리도레가 아치데일 산(Mount Acidale)에서 목격하게 되는 커티시의 핵심적 의미를 담은 비전을 파악하지 못하는 모습을 보여줌으로써 독자들에게 충격을 준다. 스펜서는 사실상 기독교적 진리를 통해서 세속 문화를 개혁하려는 그의 종교 개혁적 패러다임의 한계를 스스로 인정하는 셈이다.

시인이 스스로 자신의 이념적 패러다임의 타당성에 대해서 회의하기 시작했다는 것은 자신의 시 창작의 의미에 대해서도 심각한 의문을 던지기 시작했다는 것을 의미한다. 제6권은 커티시와 시의 뿌리는 동일함을 처음부터 천명한다(6. Proem. 3). 칼리도레가 아치데일산에서 목격하는 미의 여신들(the Graces)에 대한 비전은 기사에게 뿐만 아니라 시인 자신에게도 매우 중요하다. 왜냐하면 그 비전은 이상적인 커티시뿐만 아니라 이상적인 시의 상징으로서 "시적 상상력의 본질에 대한 스펜서의 가장 완전한 표현"이기 때문이다(Mallette, "Poet", 57). 더군다나 뉴즈(Richard Neuse)는 흥미롭게도 커티시는 "인간에게 있어서 가장 시적인 가능성을 지닌 덕"(331)이라고 규정하면서 도덕적 관심과 미적 관심의 결합이라는 커티시와 시의 공통된 목표에 주목하고 있다. 그러나 칼리도레의 침입으로 그 비전이 사라지게 되고 또 산적들(the Brigants)에 의해서 목가적 세계가 무참하게 파괴되는 장면을 통해서 시인은 타락한 문화를 개혁하는 수단으로 여겨온 그의 시가 지닌 한계에 대해서 깊이 깨닫게 된다. 하지만 이러한 시인의 인식을 굳이 시인 자신의 절망으로 받아들일 필요는 없을 것이다. 스펜서는 그의 시가 이제까지 보여주었던 놀라운 상상력의 힘이 현실을 개혁하는 데 있어 한계를 지니고 있음을 인정한 것이고 바로 그러한 자기비판이 시인 자신으로부터 나온다는 점이 오히려 그의 시의 건강함을 반영한다고 볼 수 있기 때문이다.

III 관습적, 고전적 커티시의 한계

제6권의 처음 여덟 칸토를 통해서 스펜서는 야만인(the Salvage Man)과 은자(the Hermit)에 의해서 대표되는 자연과 종교의 힘이 어떻게 커티시에 대한 잘못된 생각을 고칠 수 있는 지를 탐구한다. 특히 사람들 사이에 예의바른 관계를 세울 수 있다고 여겨지는, 사회적으로 인정된 규범이나 행동상의 규칙으로서 정의되는 커티시의 개념이 비판을 받게 된다. 시인은 커티시(courtesy)의 어원이 궁정(court)에 있으며 그곳에서는 커티시가 넘쳐난다고 비꼬면서(6. 1. 1) 칼리도레로 하여금 궁전으로부터 숲으로 또 더 깊은 자연 속으로 여행을 보내게 된다. 반면에 세레나(Serena)와 티미아스(Timias)는 블레이턴트 비스트(the Blatant Beast)에 의해서 상처를 입은 후에 종교 생활을 영위하는 은자에 의해서 치료받게 된다. 기독교적인 관점에서 보았을 때 인간은 신의 이미지와 흙의 결합으로서 창조되었으므로 본능적으로 자연의 힘에 의지하며 또한 종교적인 태도를 지니기 마련이다. 하지만 인간은 오만이라는 죄에 물든 존재이기 때문에 그에게 부여된 자연과 종교라는 자원을 오용하거나 왜곡시키려는 위험한 경향을 가지게 된다. 인육을 먹을 뿐만 아니라 신성 모독적인 행동을 서슴지 않는 야만족(the Salvage Nation)의 예는 궁극적으로 자연의 힘과 인간의 종교적 지혜마저 초자연적 은총으로부터 분리되어서는 커티시의 진정한 구현에 도움이 될 수 없음을 잘 보여준다.

칼리도레와 트리스트람(Tristram)의 만남은 사회적으로 확립된 행동 규범을 맹목적으로 추종하는 태도가 지니는 위험성을 잘 보여준다. 칼리도레는 놀랍게도 나무꾼의 복장을 한 트리스트람이 말을 타고 완전히 무장한 어떤 기사와 싸울 뿐만 아니라 결국 그 기사를 죽이고 마는 장면을 목격하게 되는데, 이러한 행위는 트리스트람이 스스로 인정하듯이 기사도에 명백히 어긋나는 행위이다. 하지만 실제로는, 이 싸움이 있기 전에, 그 기사가 다른 기사의 귀부인을 차지하는 데 실패한 분풀이로 창으로 자신의 귀부인을 수치스럽게도 괴롭히고 있었으므로 그는 이미 기사의 자격을 상실한 상태였다. 하지만 트리스트람은 비록 기사는 아니었지만 그 고통당하는 귀부인을 위해서 용감하게 싸웠으므로 기사도의 정신에 충실한 셈이다. 따라서 이 에피소드는 한 가지 중요한 점을 상기시킨다. 진정한 커티시는 그것을 실천하는 사람의 사회적 위치나 이미 확립된 행동 규범을 따르는 것과는 아무 상관이 없다는 것이다. 문제는 외적인 규범이 아니라 인간의 내면적 마음가짐이라는 것이 명백해 진다.

비슷한 맥락에서 야만인이 혐오스럽기 짝이 없는 투르피네(Turpine)로부터 칼레피네(Calepine)와 세레나(Serena)를 구하는 장면은 커티시의 진정한 원천은 비참한 상황에 처한 이 커플에게 안식처를 제공하는 것을 냉정하게 거절하는 야박한 투르피네의 성보다는 차라리 숲 속 깊은 곳에 있는 야만인의 볼품없는 거처에 더 가까이 있다는 것을 보여준다. 칼레피네와 세레나 모두 타자로부터 오직 예절바른 환대만을 기대하므로 그들에게 악의적인 증오심을 내비치는 문명 세계의 어두운 측면에 대해서는 너무나 무지하다. 칼레피네는 투르피네로부터 도움과 친절 대신에 모욕적인 언사와 신체적 공격을 당하며, 세레나는 순진하게 쾌락을 쫓다가 문명 세계에 난무하는 악의적인 비방과 중상의 알레고리인 블레이턴트 비스트의 공격을 받아 깊은 상처를 입게 된다. 그러나 야만인의 행동은 투르피네와 커다란 대조를 이룬다. 그는 즉시 이들의 비참한 상태에 대해서 깊은 연민을 느끼면서 그들을 투르피네로부터 구해줄 뿐만 아니라 칼레피네의 상처마저 약초로 치료해준다. 야만인의 행위야말로 진정한 커티시의 좋은 본보기라고 할 수 있다.

그러나 이 야만인의 커티시는 심각한 한계를 지니고 있다. 그는 칼레피네의 육체적인 상처는 치유할 수 있지만 세레나가 입은 깊은 정신적 상처에 대해서는 어떤 치료도 할 수 없음이 명백해 진다(6. 4. 16). 따라서 그녀는 은자에게서 자연의 치유력과는 차원이 다른 지혜의 가르침을 필요로 하게 된다. 이 은자는 전혀 말할 줄 모르는 야만인과는 달리 그녀의 고통당하는 영혼을 위무하고 지도하기 위해서 필요한 적절한 화술을 구사할 수 있는 능력을 가지고 있으므로 바로 그 점에서 야만인보다 우월한 존재인 것이다. 더군다나 야만인은 문명 세계로 접근하면 할수록 그의 야만적인 힘은 더욱 더 잔인하고 폭력적인 성향을 띠게 됨으로 역시 자연의 힘에만 의존하는 커티시의 한계를 드러내게 된다. 이 야만인이 『요정 여왕』의 대표적인 기사인 아서(Arthur)의 확고한 제어와 지도를 받는 모습은 인간의 자연적 본능은 그 자체로는 불완전하기 때문에 커티시를 실현하기 위해서는 조심스럽게 교육되어져야 한다는 것을 보여준다. 야만인과 관련된 일련의 에피소드들은 자연과 문화(culture)의 상호 보완성을 잘 보여주는 예들이다.

세레나와 아서의 시종인 티미아스(Timias)가 방문하게 되는 은자의 작은 거처는 종교적 지혜라고 하는, 커티시의 또 다른 자원을 대표한다. 깊은 숲 속에 있는 야만인의 거처와는 달리, 이 은자는 탁 트인 평원 위에 세워진 작은 교회당이 딸린 그의 거처에서 매우 종교적인 삶을 살아감으로써 야만인의 커티시와는 다른 커티시의 새로운 면을 부각시키게 된다(6. 5. 35). 이 은자는 이전에 문명 세계의 속성을 속속들이 파악하고 있었을 뿐만 아니라 그러한 삶이 지닌 한계에 대해서도 깊이 깨달은 유명한 기사였으므로(6. 5. 37) 그가 문명 세계가 줄 수 없는 한 차원 높은 지혜를 세레나와 티미아스에게 주게 되는 것은 당연하다. 명성에 깊은 상처를 입은 세레나와 티미아스의 병의 원인인 블레이턴트 비스트의 정체가 제6권에서 최초로 분명하게 밝혀지는 것이 바로 이 은자를 통해서라는 것은 그가 매우 통찰력이 있는 인물이라는 점을 드러낸다. 사회적 지위나 선악의 구분을 무시한 채 누구에게나 악의적인 중상과 비방을 해대는 이 끔찍한 괴물은(6. 8. 12) 단순히 비방의 알레고리라기보다는 사회 저변에 깔려있는 인간의 파괴적인 증오와 악의를 상징한다고 볼 수 있다. 야만인과는 달리 이 은자는 종교가 주는 삶에 대한 한 차원 높은 관점으로부터 문명 세계의 어두운 측면을 밝혀낼 뿐만 아니라 문화의 가장 중요한 산물인 언어의 효과적인 사용을 통해서 그 괴물의 희생자들을 치료하게 된다. 따라서 은자라는 인물은 종교와 문화가 잘 융합될 수 있다는 가능성을 대표한다고 말할 수 있다.

그러나 종교적 삶에 대한 그의 헌신에도 불구하고 세레나와 티미아스를 괴롭히는 질병의 원인과 치료 방법에 대한 그의 이해는 기독교적이라기보다는 고전적이고 철학적인 측면이 강하다. 은자에 따르면 그 질병의 원인은 인간의 죄라기보다는 맹목적인 정열과 분노(6. 6. 5)라는 마음의 상태이다. 따라서 은자가 그들에게 주는 처방 또한 자신들의 죄에 대한 진정한 회개가 아니라 고전적인 자기 제어라는 윤리적 조언에 그치게 된다(6. 6. 14). 은자의 고전적 자족(self-sufficiency)에 대한 교훈이 그리스도의 자기 부정(self-abnegation)이라는 이상과 일치할 수는 없다.

왜냐하면 당신들 속에 당신들 자신을 치유할
도움의 힘이 존재합니다.
그리고 당신들의 질병을 치유하기 위해서는
오직 당신들의 의지로부터 그것이 나와야 합니다.

For in your selfe your helpe doth lie,
To heale your selves, and must proceed alone
From your owne will, to cure your maladie. (6. 6. 7)

사실상 은자의 거처는 제5권, "정의에 대한 전설"(the Legend of Justice)에 등장하는 이시스(Isis) 여신의 사원과 같은 기능을 한다고 생각될 수 있다. 이시스 여신의 사원에서와 마찬가지로 이 은자의 거처는 무차별적인 비방이 초래하는 끔찍한 정신적 상처를 극복하는 문제에 관한 인간이 생각할 수 있는 가장 훌륭한 지혜를 제공한다. 하지만 은자의 조언이 불충분하다는 점은 세레나와 티미아스가 후에 또 다시 그들이 저질렀던 유사한 잘못을 반복하는 모습 속에 확인된다. 티미아스가 경멸(Disdain)과 조소(Scorn)라는 인물들을 무모하게 공격하다가 그들의 포로가 되는 장면이나(6. 7. 49), 세레나가 세상의 위험성을 망각하고 돌아다니다가 야만족에게 사로잡히는 장면(6. 8. 34)은 그들의 곤경의 원인이 단순히 심리적인 것에 그치는 것이 아니라는 점을 드러낸다. 은자는 블레이턴트 비스트의 성격과 위험성은 잘 의식하고 있지만 이 괴물의 어미가 반은 젊은 여자의 모습을 하고 있고 반은 끔찍한 용의 모습을 하고 있다는 점에서 암시되듯이(6. 6. 10)[29] 이 괴물의 악의적인 증오 뒤에 숨은 인간의 원죄와 사탄의 존재에 대해서는 분명히 깨닫지 못하고 있다.

약탈과 파괴를 일삼으며 살아가는 야만족(the Salvage Nation)은 문명 세계의 적일뿐만 아니라 어느 지경까지 인간이 그가 부여받은 자연적 덕과 종교적 심성을 오용하고 왜곡시킬 수 있는 지를 보

29) 『요정 여왕』 제1권에 등장하는 여러 악마적인 인물들, 예를 들어, 에러(Errour), 듀에사(Duessa), 프라이드(Pride)와의 유사점은 분명하다.

여주는 좋은 본보기다. 만약 진정한 커티시가 궁극적으로 사랑이라는 신의 은총을 이웃에게 사심 없이 되돌려 주는 것을 의미한다면 야만족은 아마도 가장 진정한 커티시의 의미를 왜곡시키는 자들이 될 것이다. 왜냐하면 인육을 먹음으로써 그들은 명백히 그들 자신의 인간성을 거역할 뿐만 아니라, 자신들이 지닌 종교적 본능조차 왜곡시키고 말기 때문이다. 신의 은총에 대한 감사의 마음을 표하기 위해서 그들의 신에게 세레나를 희생의 제물로 바치려는 야만족의 시도는 진정한 커티시와 은총(grace)의 지극히 불경스러운 패러디라고 할 수 있다.

> 그들은 신의 은총에 의해서 그녀가 보내졌으니,
> 그들의 신에게 그녀를 희생의 제물로 바치기로 했다.
>
> That since by grace of God she there was sent,
> Unto their God they would her sacrifize. (6. 8. 38)

논버그(James Nohrnberg)는 이 끔찍한 에피소드를 로마 가톨릭 교회의 성찬식에 대한 풍자라고 해석하고 있고(712), 보리스(Kenneth Borris)는 극단적인 청교도들과 분리주의자들의 교리에 대한 공격으로 해석한다(175). 어떤 해석이 옳던지 간에 중요한 점은 인간의 죄에 의해 뒤틀어진 종교적 감정은 신의 은총을 심각하게 왜곡시키는 가능성을 항상 지니고 있다는 것이다. 결국 자연도 종교도 그 자체로는 진정한 커티시의 원천이 될 수 없다는 것이 명백해진다.

IV 칼리도레의 전원적 비전

커티시의 참 모습이 당대 문화의 꽃인 궁정이나 문명의 때가 묻지 않은 자연에서도 심지어는 인간의 종교적 지혜에서도 발견되지 않는다는 사실은 스펜서가 커티시의 근원을 초자연적인 신의 은총에서 찾고 있다는 간접적인 증거가 된다. 아홉 번째 칸토부터 스펜서는 돌연 그 장르를 기사 모험담(chivalric quest)으로부터 전원시(pastoral poetry)로 바꾸게 된다. 갑자기 등장하는 전원 세계(pastoral world)는 따라서 커티시를 철저하게 재정의하려는 시인의 의도를 반영하며 "덕의 성스러운 근원"의 추구라는 제6권의 중심 주제는 바로 이 전원시에 등장하는 커티시에 대한 극히 이상적이고 완전한 비전을 통해서 그 절정에 도달하게 된다.

르네상스 전원시는 크게 현실에 대한 비판적 시각과 도덕적 이상의 제시라는 두 가지 기능을 수행했기 때문에[30] 특히 궁정의 타락한 커티시에 대해서 깊이 환멸을 느끼면서 동시에 완전한 커티시의 가능성을 추구하던 스펜서에게는 아주 적합한 장르가 아닐 수 없었다. 부연하면 르네상스 전원시의 세계는 궁정과 야만적 자연 상태의 중간에 위치할 뿐만 아니라 인간이 타락하기 이전의 황금 시대(the Golden Age)에 대한 동경으로 가득 차 있으므로 스펜서에게 더할 나위 없이 좋은 상상적 공간을 만들어 준다. 더군다나 르네상스 전원시가 성경에 등장하는 수많은 목가적인 이미저리에 주목하면서 일찍부터 그 속에 기독교적 주제를 끌어들일 뿐만 아니라 시의 의미와 시인의 역할에 대한 논의라는 고전 전원시의 전통 속에 이미 확립된 시적 관습을 기꺼이 받아들였다는 점은 스펜서가 자연스럽게 그가 다루고 싶은 은총과 자신의 시의 의미를 다룰 수 있는 좋은 기회를 부여한다.

하지만 스펜서가 그저 기존의 전원시의 시적 관습들을 자신의 목적에 맞게 이용하고 있는 것은 아니다. 그 점을 가장 잘 들어내 주는 것은 바로 시인 자신이 블레이턴트 비스트를 추격하는 임무를 포기하고 멜리비(Melebee)에 의해서 대표되는 전원 세계에 머물고 마는

30) 이하 르네상스 전원시에 대한 언급은 턴킨의 이 분야에 대한 탁월한 연구에 힘입은 바 크다(Spenser's, 283-7)

칼리도레를 강력한 어조로 비판한다는 점이다(6. 9. 1). 시인의 칼리도레에 대한 질책은 독자들에게 시인의 진정한 의도에 대해서 의문을 품게 만들기 족하다. 왜냐하면 칼리도레는 멜리비를 통해서 궁정의 허식과 허영에 대한 신랄한 비판을 듣고 이제까지의 궁정인으로서의 자신의 정체성에 깊은 회의를 느낀 나머지 겸손하게 갑옷을 벗어 던지고 목동들의 허름한 옷으로 바꿔입기 때문이다. 하지만 멜리비가 희구하는 전원적 삶의 이상이(6. 9. 23) 실은 세상에 편재한 악의 가능성을 일부러 외면하고 삶이 필연적으로 요구하는 고통의 수용과 노고의 필요성에 대한 회피적 태도라는 점을 독자가 인식한다면 칼리도레가 직면한 도덕적 딜레마의 심각성을 깨달을 수 있을 것이다. 에반스 (Maurice Evans)가 적절하게 지적하듯이 제6권의 전원적 세계는 현실 세계의 추악함과 악으로부터 순진하게도 완전히 자유로워질 수 있다는 생각이 표방하는 지극히 매혹적인 유혹에 대한 스펜서의 섬세한 분석이다(226). 멜리비가 대표하는 전원적 삶은 기독교 문명을 병들게 하는 투쟁이나 탐욕으로부터는 어느 정도 자유롭지만 스스로의 죄를 깊이 인식하면서 영적, 도덕적 완성을 위해서 부단히 매진해야하는 기독교 공동체의 이상이 될 수는 없다. 스펜서는 르네상스 전원시의 가능성을 십분 활용할 뿐만 아니라 그 한계를 직시함으로써 새로운 종류의 전원시를 창조하고 있다고 할 수 있다.

스펜서의 새로운 전원시에 대한 시도는 칼리도레가 아치데일 산(Mount Acidale)에서 우연히 목격하게 되는 비전을 통해서 그 절정에 도달하며 그 비전의 의미를 규명하는 것이 커티시 나아가서 기독교 공동체의 가능성과 한계에 대한 시인의 생각을 파악하는 데 결정적인 역할을 한다. 무엇보다도 칼리도레가 목격하게 되는 '미의 여신들의 춤' (the Dance of the Graces)은 은총, 자연, 문화들 사이의 표면적인 불일치를 넘어 그 영역들이 서로 조화를 이룰 수 있음을 보여준다. 첫째로 아치데일 산은 은총과 자연이 조화롭게 공존하는 장소이다. 아치데일 산이 지닌 특별히 풍요로운 암시적 의미는 비슷한 심상과 모티프를 계속해서 반복 변형시키는 스펜서의 독특한 시적 기법에 의해서 생긴다(Rose 16). 이 기법에 의해서 시인은 점차적으로 의미의 영역을 깊게 하고 확장하게 된다. 아치데일 산을 묘사함에 있어서 시인은 『요정 여왕』 제1권에 나오는 '성스러움의 저택'(the House of Holiness)과 제3권에 등장하는 "아도니스의 정원"(the Garden of Adonis)이라는 은총과 자연의 의미를 가장 잘 밝혀주는 장소들의 이미저리를 다시 사용한다. 은자 컨템플레이션(Contemplation)이 기거하는 산(1. 10. 46)이나 아치데일 산(6. 10. 6)이나 모두 높은 곳에 위치한 신성한 비전과 가르침의 장소들이다. 또한 '아도니스의 정원'(3. 6. 29)과 아치데일 산(6. 10. 5)은 모두 자연에 의해서 특별한 보살핌을 받는, 순진무구한 기쁨으로 가득한, 타락하기 이전의 낙원 혹은 구원의 장소의 이미지들이다.

두 번째로 아치데일 산은 인간 사회의 이상적인 이미지를 드러내줌으로써 기독교인이 달성해야 하는 진정한 기독교 공동체의 목표를 제시한다. 멜리비는 문명 세계의 부정적인 측면들을 드러내고 비판은 하지만 결코 올바른 대안을 제시하지는 못한다. 어느 날 우연히 칼리도레는 놀랍게도 "백 명이나 되는 백합처럼 하얗게 온 몸을 드러낸 처녀들"(6. 10. 11)을 목격하게 된다. 이 처녀들은 다른 세 여인들에 의해서 둘러싸인 한 처녀를 중심으로 춤을 추며, 이 반지의 중앙에 놓인 귀중한 보석과 같은 처녀는 그녀의 존재로 인해 주변의 처녀들과 여인들에게 많은 은총을 베푸는 존재가 된다. 이 춤의 묘사 (6.10.12)에서 쓰이는 "반지"(ring)와 "화환"(girlond)과 같은 원과 관련된 이미지들과 "은총을 베풀다"(graced)라는 단어는 이 놀라운 춤을 모든 구성원들을 통합시키는 산성한 사랑 즉 은총(grace)에 의해서 조화롭게 질서 지워진 이상적이고 아름다운 기독교 공동체의 이미지로 탈바꿈 시킨다(6. 10. 12). 이전에 스펜서는 세레나를 둘러싼 야만족이 만들어내는 끔찍한 원의 이미지(6. 8. 40)를 통해서 은총의 극단적인 왜곡을 이미 보여주었기 때문에 이 처녀들의 춤은 더욱 깊은 의미를 지니게 된다.

스펜서는 세 미의 여신들의 춤이라는 모티프를 고전 신화로부터 빌려왔다. 이 세 여신들은 시인 자신의 대역이라고 할 수 있는 목동시인 콜린(Colin)이 설명하듯이 에우프로시네(Euphrosyne), 아글라이아(Aglaia), 탈리아(Thalia)라는 이름을 가진 제우스신의 세 딸들이다(6. 10. 22). 콜린의 이들의 춤에 대한 설명은 커티시에 대한 스펜서의 생각을 드러내 준다. 먼저 이 세 여신들의 기능은 "어떻게 우리가 각각의 위계와 구별에 맞게, 낮은 위치에 있는 자에게나, 높은 위치에 있는 자에게나, 친구에게나, 적에게나 적절하게 상대할 것인가를," 즉 사람들이 "공손한 예의"(Civility) (6. 10. 23)라고 부르는 것을 가르치는 것이다. 하지만 커티시는 예의 이상의 것으로서 모든 "예의바른 친교의 근원" (the roote of civill conversation) (6. 1. 1)이라는 것을 잊어서는 안 된다.

세 여신들이 취하는 모습이나 몸의 동작이 지니는 의미에 대해서 콜린이 설명하는 스탄자(6. 10. 24)는 진정한 커티시의 정수를 이해하는 데 필수적이다. 이 스탄자 뒤에는 르네상스 시기에 널리 유포된, 고전 신화에 대한 매우 독특한 해석과 창작 방식이 존재한다. 그것은 독자에게 도덕적 교훈을 전달하기 위해서 신화를 알레고리화하는 것이다(Lotspeich 52). 이 스탄자의 처음 다섯 줄이 여신들의 미소와 벌거벗은 모습을 통해서 타인에 대한 관대함과 거짓 없는 태도의 중요성을 드러내는 것은 분명하다. 문제는 나머지 네 줄에서 발생한다.

> 그리고 또한 춤을 추면서 스스로 이런 동작을 취했으니
> 그들 중 둘은 내내 앞쪽을 향해있었고,
> 나머지 한 여신은 스스로 반대편으로 향해서
> [좋은 일을 남에게 먼저 해주어야 그런 후에("then") 나중에
> 더 큰 보답을 받을 수 있음을 보여주었다.](첫 번째 해석)

[나중에 더 큰 보답을 받는 것에 구애받지 말고("than") 좋은 일을 남에게 먼저 해주어야 함을 보여주었다.](두 번째 해석)

And eeke them selves so in their daunce they bore,
That two of them still forward seem'd to bee,
But one still towards shew'd her selfe afore;
That good should from us goe, then come in greater store. (6. 10. 24)

이 시행들의 정확한 해석이 어려운 것은 마지막 줄에 나오는 "then"이라는 단어를 스펜서가 어떤 의도로 사용했는지가 불확실하기 때문이다. 단어 "then"이 시간 부사로서 읽혀야 하는지 혹은 비교 접속사 "than"으로 읽혀야 하는지는 시인이 종종 동일한 철자로서 문맥에 따라 다른 의미를 지칭하도록 사용하고 있기 때문에 불확실하며(Tonkin, *Spenser's*, 250), 따라서 전혀 다른 두 가지 해석이 가능하게 된다.

첫 번째 해석은 로마의 철학자였던 세네카(Seneca)까지 거슬러 올라가는 데 스펜서의 초기 전원시인 『목동의 달력』(*the Shepheardes Calender*)의 익명의 주석가인 이. 케이.(E. K.)는 이 세 여신들의 춤이 먼저 남에게 베풀고 이어서 공손하게 상대방의 호의를 받아들이고 다시 고마움을 표하는 관대함이라는 덕목의 세 가지 구체적인 행동 양식으로 해석하고 있다(434). 이 해석을 따르면 단어 "then"은 시간 부사로 읽혀야 하며 이 스탄자의 마지막 줄은 우리가 다른 이들로부터 더 관대한 대접을 받기 위해서는 먼저 우리가 관대함을 보여야 한다는 매우 실용적인 처세에 대한 교훈이 된다(Geller 267). 반면에 스펜서와 동시대인인 알렉산더 로스(Alexander Ross)는 이 세 여신들을 기독교적 관점에서 바라보면서 앞쪽을 향해 춤을 추는 두 여신은 각각 믿음(faith)과 희망(hope)을 의미하고 반대편을 향해서 춤을 추는 여신은 성서적 사랑(charity)을 의미한다고 해석하고 있다(Geller 252). 이 해석에 따르면 독자는 단어 "then"을 접속사 "than"으로 해석할 수 있다. 따라서 이 마지막 줄은 기독교적 사랑 즉 아가페에 대한 메시지가 되며 자연히 대가를 바라지 않는 자기희생적인 보시의 의미를 띄게 된다. 커티시가 상호간의 주고받음을 전제로 한 관대함에 대한 고전적 개념을 뜻하는지 아무런 대가 없이 이웃에게 무조건적으로 돌려 주어야할 신의 선물로서의 사랑을 의미하는지는 불분명하다. 아마도 이러한 애매성은 시인 자신의 의도를 반영하고 있을 가능성이 높다. 왜냐하면 커티시의 의미를 결정적으로 드러내는 이 스탄자를 통해서 조차 스펜서는 단순히 독자에게 커티시의 진정한 의미를 전달하는데 그치는 것이 아니라 신의 무조건적인 은총(grace)과 그것에 대한 인간적 해석과 적용 사이에는 항상 완전히 메울 수 없는 간격이 존재한다는 점을 강하게 암시하고 있기 때문이다.

여신들의 춤은 칼리도레가 아닌 목동 시인 콜린과 연관시키면 그의 시적 영감의 근원에 대한 비전이 된다. 콜린 클라우트(Colin Clout)라는 이름은 스펜서가 『목동의 달력』에서 자신을 대표하는 목동의 이름으로 사용한 것이다. 이제 시인은 아치데일 산에서 칼리도레가 목격하는 그 비전을 불러일으킨 콜린이 바로 다름 아닌 시인 자신임을 드러낸다.[31)]

> 거기서 피리를 분 그 유쾌한 목동은
> 가난한 콜린 클라우트였다. (그런데 콜린 클라우트를 모르는 이도 있나?)
>
> That jolly shepheard, which there piped, was
> Poore Colin Clout (who knows not Colin Clout ?)
> (6. 10. 16)

31) 이 장면은 『요정 여왕』에서 시인이 처음이자 마지막으로 스스로를 자신의 작품 속에 드러냄으로써 시인이 스스로의 창작 과정에 대한 자기 관조(self-reflexivity)적 성찰을 하고 있음을 분명히 보여준다(Bellamy 172).

스펜서의 시적 자아로서 콜린은 그의 피리를 불면서 여신들이 조화로운 춤을 출 수 있도록 인도한다. 즉 콜린과 춤 사이의 관계는 시인과 그의 시적 창조 과정과 같다고 할 수 있다. 시인은 그의 시 창작을 일종의 커티시라고 생각했음이 분명하다(Mallette, "Poet", 262). 즉 시인의 커티시는 은총(grace)을 상징하는 미의 여신들(the Graces)로부터 받은 시적 영감의 선물을 사심 없는 詩作을 통해서 그 원천으로 되돌리는 작업이라고 할 수 있다.

여신들의 춤이 지닌 의미를 칼리도레에게 전달함으로써 콜린은 이상적인 세계와 불완전함으로 가득한 현실 세계 사이를 이어주는 중개자로써 타락한 문명 세계를 고양시키는 매우 중요한 역할을 하고 있는 것이다. 그의 시를 통해서 동시대인들이 깨닫지 못하는 덕의 참다운 모습을 드러내는 것이 시인으로서의 스펜서가 지닌 숭고한 의무임을 시인은 스스로에게 일깨우고 있다.[32]

V 타락한 세상 속의 커티시

아치데일 산에서 칼리도레가 목격하는 비전은 진정한 커티시의 의미를 드러내는 동시에 역설적으로 현실 세계가 얼마나 불완전한 것인가를 보여주는 결정적인 증거가 된다. 현실 세계가 이 비전을 받아들일 여지는 거의 없기 때문이다. 칼리도레 자신이 이 비전 속으로 서투르게 뛰어드는 바람에 그것을 사라지게 만들 뿐만 아니라, 불완전하나마 커티시의 이상을 구현하고 있는 멜리비의 전원 세계마저 산적들에 의해서 무참히 파괴되고 만다. 제6권에서 독자는 불완전한 세계가 표방하는 악의와 탐욕과 속물근성이 얼마나 쉽게 사랑과 조화로 가득한 기독교 공동체의 이상적인 이미지를 파괴할 수 있

32) 스펜서와 당대 권력 사이의 상호의존적 관계에 초점을 맞추는 신역사주의적 관점에서 보면 이 장면은 시인이 스스로 엘리자베스 정부를 지탱하는 이데올로기의 시적 원천임을 천명하는 것으로 해석될 수 있다(Alwes 36).

는 지에 새삼 놀라게 된다. 그러나 이런 이상적 비전의 소멸만으로 시인이 그의 긴 서사시의 끝에서 완전한 환멸과 좌절을 느끼고 있다는 주장(Neuse 331)은 지나치게 제6권의 전체적인 어조를 비관적으로 파악하는 견해가 될 것이다. 오히려 시인은 그의 시 속에 그의 시적 비전이 지닌 한계를 솔직히 끌어들임으로써 커티시의 이상적 가능성과 현실 세계 속에서의 한계에 대한 매우 폭넓고 다면적인 시각을 독자에게 제공하고 있다.

칼리도레에 대한 심각한 오해는 스펜서가 그를 커티시라는 모든 덕들의 정점에 있는 덕을 완벽하게 구현하고 있는 기사로 여기는 것이다. 시인은 제6권의 처음에서 의도적으로 애매모호한 언어를 사용하여 칼리도레를 소개하고 있기 때문에 독자의 매우 조심스러운 독해를 요구한다.

> [칼리도레] 내부에는 고귀한 정신과
> 온화한 예의범절이 자연스럽게 심어진 것처럼 보였다.
> 거기에 잘생긴 외모와 우아한 말솜씨까지 곁들여서
> 사람들의 마음을 완전히 매혹시키고 말았다.
>
> In [Calidore] it seems, that gentleness of spright
> And manners mylde were planted naturall:
> To which he adding comely guize withal,
> And gracious speach, did steale mens hearts away.
> (6. 1. 2)

궁정에서 칼리도레가 그렇게 사랑을 받은 이유가 그의 본질적인 가치 때문인지 혹은 용모나 말솜씨와 같은 외적인 요인 때문인지는 불확실하다. 더군다나 트리스트람 에피소드에서 보여지듯이 칼리도레는 트리스트람이 지닌 진정한 용기보다는 그의 용모와 재치에 더 큰 흥미를 보이기 때문에(6. 2. 24) 이 커티시의 기사가 참된 커티시의 본질을 파악할 수 있는 통찰력을 정말 지니고 있는 지는 불확실하다.

칼리도레가 전원 세계에 머물며 보여주는 모습은 그가 블레이턴트 비스트를 쫓아 세 번째 칸토에서 사라진 이후에도 그의 커티시에 대한 이해가 크게 변하지 않았음을 드러낸다. 이곳에서 비록 그는 의식적으로 스스로를 목동의 신분으로 격하시키는 겸손함을 보여주지만 그는 여전히 세련된 궁정인의 정체성을 잊은 적이 없으며 여전히 외적인 태도에 대한 집착을 보여준다(6. 9. 34). 심지어 그가 갑옷을 벗고 목동으로 변신한 것도 파스토렐라(Pastorella)의 관심을 끌기 위해서이기 때문에(6. 9. 36) 그의 커티시는 항상 계산적인 의도를 감추고 있는 셈이다. 그가 이상적인 커티시의 상징적인 비전인 여신들의 춤을 목격하고도 전혀 이해하지 못하는 장면은 그가 정말 진정한 커티시에 대한 통찰력을 지니고 있는 지를 의심하게 만든다.

칼리도레가 이 비전의 의미를 전혀 파악하지 못한다는 사실은 독자의 시에 대한 반응이라는 문제와 연결시켜 생각해 볼 수 있다. 만일 이 비전이 커티시에 대한 이상적인 비전일 뿐만이 아니라 『요정 여왕』에 대한 이상적인 시적 비전이라면 칼리도레는 이 시의 주변을 맴돌며 방황하는 독자를 대표한다고 볼 수 있다. 칼리도레의 문제는 여신들의 춤의 외적인 아름다움에 너무나 현혹되어서 그것이 지닌 진정한 의미를 완전히 무시한다는 데 있다(6. 10. 11). 시인은 상징적인 비전이 내포한 내적 의미를 무시하는 독자들의 경향을 칼리도레의 경우를 들어 지적하고 있는 것이다(MacCaffrey 392).

춤이 지닌 외면적 아름다움에 현혹되어 그 내면적 의미를 망각한 칼리도레는 그 비전이 사라지고 콜린이 설명하기 시작하자 이번에는 반대로 콜린을 다그쳐 그 춤이 지닌 풍요로운 은유적 의미를 다분히 개념적이고 도덕적인 메시지로 축소하여 이해하려는 잘못을 범한다(6. 10. 20). 결국 여신들의 춤은 이상적인 기독교 공동체에 대한 매우 심오한 은유이기 때문에 독자들의 도식적인 이해를 거부한다. 콜린이 이 춤의 한가운데 있는 처녀의 정체성을 밝히기를 끝내 거부하는 것은(6. 10. 25) 바로 그러한 이유 때문일 것이다.

스펜서는 이 비전에 대한 칼리도레의 반응을 통해서 시 언어와 은유의 특성을 이해하지 못하는 독자들이 빠지기 쉬운 잘못을 은근히 꼬집고 있는 것이다.

제6권은 삶의 불확실성과 불안정함을 증거하듯이 많은 불완전하게 끝난 에피소드로 점철되어 있지만 마지막 에피소드인 칼리도레와 블레이턴트 비스트와의 싸움은 특히 비관적인 어조를 이 작품에 강하게 드리우게 된다. 칼리도레가 산적들로부터 파스토렐라를 구출하고 블레이턴트 비스트를 제압할 수 있는 이유가 그가 대표하는 커티시와는 무관한 듯이 보이는 무자비한 힘의 사용이라는 것은 아이러니가 아닐 수 없다. 기사와 괴물 사이의 싸움에 대한 묘사(6. 12. 30)는 너무나 폭력적인 이미지들로 가득 차 있어서 아치데일 산에 나타난 비전이 선사하는 아름답고 평화스러운 이미지가 과연 현실 세계를 개선시킬 수 있을지에 의문을 갖게 하기에 충분하다. 칼리도레에게 사로잡힌 블레이턴트 비스트가 끝내 탈출해서 더욱 기승을 부리는 장면(6. 12. 39)은 더욱 이런 우려를 짙게 한다. 하지만 처음부터 칼리도레가 이 괴물을 완전히 제압하기는 불가능했을 것이다. 기사 자신이 많은 불완전함을 지니고 있을 뿐만 아니라 처음에는 중상과 비방의 알레고리로 등장하는 이 괴물은 차츰 악 자체를 뜻하게 되기 때문이다. 커티시가 단순히 공손한 예의바름을 넘어 인간이 그의 이웃에게 되돌려주어야 할 신이 준 선물로서의 사랑(agape)을 의미하듯이 이 괴물은 단순히 중상과 비방의 범위를 넘어 "묵시록적인 규모"(Gross 101)로 그 악마적인 본성이 확장된다.

알레고리로서의 블레이턴트 비스트는 스펜서의 시 속에서 구체적인 모습을 부여받고 기사에 의해서 어느 정도 제어될 수 있다. 하지만 그것은 오직 시인이 창조한 허구 속에서만 가능한 일이다(Berger, "Secret", 61). 이 괴물이 대표하는 악은 타락하고 증오로 가득한 현실 세계 속에 널리 편재해 있기 때문이다. 이 괴물이 탈출하는 마지막 장면은 알레고리로서의 『요정 여왕』이 그 한계에 도달

했다는 것을 인정하는 시인의 솔직한 고백이라고 할 수 있다.[33)]

VI 결어

스펜서의 『요정 여왕』 제6권 "커티시에 대한 전설"은 커티시라는 덕의 정의에 국한하지 않고 덕의 근원에 도달하는 과정에 대한 깊은 관심을 보여준다는 점에서 이전의 다른 전설들과 구별된다. 따라서 스펜서는 이상적인 기독교 공동체를 이루는 데 필수적인 커티시라는 덕의 참된 의미를 추구하는 과정을 통해서 이제까지 『요정 여왕』에서 덕의 중요한 원천으로 여겨졌던 문화와 자연 그리고 종교적 지혜가 지니는 가능성과 한계를 철저하게 재검토하게 된다. 특히 스펜서는 이러한 덕의 근원에 대한 추구와 자신의 詩作이 지니는 의미를 결부시킴으로써 『요정 여왕』 자체가 지니는 영웅시로서의 가능성과 한계를 드러내고 있다. 하지만 기독교 공동체 나아가서 기독교 문명의 이상적 가능성과 한계를 동시에 파악하려는 스펜서의 의도는 비평가들에 의해서 자칫 오해될 소지가 크다. 제6권에서 많은 비평가들이 오직 절망적이고 비관적인 시각과 어조만을 보고 그러한 관점에 의거해서 이 작품을 해석하는 경향을 보여주는 것은 결코 시인의 의도를 정확하게 파악하는 것이라고 볼 수 없다.

문화와 자연 그리고 종교적 지혜마저 덕의 근원이 될 수 없음을 깨달은 스펜서는 전원시가 지닌 가능성과 한계에 대한 철저한 인식을 토대로 아치데일 산에서 커티시에 대한 가장 이상적인 비전을 제시한다. 커티시가 단순히 외면적인 예절이 아니라 신의 선물 즉 은총(grace)이라는 이 비전의 가장 핵심적인 인식은 독자로 하여금 인간의 커티시가 지니는 근본적으로 자기중심적이고 계산적인 태도에

33) 블레이턴트 비스트의 탈출은 해체주의적 관점에서 보면 작품을 완결시키려는 시인의 의도를 끊임없이 좌절시키는 텍스트 상의 불안정한 요소로 해석할 수 있다(Forgarty 99).

대해 깊이 깨닫게 하면서 동시에 왜곡된 인간 본성에 대한 절망보다는 끊임없이 신의 조건 없는 커티시 즉 아가페적 사랑에 접근해야 하는 의무와 필요성을 환기시킨다. 이상적인 커티시의 비전이 결코 현실 세계에서 구현되는 것이 불가능하다는 고통스러운 인식을 시인이 작품의 끝에서 받아들인다고 해서 이것이 곧 그가 이상적인 비전을 천명하는 자신의 고귀한 임무마저 포기해야 한다는 것을 의미하지는 않는다. 오히려 시인은 그의 시 속에 그의 시적 상상력이 지닌 한계를 솔직히 인정함으로써 커티시의 이상적 가능성과 현실 세계 속에서의 한계에 대한 매우 심오한 통찰을 독자에게 제공하고 있다. 스펜서가 제6권을 끝으로 『요정 여왕』을 종결하지 않고 신의 은총뿐만 아니라 인간의 역사적 과정에도 깊은 신뢰를 보내는 "無常 시편"(*Mutabilitie Cantos*)을 통해서 비로소 그의 대작을 마무리한 점은 그가 기독교 공동체 나아가서 기독교 문명이 지니는 가능성과 한계를 매우 역동적으로 파악하고 있었다는 반증이 된다.

제7권

無常에 대한 시편

無常에 대한 시편

I 이념적, 역사적 맥락

스펜서의 『요정 여왕』 제7권은 흔히 “無常에 대한 시편”(Mutabilitie Cantos)(이하 *MC*로 줄임)이라고 불리는 두 칸토로만 구성되어 있지만 그 불완전함에도 불구하고 『요정 여왕』의 결론적인 성격을 지니고 있는 매우 중요한 부분이다. 스펜서는 이곳에서 중세 시인인 초서가 그의 시적 영감의 원천이라고 밝힘으로써 그의 시적 비전이 초서로 대표되는 중세적 문학 전통 내지 그것이 표방하는 중세적 세계관에 깊이 뿌리박고 있음을 은연중에 드러내고 있다.

> 그 노대가인 제프리, 그 분의 온화한 정신 속에
> 시의 순수한 원천이 존재하니
>
> That old *Dan Geffrey* (in whose gentle spright
> The pure well head of Poesie did dwell) (7.7.9)

고전적 세계관을 대표하는 조브(Jove)와 그러한 세계관에 반기를 든 뮤터빌리티(Mutabilitie)의 논쟁에 대한 네이춰(Nature) 여신의 최종적인 판결이 초서가 흠모했던 보에티우스의 철학 사상을 강하게 반영하고 있기 때문에 더더욱 스펜서를 근세보다는 중세적 전통이 강한 르네상스 시인으로 여길 수 있는 여지가 많아진다.

하지만 스펜서의 중세 문학과 그것이 표방하는 세계관에 대한 태도는 무조건 우호적이지만은 않다. 그것은 과거에 대한 수용과 아울러 근본적인 변형과 재평가를 수반하고 있다(Anderson, "couert", 639).[34] *MC*의 주된 관심이 보에티우스의 『철학의 위안』(*Consolatio Philosophiae*)과 마찬가지로 인간사의 무상함(mutability)이라는 점은 부정할 수 없지만(Zitner 38) 스펜서는 초서와는 달리 인간의 본성과 운명에 대한 두 근본적이고 혁명적인 발상의 전환--르네상스와 종교개혁--을 온 몸으로 겪은 세대에 속했으므로 중세적 세계관이 표방하는 삶에 대한 총체적이면서도 안정감 있는 비전을 그대로 받아들일 수는 없었다. 보에티우스를 거쳐 토마스 아퀴나스에 이르러 절정에 달한 중세적 세계관의 특징은 자연(Nature)과 은총(Grace)의 조화, 즉 고전적 세계관과 기독교적 세계관의 무리 없는 통합에 있다. 인간은 철저히 타락한 존재라기보다는 불완전한 존재이며 스스로의 노력과 신의 은총에 의해서 완전해 질 수 있기 때문에 인간의 자연적 이성의 산물인 고전적 세계관은 폐기되기보다는 초자연적이고 종말론적인 기독교적 세계관의 우위 속에서 일정한 역할을 담당하게 된다. 고전적 우주를 지배하는 신들인 운명(Fate)과 우연(Fortune)의 배후에 신의 섭리(Providence)를 상정하는 중세의 기독교적 세계관은 르네상스에 들어와서도 여전히 강한 영향력을 지니고 있었다. 하지만 인간에 내재한 가능성과 힘으로서의 덕(virtue)에 대한 열렬한 믿음을 통해서 인간을 역사의 주인으로 내세우는 르네상스 인문주의와 인간이 지닌 모든 가능성과 힘 속에서 타락과 죄(sin)의 가능성을 날카롭게 인식하고 오직 신의 은총을 통해서만 역사의 완성을 기대하는 프로테스탄티즘의 확산은 각각 고전주의와 초기 기독교 이념의 부활을 의미하기 때문에 양자의 통합을 전제로 한 중세적 세계관은 그 토대부터 흔들리게 된다. 따라서 스펜서

34) 초서와 마찬가지로 *MC*에 특히 깊은 영향을 준 시인은 오비드였으며, 그의 『변신』(*Metamorphoses*)의 핵심적인 주제, 신화, 모티프들은 스펜서에 의해서 창조적으로 변형되어 *MC*의 중요한 부분을 차지하고 있다. 하지만 초서의 경우와 마찬가지로 스펜서는 오비드로 대표되는 고전 문학의 전통과 그것이 표방하는 고전적 세계관의 한계를 노출시키고 넘어서려한다. cf. Nelson(297-302), Holahan(254).

를 위시한 많은 르네상스 시인들이 인간의 삶과 운명에 대한 총체적이면서도 조화로운 인식에 도달하는 것은 매우 힘든 작업이 된다.[35] 셰익스피어의 『햄릿』에서 주인공은 고통스러운 내적 성찰을 통해서 궁극적으로 우연적인 사건들 배후에 존재하는 신의 섭리를 인정하지만 그의 비극적 죽음과 이어지는 덴마크의 붕괴는 관객들이 인간의 행동과 신의 섭리 사이의 관계에 대한 확고한 인식에 도달하는 것을 매우 어렵게 만든다.

사실상 인간의 본성과 운명에 대한 이러한 고전적 관점과 기독교적 관점의 대립은 스펜서의 『요정 여왕』 전체를 관통하는 핵심적인 모티프로서 가장 종교적이고 실존적인 제1권으로부터 가장 사회적인 의미를 지닌 제6권까지의 주제들의 탐구에 많은 역동성을 부여한다. 예를 들어 제1권에서 레드크로스 기사의 안이한 고전적 영웅주의는 그의 철저한 타락에 의해서 기독교적 영웅주의로 변모한다. 이 과정은 단순한 대체가 아니라 레드크로스가 인간적 힘이 지니는 비극적 타락의 가능성과 함께 그 힘을 신을 위해 겸허하게 사용해야만 하는 가능성 그리고 그러한 가능성의 한계까지도 깨달아야만 하는 매우 복잡한 인식을 수반하게 된다. 스펜서에게 있어서 고전적 세계관과 기독교적 세계관 사이의 관계는 조화롭고 안정된 관계가 아니라 항상 대립을 통해서 융합하며 그러면서도 지속적인 긴장을 유지하는 역동적 관계인 것이다. 제6권에 이르기까지 스펜서는 이러한 고전적 세계관과 기독교적 세계관 사이의 역동적 관계를 당대의 프로테스탄트 영국인이 처한 종교적, 윤리적, 정치적, 사회적 문제에 적용함으로써 인문주의와 프로테스탄티즘이 긴장 속에서 공존할 수 있는 가능성을 추구한다.

『요정 여왕』 전체의 "결론적 코다"(Cheney 239)로서 *MC*는 고

35) 스펜서의 시를 연구하는 전통적인 시각은 그의 시가 고전적이고 이교적인 요소와 기독교적인 요소를 조화롭게 통합하고 있다는 관점이다. cf. Greene (57), Cheney(244), and Williams(225). 하지만 이러한 주장은 문화 유물론이나 신역사주의적 시각을 지닌 비평가들에 의해서 비판받고 있다. cf. Sinfield(49-80) and Greenblatt(222-254).

전적 세계관과 기독교적 세계관 사이의 관계 자체를 그 테마로 삼으면서 특히 두 세계관의 근원적인 차이를 만들어내는 역사와 시간의 의미에 대한 상반된 시각을 탐구한다. 그리고 이 점은 『요정 여왕』 자체의 서사적 전개가 필연적으로 요구하는 바이다. 16세기 말의 영국의 민감한 정치적 사회적 문제들을 다룬 『요정 여왕』의 제5권과 제6권에서 시인은 그의 프로테스탄트 인문주의의 이상에 입각한 영국 사회의 개혁이 너무나 어렵다는 것을 뼈저리게 느끼게 된다. *MC*의 집필이 엘리자베스 여왕의 통치 후반기의 극히 불확실한 정치 상황을 전제로 하고 있으며 또 그 집필 시기가 시인 자신이 거주하던 아일랜드에서 영국의 식민 지배에 대한 반란의 기운이 팽배했던 1958년 전후라는 추정(Zitner 3)이 옳다면 *MC*의 핵심적인 주제가 역사 더 나아가 시간의 의미라는 것을 수긍할 수 있다.[36] 여러 비평가들이 지적하듯이(Wilson 63, Zitner 11) 『요정 여왕』의 마지막 부분에서 시인은 거듭되는 역사의 좌절과 실패에 대한 기독교적 종말론(eschatology)이 주는 대답에 대해서 깊이 성찰하고 있다.

뛰어난 스펜서 연구가인 버거(Harry Berger)는 *MC*에서 스펜서는 그의 "역사 의식"을 쫓아 고전 시대, 중세, 그리고 최종적으로 근세의 세계관을 차례대로 재현하고 있다는 매우 주목할 만한 주장을 펴고 있다(Revisionary, 245). 하지만 그의 주장이 간과하기 쉬운 점은 고전적 세계관과 중세적 세계관은 결코 지나간 역사의 유물이 아니라 스펜서가 활동하던 16세기 후반에 부활하거나 여전히 강한 매력을 지닌 이념들로서 다른 보다 근대적인 이념들과 함께 스펜서의 "역사 의식" 속에서 살아 꿈틀대고 있었다는 것이다. 스펜서가 중세적 세계관을 넘어서는 것은 단순히 중세적 세계관 자체가 이미

36) *MC* 의 중심적인 사건들 중의 하나가 뮤터빌리티의, 달의 여신인 신씨아(Cynthia)에 대한 도전이며 신씨아는 바로 엘리자베스 여왕을 지칭한다는 점을 염두에 두면 독자는 *MC*가 엘리자베스 여왕 치세 말기의 정치적 질서의 붕괴에 대한 영국민들의 두려움을 반영하는 정치적 알레고리적 성격이 매우 강하다는 것을 깨닫게 된다. cf. King (*Spenser's*, 146-7) and Wells("Semper", 254)

지나간 과거의 유물이라서가 아니다. 중세적 세계관이 표방하는 고전적 세계관과 기독교적 세계관의 조화로운 통합이라는 모델은 스펜서에게 극히 매력적인 것이었음에 틀림없다. 단지 스펜서는 양자 사이에 지속적인 긴장이 존재하며 따라서 초기 근세인이었던 그에게 삶과 우주에 대한 총체적이고 안정된 세계관의 획득은 매우 어려운 과제라는 것을 분명히 의식하고 있을 뿐이다. 이 글은 *MC*에 나타나는 고전적 세계관과 기독교적 세계관의 대립, 융합, 그리고 지속적인 긴장의 양상을 16세기 후반이라는 역사적 맥락 속에 존재하는 이념적 갈등의 양상으로 파악하고자 한다.

II 조브와 뮤터빌리티

*MC*의 첫 번째 칸토(칸토 6)는 두 부분으로 되어 있다. 전반부에서 뮤터빌리티는 끊임없는 변화와 혼돈의 영역인 月下 세계(sublunary world)를 지배하는 것에 만족하지 않고 감히 항구적인 질서의 영역인 조브의 천상 세계를 탈취하려고 시도한다. 이 부분에서 스펜서는 조브가 표방하는 고전적인 우주관과 인간관 그리고 정치관이 어떻게 뮤터빌리티에 의해서 전복되는가를 보여줌으로써 고전적 세계관 속에 감추어진 모순과 오만을 기독교적 관점에 입각하여 여실하게 드러낸다.

조브가 표방하는 고전적 우주관의 핵심은 세계를 이성적이고 변함없는 질서의 영역과 비이성적이고 끊임없이 변화하는 혼돈의 영역으로 이분화시키는 것이다: 세계를 이상계(noumenon)와 현상계(phenomenon)로 구분하여 전자에만 진정한 존재와 가치를 부여하는 플라톤 철학은 그 대표적인 예이다. 하지만 모든 자연 현상에서 지속적인 원형의 유지(form)와 부단한 변형(vitality)은 분리될 수 없는 동일한 과정의 서로 다른 측면이기 때문에 이러한 요소들을 인위적으로 구별하여 전자에만 가치를 부여하고 후자를 적대시하는 고전적 우주관은 모든 보수주의의 출발점이 된다. 신들은 뮤터빌리티가 달의 여신인 신씨아를 대담하게 공격함으로써 초래된 대혼란에 크게 놀란다. 그들의 두려움은 고전적 우주관이 실은 그들의 지배를 합리화하기 위한 허구임을 암시한다.

> 그리고 또한 천상의 신들과 모든 천상의 행복한
> 존재들의 무리가 갑자기 빛을 빼앗겨,
> 두려움에 휩싸였고 그 광경에 대경실색하여
> 혹시 혼돈의 신이 탈출한 것이 아닌지 겁먹었다.
>
> And eke the heavens, and all the heavenly crew
> Of happy wights, now unpurvaide of light,
> Were much afraid, and wondred at that sight;
> Fearing least Chaos broken had his chaine,
> (7.6.14)

조브 자신이 혼돈을 두려워하는 모습은(7.6.15) 스스로가 설정한 질서와 무질서의 명확한 구분이 사실은 근거가 없음을 고백하는 것이나 마찬가지다.

고전적 우주관은 또한 인간을 이성적 부분과 육체적 부분으로 나누어 전자만을 영속적이라고 규정하고 후자를 모든 혼란과 악의 근원으로 여기는 이성 중심의 고전적 인간관의 자연스러운 모태가 된다. 즉 조브는 스스로의 근원을 하늘("heavenly Powers")로 규정하고 그의 권위에 도전하는 모든 존재들의 근원은 땅("th'Earths cursed seed")으로 규정함으로써(7.6.20) 스스로를 보다 이성적이고 완전한 존재로서 여기고 뮤터빌리티는 육체적이고 불완전한 존재로 여긴다. 하지만 이러한 이원론적 인간관은 조브 스스로가 그의 사자인 머큐리에게 만일 뮤터빌리티의 근원이 하늘이라면 자신에게 데려 오라고 한 명령에 의해서 자기기만으로 드러난다(7.6.16). 고전적 인간관은 인간을 정신과 육체로 이분화될 수 없는 총체적 존재로서 파악하지 않고 전자를 후자로부터 인위적으로 구분하여 정신에 의한 육체의 제어 특히 육체로부터 발생하는 자연스러운 감정의 분출을 이성적으로 제어하는 데만 초점을 맞춘다. 따라서 고전적 인간관은 인간의 내면을 끊임없는 이성과 감정의 격투장으로 만들 뿐이다.

이러한 고전적 인간관은 그대로 고전적 정치관으로 연결된다. 기존 질서를 무너뜨리기 위해서 변화를 추구하는 세력을 권위에 대한 도전으로 간주할 뿐만 아니라 그러한 도전이 내포하는 정의에 대한 갈구를 혼란으로 규정하고 억압함으로써 이전의 힘의 균형을 획득하는 것을 목표로 삼는 고전적 정치관은 자칭 문명의 수호자인 로마 제국의 '야만적인' 타민족들에 대한 지배를 합리화하기 위한 이데올로기적 도구였다. 뮤터빌리티의 반란으로부터 그의 제국("heavens high Empire")을 지키기 위해서 조브가 고심하는 이유는 정의를 확립하기 위해서가 아니라 단지 뮤터빌리티를 무력화시킴으로써 보수적 질서를 재수립하는 것이다.

> 따라서, 이제 어떤 방법이 그녀를 물러나게 하는데
> 가장 좋은지 우리가 고려해 보는 게 좋겠다.
> 숨김없이 무력을 사용할지 현명한 계교를 사용할지,
> 신의 아들들이여 한 번 최선을 다해서 생각해 보라.
>
> Wherefore, it now behoves us to advise
> What way is best to drive her to retire;
> Whether by open force, or counsell wise,
> Areed ye sonnes of God, as best ye can devise.
> (7.6.21)

무력("open force")과 현명한 계교("counsell wise")는 사실상 고전적 지도자가 갖추어야 할 가장 중요한 덕목들(fortitudo et sapientia)과 밀접한 관계가 있다. 하지만 이러한 고전적 정치관이 궁극적으로 획득하는 것은 지속적인 평화가 아니라 계속되는 반란과 무자비한 제압의 끝없는 반복이다. 고전적 세계관이 처음에는 인간을 역사의 주인으로 내세우지만 결국 암울한 숙명론에 빠지게 되고 역사의 종국적 의미에 대해서 비관주의적인 태도를 취할 수밖에 없는 이유가 바로 거기에 있다.

변화의 화신인 뮤터빌리티에게 변함없는 질서의 대표자인 조브는 천상과 지상의 모든 영역을 마땅히 다스려야하는 그녀의 권리를 강탈한 찬탈자에 불과하다. 조브의 이원론적 우주는 그녀에게는 단지 그의 지배를 합리화하기 위한 허구적 이데올로기에 불과하기 때문에 그녀의 조브에 대한 대담한 도전은 곧 고전적 우주관 자체의 모순을 분명하게 보여주는 계기가 된다. 실제로 뮤터빌리티가 신씨아 여신의 자리를 위협하고 당당히 조브 앞에 서는 장면은 이 세상에서 변하지 않는 것은 없다는 따라서 모든 것이 그녀의 영역에 속한다는 그녀의 주장이 옳음을 은근히 암시하고 있다.

조브가 비천한 대지를 부인하고 오직 하늘만을 자신의 근원으로서 삼는 데 비해서 뮤터빌리티는 자신의 근원으로서 대지와 하늘 모두를 자랑스럽게 주장하기 때문에 조브의 고전적 인간관도 역시 대담하게 부인하고 있다. 모계 쪽으로 모든 신들의 어머니인 “위대한 혼돈의 자식인, 위대한 대지의 여신”(great Earth, great Chaos child)(7.6.26)의 후손이며 부계 쪽으로는 하늘의 신 우라누스(Uranus)의 아들인 타이탄(Titan)의 후손 (7.6.27)인 뮤터빌리티가 조브의 이원론적 인간관을 정면으로 거부하는 것은 당연하다. 이 점은 특히 타이탄이 조브의 아버지인 새턴(Saturn)의 형이기 때문에 더욱더 뮤터빌리티를 천한 대지에 근원을 둔 존재로 치부하고 억압하려는 조브의 기만성을 드러낸다. 조브 주변의 신들이 신들에 버금가는 그녀의 용기와 큰 신장 그리고 아름다움에 놀라는 모습을 통해서(7.6.28) 독자는 신들과 뮤터빌리티는 근본적으로 같은 근원을 가지고 있으며 그들은 모두 천상의 고귀함과 대지의 불완전함을 함께 구비한 존재라는 것을 깨닫게 된다.

다음으로 뮤터빌리티가 무너뜨리는 조브의 신화는 그의 권위의 정당성이다. 뮤터빌리티는 조브가 천상의 제국을 다스리게 된 것은 어떠한 정당한 권리에 근거하는 것이 아니라 단지 교묘한 술책과 무력에 의해서 정당한 권리를 지닌 타이탄을 추방했기 때문이라고 주장함으로써(7.6.27) 조브의 권위가 사실은 정의가 아니라 힘에 토대를 두고 있다는 것을 밝히고 있다. 조브 자신이 자신의 권리는 힘에 의한 정복과 영원한 운명의 명령에 기인한다고 밝히고 있기 때문에(7.6.34) 뮤터빌리티는 아주 정확하게 조브의 권력을 뒷받침하는 고전적 정치관의 본질을 드러내는 셈이다. 결국 조브가 대표하는 이원론적 우주관, 인간관, 정치관은 변화를 혐오하는 보수주의를 뒷받침하는 이데올로기에 불과한 것이다(Cheney 243).

그렇다면 조브가 대표하는 고전적 세계관의 모순을 적나라하게 드러내는 뮤터빌리티는 과연 그러한 고전적 세계관으로부터 완전히 자유로운 존재인가? 그렇지 않다. 조브가 항구적 질서에 절대적 가치를 부여하듯이 뮤터빌리티 또한 자신을 절대화함으로써 자신의 본성인 가변성 자체를 변함없는 원리로 환원하는 자기모순을 노정 시킨다(Kane 212, Zitner 51). 뮤터빌리티 자신의 논리대로라면 조브는 타이탄으로부터 권력을 탈취하는 "변화"를 초래했으므로 그녀는 조브를 비난할 하등의 이유가 없어지게 된다(Hawkins 78). 더군다나 그녀의 주장대로 그녀 자신이 천상과 대지의 결합의 결과이고 천상과 대지 모두 그녀의 영역이라면 굳이 그녀가 조브의 제국을 획득하기 위해서 그렇게 애쓰는 것은 오히려 그녀 스스로는 은밀하게 조브의 위치를 선망하고 있다는 반증이 된다. 그녀는 조브를 그녀의 정당한 권리를 억압하는 폭군으로 그리지만 그녀 스스로가 의지하는 것은 조브와 조금도 다름없이 힘의 논리라는 것은 자명하다.

뮤터빌리티가 조브의 고전적 세계관에 도전하면서도 결국 그 한계를 벗어나지 못하는 것은 고전적 세계관 자체로서는 설사 그것이 보수주의의 형태를 표방하건 기존질서에 대한 혁명적 변혁의 형태를 표방하건 스스로를 구원할 수 없다는 기독교 시인으로서의 스펜서의 고전주의에 대한 냉철한 비판 의식에 기인한다. 이러한 관점에서 보았을 때 뮤터빌리티는 단순한 변화의 화신이 아니라 인간의 오만과 그것으로 인한 신이 창조한 被造界(the creation) 전체의 타락을 의미한다고 볼 수 있다(Evans 231). 그녀가 조브에 도전한 것은 처음부터 정의의 추구가 아니라 더 높은 위치에 대한 야심과 스스로를 우상화시키려는 오만에 기인한 것이었다.

> 따라서 같은 식으로 이 타이탄 족의 여신은 그녀
> 자신 만이 행사하는 지배권을 획득하고
> 인간들이 그녀를 여신으로 숭배하기를 열망했다.
>
> So likewise did this Titanesse aspire,
> Rule and dominion to her selfe to gaine;
> That as a Goddesse, men might her admire,
> (7.6.4)

그녀의 야심과 오만에 의해서 신이 창조한 아름다운 세계는 흉하게 일그러지고 저주받은 장소가 되었을 뿐만 아니라 정의와 善政이 지상에서 사라지고 죽음이 삶을 대신하게 되었다는 시인의 설명은 (7.6.5,6) 아담과 이브의 오만에 의한 피조계 전체의 타락을 간접적으로 지칭하고 있는 것이다. 스펜서는 명백한 기독교적 언급을 회피하면서 인간과 피조계의 오만 대신에 변화 자체를 악으로 간주하는 고전적 세계관의 근본적인 한계를 드러내고 있다.

칸토 6의 전반부가 조브에 대한 뮤터빌리티의 서사시적 투쟁을 통해서 고전적 세계관 뒤에 감추어진 허구성과 오만을 드러낸다면 그 후반부는 훨씬 가볍고 희극적인 어조가 지배하는 전원시적인 분위기 속에서 벌어지는 파우누스(Faunus)와 다이아나(Diana)의 신화를 통해서 고전적 세계관이 기독교적 세계관 안에 통합될 수 있는 가능성을 보여준다. 파우누스와 다이아나의 신화는 스펜서가 오비드의 『변신』에 나오는 악테온(Actaeon)신화를 창조적으로 변형한 것인데 성경의 창세기에 나오는 아담과 이브의 타락 이야기와 많은 유사점을 지니고 있으므로(Hawkins 85-6) 칸토 7이 초점을 맞추고 있는 고전적 세계관과 기독교적 세계관의 조화로운 통합이라는 주제로 옮겨가기 위한 일종의 징검다리 역할을 하게 된다.

『변신』에서 악테온은 우연히 다이아나 여신의 벗은 모습을 본 죄로 사슴으로 변해서 사냥개들에게 잔혹하게 죽음을 당한다. 하지만 *MC*에서 파우누스는 스스로 여신의 벗은 모습을 보기를 갈구하기 때문에(7.6.42) 더 높은 위치를 갈망하는 뮤터빌리티와 사탄과 흡사한 인물이다. 사탄이 선악과를 따먹도록 이브를 유혹하듯이 파우누스 또한 자신의 목적을 달성하기 위해서 다이아나 여신의 시녀인 몰라나(Molana)를 빨간 체리로 유혹한다(7.6.43). 사탄과 아담 그리고 이브의 타락이 그들의 야심에 찬 오만에 기인한 것처럼 파우누스는 여신의 비밀스러운 부분을 훔쳐보았다는 자만심 속에서 어처구니없이 웃음을 터뜨리고 만다(7.6.47). 다이아나 여신의 무서운 분노와 이어지는 아를로 언덕(Arolo Hill)의 타락과 황폐함은 물론 아담과 이브의 타락에 의한 피조계 전체의 타락을 암시한다. 하지만 파우누스는 갈가리 찢겨지는 악테온과는 달리 죽임을 당하지는 않고 묵묵히 참을성 있게 그의 벌을 견디어 냄으로써(7.6.49) 회개의 가능성을 보여준다. 더군다나 몰라나조차 가혹한 벌에도 불구하고 종국에는 그의 연인인 판친(Fanchin)과 행복하게 결합함으로써(7.6.53) 질서의 파괴와 그것에 따른 가혹한 신들의 복수라는 고전적 패턴을 벗어나 죄와 회개 그리고 궁극적인 구원이라는 기독교적 패턴을 예시한다.

고전적 세계관의 파산과 이어지는 기독교적 세계관의 대두는 서양 문명사에 있어 AD 3세기 전후를 통해서 일어난 대변혁이지만 스펜서에게 있어 이러한 이념적인 갈등은 그가 살던 16세기 후반의 관점에서 보았을 때 결코 먼 과거의 사건이 아니었다. 새롭게 각광을 받기 시작한 이성적 자기 절제의 윤리와 로마 제국의 정치적 이상뿐만이 아니라 자신의 한계를 겸허하게 인정하기보다는 자신이 가진 가능성을 궁극까지 추구함으로써 절대적인 진리와 권력 그리고 부를 획득할 수 있다는 가능성에 새롭게 눈뜬 르네상스 시대는 고전적 세계관의 강력한 부활을 목격했다.

파우누스의 야심에 대한 응징으로 다이아나의 버림을 받아 철저히 황폐화되어버린 아를로 언덕이 바로 스펜서가 아일랜드에서 식민지 관리로서 획득한 킬콜맨 성(Kilcolman Castle) 주변의 가장 높은 언덕이라는 점은 고전적 세계관이 결코 스펜서에게 과거의 유물이 아니라 그가 매일 매일 상대해야만 하는 매우 강력한 현실적인 이데올로기였다는 것을 뒷받침 하는 중요한 근거가 된다. 아를로 힐은 아담과 함께 타락한 피조계의 상징일 뿐만 아니라 16세기 말 끝없는 반란과 무자비한 탄압이 반복되던 아일랜드의 비참한 정치적 현실의 한 단면이다.

III 네이춰(Nature)의 심판

칸토 7에서 조브와 뮤터빌리티는 네이춰 여신 앞에서 그들의 주장을 개진하고 그녀의 최종적인 심판을 받는다. 조브와 뮤터빌리티 스스로 네이춰를 그들보다 더 높은 권위를 가진 존재로 인정하는 것은 이 칸토의 핵심적인 주제인 고전적 세계관의 기독교적 세계관으로의 흡수와 조화로운 통합을 예고하는 것이나 다름없다.

뮤터빌리티의 주장은 두 가지 근거에 기인한다. 첫 번째는 조브가 오만하게도 우주 전체를 다스리는 네이춰의 정당한 통치권을 부당하게 가로채어 자신의 것으로 삼았다는 주장이다(7.7.16). 즉 조브가 대표하는 고전적 질서가 실은 기만적 찬탈에 불과하다는 것이다. 물론 이 주장은 칸토 6에서 그녀가 조브에게 가한 비판의 연장으로서 고전적 세계관의 한계를 날카롭게 드러낸다. 하지만 조브의 오만을 강조하는 뮤터빌리티는 과연 오만으로부터 자유로운가? 뮤터빌리티는 하늘과 대지가 네이춰에게 아무런 차이가 없듯이 자신도 마찬가지로 하늘과 대지를 똑같이 생각한다고 주장함으로써(7.7.15) 교묘하게 조브를 제치고 스스로가 우주의 지배자가 되려고 한다. 물론 그렇게 주장할 수 있는 근거는 우주의 어떤 현상도 변화로부터 자유로울 수 없다는 점이다. 이 두 번째 근거를 뒷받침하기 위해서 뮤터빌리티는 시간에 종속될 수밖에 없는 모든 자연 현상의 과정을 네이춰 앞에 불러내어 변화의 절대성을 증명하고자 한다.

모든 것은 변한다는 뮤터빌리티의 주장은 우주를 구성하는 사원소(the four elements)의 끝없는 변화와 그녀의 요청에 의해서 등장하는 의인화된 사계절, 열두 달, 낮과 밤, 24시간, 삶과 죽음의 알레고리적 행렬에 의해서 충분히 증명되는 것처럼 보인다. 더군다나 뮤터빌리티는 조브를 위시한 일곱 항성의 불규칙한 운행을 강조함으로써 매우 효과적으로 중세적 세계관의 중요한 부분을 차지하는 프톨레미적 우주관의 허구성을 입증한다. 하지만 뮤터빌리티의 주장을 뒷받침 하는 것처럼 보이는 위의 근거들은 아이러니컬하게도 오히려 나중에 고전적 세계관의 한계를 인정하면서도 기독교적 세계관의 우위 속에서 그 한시적 권위를 인정하는 네이춰의 심판의 근거가 된다. 왜냐하면 의인화된 사계절 등의 행렬은 단순한 변화가 아니라 질서(Order)에 의해서 제어되는 변화를 보여주기 때문이다(7.7.27). 더군다나 조브조차 스스로 존재하지 못하고 창조된 피조물에 불과하다는 뮤터빌리티의 주장(7.7.53)은 고전적 세계관으로부터 기독교적인 세계관으로의 전환에 결정적인 단서를 제공하게 된다.

특히 '열두 달의 행렬'은 여러 학자들에 의해서 역사의 의미에 대한 중세적 인식을 가장 잘 보여주는 예로서 많은 중요성이 부여되어 왔다. 고전적 요소들이 중세 기독교적 틀 속에 무리 없이 삽입됨에 따라서 비극적 반복의 고전적 역사가 종말을 향한 기독교적 구원의 역사로 탈바꿈할 수 있는 계기가 마련되었고(Holahan 264) 이러한 인식의 전환은 인간의 역사에 있어서 자연, 인간, 은총이라는 각기 구별되는 영역이 수행하는 역할에 대한 총체적이면서도 조화롭고 근본적으로 낙관적인 네이춰의 비전(Bulger 179)을 가능하게 한다. 하지만 '열두 달의 행렬'은 역사에 있어서 인간적 노력의 중요성을 강조하면서도 그러한 인간적 노력이 필연적으로 수반하는 죄의 가능성과 무의미함 그리고 죽음의 어두운 그림자도 함께 보여줌으로써(Evans 234) 칸토 8에서 시인 자신에 의해서 토로되는 인간의 삶에 대한 보다 불확실하면서도 역동적인 인식의 근거를 마련해 준다.

'열두 달의 행렬'에서 처음으로 등장하는 삼월(March)은 다른 달들이 그런 것처럼 프톨레미적 우주관에 따라서 태양이 일 년 동안 지나가는 황도대의 12궁들 중의 하나와 짝지워져 있는 것으로 묘사되어("March riding upon a Ram")(7.7.32) 천체 즉 자연의 거대한 움직임과 긴밀하게 연결되어 있다. 뿐만 아니라 12궁의 각각은 그리스 신화에 근거하고 있으므로 '열두 달의 행렬'은 고전적 토대위에 깊게 뿌리박고 있다고 말할 수 있다. 하지만 일월이 아니라 삼월이 일년의 시작으로 등장하는 이유는 삼월이 성모 마리아의 예수잉태와 십자가의 수난이 일어난 달이라는 기독교 교회의 전통적인 믿음 때문이다(Hawkins 90). 특히 십이월(December)의 묘사에서 그가 구세주 예수 그리스도의 탄생을 기뻐하는 모습은("His Saviours birth his mind so much did glad")(7.7.41) 열두 달이 신에 의한 인간의 구원이 실현되어 가는 구체적인 역사적 과정이라는 점을 강조한다. '열두 달의 행렬'은 적어도 표면적으로는 고전적 세계관과 기독교적 세계관의 조화로운 공존을 보여주는 좋은 예이다.

'열두 달의 행렬'은 또한 인간을 자연과 은총의 도움 속에서 최선을 다해서 그에게 주어진 노동의 의무를 다해야 하는 존재로 묘사한다. 인간은 결코 운명이나 우연의 꼭두각시가 아니고 자신에게 주어진 능력을 최대한 발휘해서 그의 인간적 완성을 성취해야 하는 존재로 묘사된다. 열두 달의 대부분이 자연의 풍요로운 생산력에 의존하면서 땀 흘려 땅을 갈고 씨 뿌리고 수확하고 다시 다음해를 준비하는 농부로 묘사되는 점은 자연과 인간의 조화로운 협력 관계를 말해준다. 물론 그의 인간적 성취는 오만을 위한 구실이 되어서는 안되고 그의 구원을 위해서 십자가의 수난을 당한 신에 대한 깊은 감사로 되돌려질 때에만 진정한 의미를 갖는다. '열두 달의 행렬' 에서 자연의 운행과 인간의 노동 그리고 신에 의한 구원의 역사는 조화 속에서 동시에 진행되는 것처럼 보인다.

하지만 '열두 달의 행렬' 은 인간의 역사를 다른 시각에서 볼 수 있는 여지도 남겨주고 있다. 삼월, 사월, 오월의 행렬에서 등장하는 조브의 호색과 관련된 그리스 신화들에 대한 언급, 칠월과 관련된 분노의 이미지("a Lyon raging yet with ire")(7.7.36), 십일월에게서 보이는 탐식의 모습("full grosse and fat")(7.7.40)등은 죄로부터 자유로울 수 없는 인간 역사의 어두운 측면을 드러낸다. 특히 팔월과 관련된 정의의 여신인 아스트레아(Astraea)에 대한 언급은 열두 달의 무대가 정의의 실현과는 거리가 먼 타락한 세상(the fallen world)이라는 점을 분명히 밝히고 있다.

> 그녀는 의로운 처녀였는데 오래전부터
> 이 땅에 살았고 풍요를 널리 가져왔다.
> 그러나 부정이 사랑받고 정의가 무시당하자,
> 이 부정한 세상을 떠났고 하늘까지 칭송이 자자했다.
>
> That was the righteous Virgin, which of old
> Liv'd here on earth, and plenty made abound;
> But, after Wrong was lov'd and Justice solde,
> She left th'unrighteous world and was to heaven extold.
> (7.7.37)

이 부분은 시인이 인간의 오만과 탐욕에 의해서 삶 전체가 뒤틀어지고 부정이 판을 치게 되는지를 무척이나 집요하게 의식하고 있음을 잘 보여준다.

더더구나 '열두 달의 행렬'이 그 표면적인 낙관적 태도에도 불구하고 인간 역사에 대한 비관적 인식을 저변에 깔고 있다는 중요한 증거는 바로 어느 곳에서도 예수 그리스도의 부활이나 재림에 대한 언급이 없다는 점이다. 인간의 역사는 근본적으로 죄의 역사이며 따라서 그리스도의 부활과 재림에 의한 구원의 역사와 결코 동일시 될 수 없다는 스펜서의 근본적으로 종교개혁적인 인식이 서서히 모습을 드러내고 있다. 하지만 네이춰의 판결은 고전적 세계관과 기독교적 세계관의 근원적인 불일치와 긴장을 강조하기보다는 양자의 조화로운 통합을 지향한다. 먼저 그녀가 처음으로 모습을 드러내는 심판의 장소인 아를로 언덕은 천상의 신들과 대지의 모든 생물들로 가득 참으로써 하늘과 땅의 이분법적 구분이 없어지게 된다(7.7.3). 그녀의 신비스러운 모습 그 자체 속에 이미 조브의 변함없는 질서에 대한 집착과 뮤터빌리티의 집요한 변화의 추구 모두를 포용하는 일원론적 원리가 구현되어 있다.

> 이 모든 피조물의 위대한 할머니인
> 위대한 자연의 여신은 아주 늙었지만 항상 젊고,
> 항상 움직이지만 원래 자리로부터 움직인 적이 없고
> 누구도 본 적이 없지만 모두가 쳐다보았다.
>
> This great Grandmother of all creatures bred
> Great Nature, ever young yet full of eld,
> Still mooving, yet unmoved from her sted;
> Unseene of any, yet of all beheld;
> (7.7.13)

더군다나 스펜서는 그녀를 묘사할 때 그녀의 모습을 타보르 산에서의 그리스도의 顯聖容(마태 복음 17:2)에 비교함으로써(7.7.7) 자연과 신의 간격을 최소화하고 있다.[37] 네이춰는 질서와 혼돈, 항구성과 변화, 자연과 은총과 같은 대립적 요소들을 모두 포용하는 존재이기 때문에 그녀의 조브와 뮤터빌리티에 대한 심판은 르네상스 인문주의와 프로테스탄티즘 사이의 갈등과 긴장을 누구보다 깊이 인식하고 있던 스펜서에게 매우 매력적인 세계관을 제시한다고 추측해 볼 수 있다.

조브와 뮤터빌리티의 논쟁이 끝난 후 오랜 침묵 뒤에 마침내 네이춰가 내리는 심판은 단 두 스탄자에 불과하지만 사실상 중세적 세계관의 요약이라고 할 수 있다.

> 나는 너희가 말한 모든 것을 잘 성찰해 보았다.
> 그리고 모든 사물들이 변함없음을 미워하고
> 변하려 한다는 것을 발견했다. 허나 올바르게 판단해보면
> 사물들은 그들의 처음 상태로부터 완전히 변하는 것은 아니고
> 오히려 변화를 통해서 그들의 존재를 확장시킨다.
> 그리고 마침내 자신의 본성으로 되돌아 와서
> 운명적으로 스스로의 완성을 위해서 애쓴다.
> 그렇다면 그들을 뮤터빌리티가 지배하는 것이 아니고
> 오히려 그들이 뮤처빌리티를 지배하고 스스로의 본성을 지키는
> 것이다.
>
> 그러니 너 내 딸아 더는 욕심을 내지 말라.
> 그리고 내가 너를 다스리는 것에 만족해라.
> 너는 욕심에 눈이 어두워 스스로 망하려 한다.
> 하지만 모든 것이 완전히 변화할 때가 올 것이다.
> 그때가 되면 더는 그 어느 것도 더 이상 변하지 않을 것이다.
> 이렇게 타이탄 족의 여신은 굴복하였고 할 말을 잃었다.
> 그리고 조브 또한 그의 지배권을 확인 받았다.

37) 스펜서의 모호한 태도는("my fraile wit cannot devize to what/It to compare") 다분히 의도적이라고 할 수 있다. 결국 자연과 신의 관계는 타락한 세계에 살고 있는 인간에게는 미스터리로 남을 수밖에 없다. 루이스(C. S. Lewis)는 신을 직접 묘사하지 않는 스펜서에게서 진정한 종교적 경건성을 발견한다(354). 웨더비(Harold L Weatherby)가 이러한 비교를 통해서 스펜서가 정말 자연과 신을 일치시켰다고 주장하는 데(134) 반해서, 지트너(S. P. Zitner)는 네이춰가 단지 신의 창조력의 한 상징일 뿐이라고 주장한다(49).

그리고 모였던 모든 이들이 돌아갔다.
그리고 네이춰 자신 또한 아무도 모르는 곳으로 사라졌다.

I well consider all that ye have sayd,
And find that all things stedfastness doe hate
And changed be: yet being rightly wayd
They are not changed from their first estate;
But by their change their being doe dilate:
And turning to themselves at length againe,
Doe worke their owne perfection so by fate:
Then over them Change doth not rule and raigne:
But they raigne over change, and doe their states
maintaine.

Cease therefore daughter further to aspire,
And thee content thus to be rul'd by me:
For thy decay thou seekst by thy desire;
But time shall come that all shall changed bee,
And from thenceforth, none no more change shall see.
So was the Tinaness put downe and whist,
And Jove confirm'd in his imperiall see.
Then was that whole assembly quite dismist,
And Natur's selfe did vanish, whither no man wist.
(7.7.58,59)

스탄자 58에서 네이춰는 먼저 모든 존재는 불변성을 혐오하고 변화를 바란다고 말함으로써 조브의 이원론적 세계관에 심대한 타격을 가한다. 하지만 이어서 네이춰는 변화는 그 자체를 목적으로 삼지 않고 존재의 자기완성을 위한 수단이라고 주장함으로써 변화 자체를 절대화하려는 뮤터빌리티의 오만에도 커다란 상처를 입힌다. 결국 네이춰는 조브나 뮤터빌리티 어느 한 쪽의 손을 들어주는 대신에 그들이 더 높은 원리에 종속된 기능들에 불과하며 우주는 불변성(constancy)이나 변화(change)와 같은 이원론적 틀을 초월하는 연속성(continuity)의 존재라는 것을 밝히고 있다(Bulger 184). 스탄자 58의 마지막 행에서 네이춰는 뮤터빌리티를 조브의 권위에 복종시킴으로써 그가 대표하는 고전적 세계관을 인정하는 것처럼 보이지만 이미 그것은 절대적 권위를 상실하고 한시적 가치만을 인정받을 뿐이다.

스탄자 59에서 네이춰는 조브의 고전적 세계관을 궁극적으로 완전히 대체할 기독교적 종말론을 내세운다. 모든 것이 변화해 버려서 더 이상 변화가 존재하지 않을 시간은 물론 기독교적 종말의 시간을 의미한다. 그 시간까지 네이춰는 조브로 대표되는 고전적 세계관을 기독교적 종말론에 종속시키면서 양자의 평화로운 공존을 추구한다. 네이춰가 드러내는 세계관은 아무리 우연과 혼돈으로 점철된 것 같이 보이는 시간의 과정(Fortune)도 필연적 운명(Fate)의 한 양상에 불과하며 모두 궁극적으로는 신의 섭리(Providence)에 종속된다고 주장함으로써 삶에 대한 절망적이고 비관적 전망에 대한 해독제 역할을 한다. 사실상 네이춰의 이와 같은 주장의 원천이라고 할 수 있는 보에티우스의 『철학의 위안』이 중세뿐만이 아니라 르네상스에 와서도 광범위하게 읽힌 점은 고전적 세계관과 기독교적 세계관의 조화로운 통합이 제시하는 삶에 대한 비전이 여전히 근세 초에도 많은 매력을 지니고 있었음을 증거 한다.

하지만 네이춰가 보여주는 삶에 대한 비전은 인간과 피조계의 타락에 대한 지나친 낙관적 태도를 보여준다. 네이춰는 모든 존재는 비록 지금은 불완전하지만 차츰 완성을 향해서 나아가고 있기 때문에 마치 종말은 인간의 역사에 대한 신의 준엄한 심판으로서가 아니라 존재의 자기완성의 실현에 의해서 도래하는 듯이 말하고 있다. 하지만 이러한 생각은 인간과 피조계의 철저한 타락을 강조하고 어떤 경우에도 인간의 역사는 오만의 죄로부터 자유로울 수 없음을 천명한 종교 개혁적 사상과는 정면으로 배치된다. 루터와 칼빈의 프로테스탄티즘으로부터 깊은 영향을 받은 스펜서에게 인간의 역사는 신의 은총에 힘입어 정의와 사랑을 구현할 수 있는 장이면서 동시에 오만과 탐욕에 의해서 항상 뒤틀어지게 마련인 죄와 무의미와 죽음의 장이다. 그가 느끼는 역사에 대한 절망은 인간 본성 자체의 근본적인 뒤틀림에 대한 깊은 인식에 바탕을 두고 있기 때문에 네이춰가 제시하는 중세적 세계관은 그를 만족시킬 수 없다.

IV 시인의 고별사

*MC*가 네이춰의 심판으로 끝나지 않고 이제까지의 과정 전체에 대한 시인 자신의 숙고와 바램으로 끝나는 것은 그가 네이춰가 제시하는 삶에 대한 비전을 최종적인 것으로 받아들이지 않았다는 좋은 증거가 된다. 칸토 8은 두개의 스탄자만으로 된 불완전한 칸토지만 네이춰의 심판에서 고전적 세계관과 기독교적 세계관의 조화로운 통합을 목격한 독자에게 예상치 못한 충격을 선사할 수 있다(Owen 49). 뮤터빌리티의 오만한 목소리가 네이춰의 권위에 의해서 마침내 수그러들었을 것이라고 믿는 독자에게 시인은 그러한 추측이 잘못되었을 뿐만 아니라 오히려 뮤터빌리티에 의해서 대표되는 인간의 오만과 타락이 여전히 기승을 부리고 있음을 여실히 보여주고 있다.

> 내가 뮤터빌리티의 말을 곰곰이 생각하고
> 그것을 잘 숙고해보니
> 비록 그녀가 하늘을 지배할 권리 자격이 없는
> 듯이 보여도, 진실을 말하자면
> 그녀의 커다란 힘은 모든 사물들에서 명백히 감지된다.
> 따라서 나는 이렇게 가볍기 짝이 없는 이 삶이 싫어졌고
> 이렇게 허망하기 짝이 없는 것들에 대한 집착을 버리려 한다.
> 그 순식간에 시들고 너무나 쉽게 변하는 것들의 피어나는 오만을
> 짧은 시간이 그의 파괴적인 낫으로 곧 베어버릴 것이다.
>
> When I bethinke me on that speech whyleare,
> Of Mutability, and well it way:

> Me seemes, that though she all unworthy were
> Of the Heav'ns Rule; yet very sooth to say,
> In all things else she beares the greatest sway.
> Which makes me loath this state of life so ticle,
> And love of things so vaine to cast away;
> Whose flowring pride, so fading and so fickle,
> Short Time shall soon cut down with his consuming
> sickle. (7.8.1)

시인의 깊은 비관주의는 뮤터빌리티로 인한 삶의 황폐한 모습들이 결국은 인간의 구원을 위한 신의 섭리의 수단에 불과하다는 네이춰의 낙관주의와 강한 대조를 이룬다. 뮤터빌리티는 단순히 삶의 끝없는 변화를 대표하지 않고("this state of life so tickle") 그 불완전한 삶 자체를 절대화함으로써 스스로를 우상화하려는 인간의 끝없는 오만을 대표하기 때문에("love of things to vaine to cast away / Whose flowing pride, so fading and so fickle") 시인의 비관주의는 인간 자체에 대한 절망으로 이어진다.[38] 네이춰가 제시하는 세계관이 시인의 극히 개인적이면서도 절박한 절망의 목소리를 수용할 여지는 별로 없어 보인다.

하지만 시인은 인간에 대한 깊은 절망을 통해서 오히려 역설적으로 역사를 완성하는 주체로서의 신에 대한 더욱 커다란 희망에 도달할 수 있다. 의미심장하게도 다음 스탄자에서 시인이 네이춰의 심판을 재음미하면서 강조하는 부분은 조브와 뮤터빌리티 사이의 갈등의 조정이 아니라 궁극적인 종말에 대한 예언이다.

> 그리고 나는 네이춰가 말한, 더 이상 변화가 없으며
> 영원함의 기둥 위에 굳건히 받혀진 모든 사물들의
> 변함없는 쉼이 도래할 그 시간에 대해서

38) cf. "이 시의 중요한 대목을 통해서 시인은 어둠의 세력들과의 투쟁에 있어서 겪는 인간적인 무력감을 상기시킨다"(Nelson 313).

생각하기 시작했다.
그리고 그것은 뮤터빌리티와는 반대였다.
모든 움직이는 것은 변화에 즐거워하지만
그리고는 모든 것은 영원히 쉬리라
만군의 신이라 불리는 그 분과 함께.
오 위대한 만군의 신이시여, 저에게 당신의 모습을 허락하소서.

Then gin I thinke on that which Nature sayd,
Of that same time when no more Change shall be,
But stedfast rest of all things firmely stayd
Upon the pillours of Eternity,
That is contrayr to Mutabilitie:
For, all that moveth, doth in Change delight:
But thence-forth all shall rest eternally
With Him that is the God of Sabbaoth hight:
O that great Sabbaoth God, graunt me that Sabaoths
sight. (7.8.2)

오직 종말의 시간에서만 뮤터빌리티의 횡포로부터 인간의 역사는 해방될 수 있고 영원함 속에서 쉴 수 있다. 이 스탄자는 네이춰처럼 뮤터빌리티를 영원함 아래에서 포용하기보다는 강하게 대립시킴으로써("Eternity,/That is contrayr to Mutabilitie:") 인간과 피조계의 신에 대한 반역으로서의 죄와 그것에 대한 신의 단호한 심판이라는 종말론적 맥락을 강화시킨다.

그렇다면 이러한 종말론은 역사의 의미를 부정하는가? 그렇지는 않다. 종교 개혁은 인간의 노력과 그에 따른 역사의 진보는 오만의 죄와 분리될 수 없고 항상 신의 준엄한 심판으로부터 자유로울 수 없다고 가르치지만 또한 역사로부터의 도피도 부정한다. 종교 개혁이 중세의 수도원적 삶을 격렬하게 비판한 것은 바로 그러한 이유 때문이다. 인간은 죄 없음으로 구원받지 않고 죄 있음에도 불구하고 구원받는 것이다. 이러한 종교 개혁적 어조는 *MC*의 마지막에 중세적 세계관에서는 찾기 힘든 절망과 희망, 불확실성과 확신이 강하게 교차하는 역동성을 부여한다. 반면에 최종적으로 시인은 놀랍게도 萬軍의 신("the God of Sabbaoth")을 직접 대면하려는 바램을 표출한다("O that great Sabbaoth God, graunt me that Sabaoths sight"). 이것은 물론 종말론적 맥락에서 신의 재림(parousia)에 대한 한 기독교인의 겸허하고 간절한 염원의 표현일 수 있다. 하지만 이러한 시인의 갈구는 흥미롭게도 신씨아 여신의 감추어지지 않은 모습을 보기를 열망했던 파우누스의 갈구와 매우 흡사하다. 인간이 가진 한계를 받아들이기보다 그것을 넘어 절대를 추구함으로써 르네상스 인문주의 정신의 화신이 된 파우스트의 이미지와 시인의 이미지를 동일시하는 것은 물론 무리가 있는 해석이 될 것이다. 하지만 독자는 *MC*의 마지막 행에서 인간의 역사에 대한 종교개혁적 인식과 인문주의적 인식이 날카롭게 교차하는 것을 목격한다.

스펜서의 『요정 여왕』은 많은 점에서 상반된 세계관들이었던 르네상스 인문주의와 프로테스탄티즘의 결합의 산물이다. 인간은 그가 지닌 모든 가능성을 추구해야할 의무가 있다. 그 앞에 놓여진 종교적, 윤리적, 정치적, 사회적 문제들은 결코 내세에 대한 관심을 핑계로 회피할 성질의 것이 아니라 지금 이곳 구체적인 역사적 맥락 속에서 해결하여야할 과제들인 것이다. 하지만 인간의 삶은 또한 그의 오만에 의해서 항상 뒤틀어지기 마련이며 역사는 죄로부터 결코 자유로울 수 없다. 인간의 삶에 대한 이러한 상반된 시각은 물론 창조적으로 통합될 수 있지만 양자 사이의 팽팽한 긴장은 결코 완전히 해소될 수는 없다. *MC*에서 스펜서는 당대의 이념적 갈등의 근원을 추적한다. 새롭게 대두되던 고전적 세계관의 내적 모순을 조브와 뮤터빌리티의 논쟁을 통해서 드러냄으로써 시인은 고전적 세계관 안에서는 구원이 없음을 밝히고 있다. 하지만 네이춰 여신에 의해서 제시되는 중세적 세계관 또한 고전적 세계관과 기독교적 세계관 사이의 근본적인 불일치를 간과함으로써 인간의 본성과 운명에 대한 지나친 낙관주의를 표방하게 된다. *MC*의 마지막 두 스탄자는 스펜서가 당대의 이념적 갈등을 근원적으로 해소하려하기 보다는 그것을 정직하게 인정함으로써 인간의 본성과 궁극적 운명에 대한 보다 불확실하면서도 역동적인 인식에 도달했음을 잘 보여준다.

참고 문헌

1. 스펜서의 작품

The Works of Edmund Spenser: A Variorum Edition. Ed. Edwin A. Greenlaw, C. G. Osgood, F. M. Padelford et al. 10 vols. Baltimore: Johns Hopkins UP, 1932-57.

The Faerie Queene. Ed. A. C. Hamilton. London: Longman, 1977.

2. 인용 도서

Alpers, Paul J. The Poetry of the Faerie Queene. Princeton: Princeton Up, 1967.

Althaus, Paul. The Theology of Martin Luther. 2nd ed. Trans. Robert C. Schultz. Philadelphia: Fortress Press, 1966.

Alwes, Derek B. "Who knows not Colin Clout?': Spenser's Self-Advertisement in The Faerie Queene, Book 6." Modern Philology 87 (August 1990): 26-42.

Anderson, Judith H. "The 'couert vele' : Chaucer, Spenser, and Venus." English Literary Renaissance 24(1994): 638-659.

____________ . "'Nor man it is' : the knight of justice in the Faerie Queene V." In Essential Articles: Edmund Spenser. Ed. A. C. Hamilton. Hamden: Archon Books, 1972. 447-70.

Aptekar, Jane. Icons of Justice: iconography and thematic imagery in the Faerie Queene V. New York: Yale UP, 1969.

Archer, Mark. "The Meaning of 'Grace' and 'Courtesy' : Book VI of The Faerie Queene." Studies in English Literature 27 (1987): 17-34.

Aristotle. Nicomachean Ethics. Trans. W. D. Ross. Rpt. Introduction to Aristo-tle. Ed. Richard McKeon. Modern Library College Editions. New York: The Modern Library, 1947.

Ashton, Robert. Reformation and Revolution, 1559~1660. London: Granada, 1984.

Barth, Karl. The Epistle to the Romans. 6th ed. Trans. Edwyn C. Hoskyns. 1933. London: Oxford UP, 1968.

Bayley, Peter. Edmund Spenser: Prince of Poets. London: Hutchinson U Library, 1971.

Benson, Pamela Joseph. "Praise and defence of the Queen in The Faerie Queene, Book V." In Edmund Spenser: Longman Critical Readers. Ed. Andrew Hadfield. London: Longman, 1996.

Bellamy, Elisabeth J. "Colin and Orphic Interpretation: Reading Neoplatonically on Spenser's Acidale." Comparative Literature Studies 27. 3 (1990): 172-192.

Berger, Harry. The Allegorical Temper: vision and reality in Book 2 of Spenser's Faerie Queene. New Haven: Yale UP, 1957.

________. Revisionary Play: Studies in the Spenserian Dynamics. Berkeley: University of California P, 1988.

__________. "The Faerie Queene, Book III: A General Description." Criticisms 11 (1969): 234-261. Rpt. in Essential Articles: Edmund Spenser. Ed. A. C. Hamilton. Hamden, Connecticut: Archon Books, 1972. 395-424.

_________. "A Secret Discipline: The Faerie Queene, Book VI." Form and Convention in the Poetry of Edmund Spenser. Ed. William Nelson. New York: Yale UP, 1957. 35-75.

________. "The Structure of Merlin's Chronicle in The Faerie Queene III, iii." Studies in English Literature 9 (1969): 39-51.

Borris, Kenneth. "'Divelish Ceremonies': Allegorical Satire of Protestant Extremism in The Faerie Queene VI. viii. 31-51." Spenser Studies 8 (1987): 175-209.

Broaddus, James W. Spenser's Allegory of Love. Madison: Fairleigh Dickinson UP, 1995.

Bulger, Thomas Francis. The Historical Changes and Exchanges as Depicted by Spenser in The Faerie Queene. Lewiston: The Edwin Mellen Press, 1993.

Calvin, Jean. Institutes of the Christian Religion. 2 vols. Trans. Henry

Beveridge. London: James Clarke & Co., Limited, 1960.

Canny, Nicholas. "Introduction: Spenser and the Reform of Ireland." Spenser and Ireland. Ed. Patricia Coughlan. Cork: Cork UP, 1989. 9–24.

Carroll, Clare. "The Construction of Gender and the Cultural and Political Other in The Faerie Queene 5 and A View of the Present State of Ireland: The Critics, the Context, and the Case of Radigund." Criticism 32 (1990): 163–92.

Cavanagh, Sheila T. "Ideal and Practical Justice: Artegall and Arthur in Faerie Queene Five." Renaissance Papers (1984): 19–28.

________. " 'That Savage Land' : Ireland in Spenser's Legend of Justice." Approaches to Teaching Spenser's Faerie Queene. Ed. David Lee Miller and Alexander Dunlop. New York: The Modern Language Association of America, 1994. 43–52.

Cheney, Donald. Spenser's Image of Nature: Wild Man and Shepherd in "The Faerie Queene." New Haven: Yale UP, 1965.

Cochrane, Charles Norris. Christianity and Classical Culture: A Study of Thought and Action from Augustus to Augustine. Oxford: Oxford UP, 1940.

Collinson, Patrick. The Birthpangs of Protestant England. New York: St. Martin's Press, 1988.

Craig, Martha. "The secret wit of Spenser's language." Essential Articles: Edmund Spenser. Ed. A. C. Hamilton. Hamden: Archon Books, 1972.

Cullen, Partick. Infernal Triad: the flesh, the world, and the devil in Spenser and Milton. Princeton: Princeton UP, 1974.

Culp, Dorothy W. "Courtesy and Fortune's Chance in Book VI of The Faerie Queene." Modern Philology 68 (1971): 254–9.

Davidson, Clifford. "The idol of Isis Church." Studies in Philology 66 (1969): 70–86

Davis, Walter R. "The Houses of Mortality in Book II of The Faerie Queene." Spenser Studies 2 (1981): 121–140.

Dickens, A. G. The English Reformation. 2nd ed. London: BT Batsford, 1989.

Dunseath, T. K. Spenser's Allegory of Justice in the Faerie Queene V. Princeton: Princeton UP, 1968.

Evans, Maurice. Spenser's Anatomy of Heroism. Cambridge: Cambridge UP, 1970.

Fletcher, Angus. The Prophetic Moment: An Essay on Spenser. Chicago: U of Chicago P, 1971.

Fogarty, Anne. "The Colonization of Language." Spenser and Ireland: An Interdisciplinary Perspective. Ed. Patricia Coughlan. Cork UP, 1989. 75-108.

Frye, Northrop. "The Structure of Imagery in The Faerie Queene." University of Toronto Quarterly 30 (1961): 109-127. Rpt. Essential Articles: Edmund Spenser. Ed. A. C. Hamilton. Hamden: Archon Books, 1972, 153-170.

Geller, Lilla. "The Acidalian Vision: Spenser's Graces in Book VI of The Faerie Queene." Review of English Studies 23 (1972): 267-77.

Graziani, Rene. "Elizabeth at Isis Church." Publications of Modern Language Associations of America 79 (1964): 376-89.

Grellner, Mary Adlide, S. C. L. "Britomart's Quest for Maturity." Studies in English Literature 8 (1968): 35-43.

Gross, Kenneth. "Reflections on the Blatant Beast." Spenser Studies 13 (1999): 101-123.

Gilkey, Langdon B. "Neo-Orthodoxy." A Handbook of Christian Theology. Ed. Marvin Halverson. New York: Meridian Book, 1958. 256-61.

Greenblatt, Stephen. Renaissance Self-Fashioning. Chicago: U of Chicago P, 1980

Gregerson, Linda. The Reformation of the Subject: Spenser, Milton, and the English Protestant Epic. Cambridge: Cambridge UP, 1995.

Gross, Kenneth. Spenserian Poetics: Idolatry, Iconoclasm, and Magic. Ithaca: Cornell UP, 1985.

Hadfield, Andrew. "The 'sacred hunger of the ambitious minds': Spenser's Savage Religion." Edmund Spenser: Critical Readers. Ed. Andrew Hadfield. London: Longman, 1996. 177-95.

Hamilton, A. C. The Structure of Allegory in The Faerie Queene. Oxford: Oxford UP, 1961.

Hawkins, Sherman. "Mutabilitie and the Cycle of the Months." In Form and Convention in the Poetry of Edmund Spenser. New York: Columbia UP, 1961. 76-102.

Heale, Elizabeth. The Faerie Queene: A Reader's Guide. Cambridge: Cambridge UP, 1987.

Helgerson, Richard. Self-Crowned Laureates: Spenser, Jonson, Milton, and the Literary System. Berkeley: U of California P, 1983.

Holahan, M. N. "Iamque opus exegi: Ovid's Changes and Spenser's Brief Epic of Mutability." English Literary Renaissance 6 (1976): 244-270.

Hoopes, Robert. "'God Guide Thee, Guyon': Nature and Grace Reconciled in The Faerie Queene, Book III." Review of English Studies 5 (1954): 14-24. Rpt.

Essential Articles: Edmund Spenser. Ed. A. C. Hamilton. 84-100.

Hume, Anthea. Edmund Spenser: Protestant Poet. Cambridge: Cambridge UP, 1989.

Kane, Sean. Spenser's Moral Allegory. Toronto: University of Toronto P, 1989.

Kermode, Frank Ed. The Tempest: The Arden Shakespeare. 6th ed. London: Methuen, 1958.

__________. Shakespeare, Spenser, Donne. London: Routeldge and Kegan Paul, 1971.

King, John N. English Reformation Literature: The Tudor Origins of the Protestant Tradition. Princeton: Princeton UP, 1982.

________. Spenser's Poetry and the Reformation Tradition. Princeton: Princeton UP, 1990.

Knight, W. Nicholas. "The narrative unity of the Faerie Queene V:

'That part of Justice which is Equity.'" Review of English Studies 21 (1970): 267–94.

Ladd, George Eldon. The Pattern of New Testament Truth. Grand Rapids: Eerdmans, 1968.

Lewis, C. S. The Allegory of Love. Oxford: Oxford UP, 1936.

Lotspeich, H. G. "Classical Mythology in Spenser's Poetry." The Faerie Queene: Casebook Series. Ed. Peter Bayley. London: Macmillan, 1977. 49–57.

Luther, Martin. Luther's Works. Ed. Jaroslav Pelikan, et al. 55 vols. St. Louis: Concordia Publishing House, 1958–76.

MacCabe, Richard. "The Fate of Irena: Spenser and Political Violence." Spenser and Ireland. Ed. Patricia Coughlan. Cork: Cork UP, 1989. 109–25.

MacCaffrey, Isabel. Spenser's Allegory: The Anatomy of Imagination. Princeton: Princeton UP, 1976.

MacLachlan, Hugh. "The 'carelesse heauens': A Study of Revenge and Atonement in The Faerie Queene." Spenser Studies 1 (1980): 135–61.

Madsen, Deborah L. Reading Allegory: A Narrative Approach to Genre. New York: St. Martin's Press, 1994.

Mallette, Richard. "Poet and Hero in Book VI of The Faerie Queene." English Literary History 35 (1968): 329–53.

____________. Spenser and the Discourses of Reformation England. Lincoln: U of Nebraska P, 1997.

Miller, Lewis H., Jr. "A secular reading of the Faerie Queene II." English Literary History 33 (1966): 154–69. Rpt. Essential Articles: Edmund Spenser. Ed. A. C. Hamilton. 299–312.

Miskimin, Alice. "Britomart's Crocodile and the Legends of Chastity." Journal of English and Germanic Philology 77 (1978): 17–36.

Morgan, Gerald. "Spenser's Conception of Courtesy and the Design of the Faerie Queene." Review of English Studies 32 (1981): 17–36.

Nelson, William. The Poetry of Edmund Spenser: A Study. New York: Columbia UP, 1963.

Neuse, Richard. "Book VI as Conclusion to The Faerie Queene." English

Literary History 35 (1968): 329–53.

Niebuhr, Reinhold. The Nature and Destiny of Man. 1941. 2 vols. New York: Charles Scribner's Sons, 1964.

Niebuhr, H. Richard. Christ and Culture. New York: Harper & Brothers Publishers, 1951.

Nohrnberg, James. The Analogy of The Faerie Queene. Princeton: Princeton UP, 1976.

Northrop, Douglas A. "Spenser's defence of Elizabeth." University of Toronto Quarterly 38 (1969): 277–94.

Nygren, Anders. Agape and Eros. Trans. Philip S. Watson. Philadelphia: The Westerminster Press, 1953.

O'Connell, Michael William. Mirror and Veil: The Historical Dimension of Spenser's Faerie Queene. Chapel Hill: U of North Carolina P, 1977.

______. "The Faerie Queene, V." Spenser Encyclopedia. Ed. A. C. Hamilton. Toronto: U of Toronto P, 1990. 280–83.

Owen, Lewis J. "Mutable in eternity: Spenser's despair and the multiple forms of Mutabilitie." Journal of Medieval and Renaissance Studies 2 (1972): 49–68.

Ozment, Steven. The Age of Reform 1250–1550: An Intellectual and Religious History of Late Medieval and Reformation Europe. New Haven: Yale UP, 1980.

Phillips, James E. "Renaissance concepts of justice and the structure of the Faerie Queene V." In Essential Articles: Edmund Spenser. Ed. A. C. Hamilton. Hamden: Archon Books, 1972. 471–87.

Renwick, W. Edmund Spenser: an essay on Renaissance poetry. London: E. Arnold, 1925.

Roche, Jr., Thomas P. The Kindly Flame. Princeton: Princeton UP, 1964.

Rollinson, Philip. "Arthur, Maleger, and the Interpretation of The Faerie Queene." Spenser Studies 7 (1986): 103–22.

Rose, Mark. Spenser's Art: A Companion to Book One of The Faerie

Queene. Cambridge, Mass.: Harvard UP, 1975.

Phillips, James E. "Spenser's syncretistic religious imagery." English Literary History 36 (1969): 110–30. Rpt.Critical Essays on Spenser from ELH. Baltimore: The Johns Hopkins P, 1970.

Rose, Mark. Spenser's Art: A Companion to Book One of The Faerie Queene. Cambridge, Mass.: Harvard UP, 1975.

Scambler, Peter D. "The Development of Guyon's Christian Temperance." English Literary Renaissance 7 (1977): 51–89.

Seaver, Paul. "The English Reformation. Reformation Europe: A Guide to Research." Ed. Steven Ozment. St. Louis: Center for Reformation Research, 1982.

Shaheen, Naseeb. Biblical References in The Faerie Queene. Memphis: Memphis State UP, 1976.

Shaver, Anne. "Rereading Mirabella." Spenser Studies 9 (90): 211–26.

Sinfield, Alan. Literature in Protestant England, 1560~1660. London: Croom Helm, 1983.

Spenser, Edmund. The Faerie Queene. Ed. A. C. Hamilton. London: Longman, 1977.

Stewart, Stanley. "Sir Calidore and 'Closure'." Studies in English Literature 24 (1984): 69–86.

Stillman, Robert E. "Spenserian Autonomy and the Trial of New Historicism: Book Six of The Faerie Queene." English Literary Renaissance 22. 4 (Summer 1993): 299–314.

Stump, Donald V. "Isis versus Mercilla: The Allegorical Shrines in Spenser's Legend of Justice." Spenser Studies 3 (1982): 87–98.

Swearingen, Roger G. "Guyon's Faint." Studies in Philology 74 (1977): 165–185.

Taras, Richard. The Passion of the Western Mind. New York: Harmony Books, 1991.

Thomas, Keith. Religion and the Decline of Magic. New York: Scribners, 1971.

Tonkin, Humphrey. The Faerie Queene. London: Unwin Hyman, 1989.

______________. Spenser's Courteous Pastoral: Book Six of The Faerie Queene. Oxford: Oxford UP, 1972.

Tratner, Michael. "'the Thing S. Paule ment by. . . the Courteousness That He Spake o' : Religious Sources for Book VI of The Faerie Queene." Spenser Studies 8 (1987): 147–74.

Wagner, Geoffrey. "Talus." English Literary History 17 (1950): 79–86.

Waller, Gary. English Poetry of the Sixteenth Century. London: Longman, 1986.

Waters, D. Douglas. Duessa as Theological Satire. Columbia: University of Missouri P, 1970.

Weatherby, Harold L. "The Old Theology: Spenser's Dame Nature and the Transfiguration." Spenser Studies 5 (1984): 113–142.

Weatherly, Harold L. "Two Images of Mortalitie: Spenser and Original Sin." Studies in Philology 85 (1988): 321–352.

Wells, Robin Headlam. "Spenser and the Courtesy Tradition: Form and Meaning in the Sixth Book of The Faerie Queene." English Studies 58 (1977): 221–29.

______________. "Semper Eadem: Spenser's 'Legend of Constancie'." Modern Language Review 73 (1978): 250–255.

West, Michael. "Spenser and the Renaissance Ideal of Christian Heroism." PMLA 88 (1973): 1013–32.

Willams, Donald Thomas. "The Depth of Rightful Doom: The English Reformer's Concept of Justice and Book V of Spenser's Faerie Queene." Diss. University of Georgia, 1985.

Williams, Kathleen. Spenser's World of Glass. Berkeley: U of California P, 1966.

Woodhouse, A. S. P. "Nature and Grace in the Faerie Queene." English Literary History 16 (1949): 194–228. Rpt. Essential Articles for the Study of Edmund Zitner, S. P. Ed. The Mutabilitie Cantos. London: Thomas Nelson and Sons, 1968.

스펜서의 『요정 여왕』연구
:프로테스탄티즘과 16세기 영국 문화

초판인쇄 2008년 8월 1일
초판발행 2008년 8월 7일

지 은 이 김호영

펴 낸 이 이효계

펴 낸 곳 숭실대학교 출판부
서울 동작구 상도동 511

등 록 제14-2호(1982.1.25)
TEL.02-820-0771~2
FAX.02-817-5297
http://press.ssu.ac.kr

찍 은 곳 한컴인쇄정보
TEL.02-2274-3394~5
FAX.02-2274-3397

값 12,000원

ISBN 978-89-7450-229-4 93840